Mick Conefrey
Frauen gehören nach oben

PIPER

Zu diesem Buch

»Frauen gehören nach oben!« Erst mit diesem originellen Slogan gelang es der Bergsteigerin Arlene Blum, die Mittel für die erste rein weibliche Expedition auf einen Achttausender zusammenzubekommen. Frauen waren immer schon besonders einfallsreich, wenn es um exotische Unternehmungen ging. Mick Conefrey versammelt kuriose Anekdoten um Asienreisende, Fliegerinnen, Wüstenwanderinnen und Seglerinnen: Sie wussten, wie man mit Worten weiter kommt als mit gezückter Waffe, wann Pralinen, Silberschmuck oder sogar eine Badewanne ins Gepäck gehören. Und dass Eau de Toilette noch immer das beste Mittel gegen Seekrankheit ist.

Mick Conefrey, geboren 1963, Bergsteiger und Filmemacher, hat sich mit seinen Dokumentarfilmen über Himalaya- und Arktisexpeditionen einen Namen gemacht, vor allem mit der BBC-Dokumentation zum 50jährigen Everest-Jubiläum 2003. »Wie man bei Windstärke 10 stilvoll eine Tasse Tee trinkt« war ein Überraschungserfolg und wurde von »Bild der Wissenschaft« zum Buch des Jahres gewählt. Er lebt mit seiner Familie in Oxford.

Mick Conefrey

Frauen gehören nach oben

Die geheimen Ticks und Tricks reisender Frauen
und Abenteurerinnen

Mit 120 Illustrationen von Adam Burton

Aus dem Englischen von Gaby Wurster

Piper München Zürich

Mehr über unsere Autoren und Bücher:
www.piper.de

Von Mick Conefrey liegen bei Piper vor:
Frauen gehören nach oben
Wie man bei Windstärke 10 stilvoll eine Tasse Tee trinkt

In Fällen, wo zu englischsprachigen Büchern keine deutschen
Übersetzungen vorliegen, ist in eckigen Klammern die Übersetzung
des Buchtitels angegeben.

MIX
Papier aus verantwor-
tungsvollen Quellen
FSC® C083411

Ungekürzte Taschenbuchausgabe
1. Auflage April 2012
© 2008 Mick Conefrey
Englischer Originaltitel. »How to Climb Mont Blanc in a Skirt«
© Piper Verlag GmbH, München 2010,
erschienen im Verlagsprogramm Malik
Umschlagkonzeption: semper smile Werbeagentur GmbH, München
Umschlaggestaltung: Birgit Kohlhaas, Egling
Umschlagabbildung: Osa Johnson in Kenia, 1923
(vorne; © Martin und Osa Johnson / Safari Museum)
und Mer de Glace / Mont Blanc, 1886 (hinten; © Alpine Club)
Satz: Satz für Satz. Barbara Reischmann, Leutkirch
Gesetzt aus TheAntiqua
Papier: Munken Print von Arctic Paper Munkedals AB, Schweden
Druck und Bindung: CPI – Clausen & Bosse, Leck
Printed in Germany   ISBN 978-3-492-27337-4

Für Stella

Inhalt

Vorwort

Nachdem ich eine Reihe von Dokumentarfilmen über das Bergsteigen und die Nordpolerkundungen realisiert hatte, schrieb ich vor einigen Jahren das Buch *Wie man bei Windstärke 10 stilvoll eine Tasse Tee trinkt*. Darin unternahm ich den Versuch, die Geschichte der Abenteuer und Entdeckungen auf etwas andere Art zu erzählen. Ich wollte herausfinden, welche Lebenslehren man aus den Erfahrungen der großen Entdecker ziehen kann und welchen Grundmustern die meisten Expeditionen folgen.

Ein Großteil der Personen, von denen ich in jenem Buch erzählte, waren Männer. Ich muss zugeben, dass ich damals schlicht und einfach nicht wusste, wie viele Frauen über die Jahrhunderte aus Entdecker- und Abenteuerlust in die entlegensten Winkel dieser Welt gereist sind. Der eine oder andere Name – Freya Stark, Alexandra David-Néel oder Isabella Bird – ist auch heute noch bekannt, doch es gibt nur sehr wenige Frauen, die die gleiche Berühmtheit erlangt haben wie beispielsweise Ernest Shackleton, Roald Amundsen oder Reinhold Messner.

Im vorliegenden Buch über Entdeckerinnen, Seglerinnen, Fliegerinnen, Bergsteigerinnen und andere reisende Frauen will ich in fünf Kapiteln das Gleichgewicht zwischen den Geschlechtern wiederherstellen. Einige Frauen reisten ihr Leben lang, andere machten sich mit nur einer bedeutenden Expedition einen Namen. Sie waren kühn, manchmal gar verwegen und absolut faszinierend. Die Antwort auf die Frage, warum sie nicht so berühmt sind wie ihre männlichen Pendants, ist vielschichtig. Dass eine Osa Johnson, eine Jackie Cochran oder eine Wanda Rutkiewicz ein äußerst aufregendes Leben führten, steht außer Frage, dennoch fanden Frauen als heldenhafte Abenteurerinnen seltener Anerkennung als Männer. Nicht immer waren die Errungenschaften der Entdeckerinnen und Forscherinnen mit einem spektakulären Weg verbunden, doch ihr Leben war meist hochinteressant und verdient in jedem Fall eine genauere Betrachtung.

Die große Frage in diesem Buch ist nun, ob es einen grundlegenden Unterschied zwischen einer weiblichen und einer männlichen Herangehensweise an Abenteuer- und Forschungsreisen gibt. Bis vor Kurzem waren Expeditionen noch eine Männerdomäne, und jede Frau, die die Dreistigkeit besaß, dieses Monopol anzufechten, handelte sich Schwierigkeiten ein. Heute ist das ein wenig anders, aber in den folgenden Kapiteln wird deutlich werden, dass Frauen trotz aller Widerstände auch in den letzten beiden Jahrhunderten schon für ihre Abenteuerlust Leib und Leben riskiert haben. Waren ihre Ziele und Leidenschaften die gleichen wie die der Männer? Reisten sie dennoch anders? Oder, von einem anderen Blickwinkel betrachtet, zeigt sich in Entdeckungsreisen ein Unterschied zwischen Männern und Frauen?

Damit begebe ich mich auf gefährliches Terrain. Nichts ist problematischer, als Verallgemeinerungen über die Geschlechter aufzustellen, und nichts leichter, um sich selbst zum Narren zu machen, als zu behaupten, man kenne den Unterschied zwischen Männern und Frauen. Kaum meint man, gewisse übereinstimmende Merkmale gefunden zu haben, kommt auch schon jemand um die Ecke und widerlegt sie …

Bei Entdeckungsreisen ist Gefahr jedoch vorprogrammiert, und wenn ich mich vor der spannenden Frage nach dem berühmten Unterschied drücken wollte, würde es dieses Buch nicht geben. Ich halte es also mit Mary Hall, einer selbst ernannten »Weltreisenden« aus viktorianischer Zeit: »Ich lasse alle Vorsicht walten und alle Angst hinter mir« und tauche tief in den dunklen Kontinent der Geschlechterunterschiede ein.

Mick Conefrey

Warum eine
eine Reise tut

Vom ersten Moment an, wenn die Reisende fremden Boden betritt,
wenn sie die andersartige Welt, die eigentümliche Kleidung sieht und die
seltsamen Bräuche der Eingeborenen kennenlernt, schärfer gezeichnet
noch durch die klare Luft und die strahlende Sonne – so anders als die
gemäßigte Atmosphäre zu Hause –, ist ihr, als würde sie rundum
ein neues Leben beginnen.

> Lillias Campbell Davidson, *Hints to Lady Travellers at Home*
> *and Abroad* [Ratschläge an reisende Damen in der Heimat
> und in der Fremde], 1889

Was macht einen Entdecker aus?
Und warum?

Fragen Sie jemanden, wie ein Entdecker aussieht, und Sie bekommen die üblichen Antworten:

Entdecker haben zerfurchte Gesichter, zottige Bärte, von Wind und Sonne gegerbte Haut. Sie tragen Pelze oder Khaki. Sie lächeln triumphierend in die Kamera oder starren mit grimmiger Entschlossenheit in die Ferne.

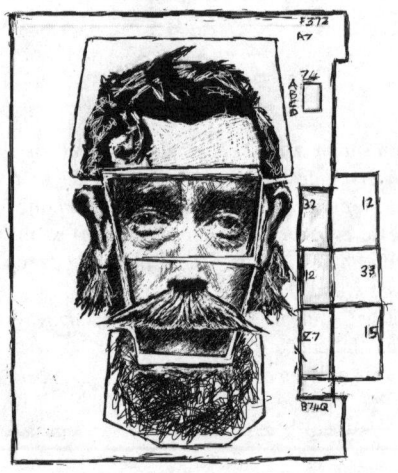

Vor allem aber sind es Männer.

Oder etwa nicht?

Wer hat das biblische Kana wiederentdeckt?

Welcher Bergsteiger kartografierte als Erster den Siachen-Gletscher?

Wer stand als Erster auf dem Huascarán in Peru?

Welcher Europäer besuchte als Erster den osmanischen Harem in Konstantinopel?

Wer hielt 41 Jahre lang den Flugzeitrekord von Großbritannien nach Neuseeland?

Die Antworten auf diese Fragen finden Sie hier – und keine der erwähnten Personen trägt einen zottigen Bart.

Hier geht es um forschungsreisende Frauen, um Entdeckerinnen. Wer waren sie? Was haben sie erreicht? Und vor allem: warum?

Das Warum ist die immergleiche Frage an alle Entdecker, und üblicherweise wird sie ziemlich ausweichend beantwortet.

Warum besteigt jemand den Mount Everest? – »Weil er da ist.«

Warum durchquert jemand die Arktis? – »Wer es weiß, muss nicht fragen. Und wer fragt, wird es nie erfahren.«

Dies sind Zitate von George Mallory und Wally Herbert. Sie könnten jedoch auch von vielen anderen stammen, von Männern wie Frauen. Für die meisten Entdecker ergibt sich die Antwort auf die Frage »Warum?« aus einer komplexen Mischung aus Wünschen und Gefühlen, aus einer Menge Unklarheiten und glücklichen Zufällen.

Isabella Bird (1831–1904) reiste aus gesundheitlichen Gründen. Zu Hause in England litt sie unter Wirbelsäulenproblemen, Furunkeln und Depressionen. Auf Reisen war sie eine furchtlose Entdeckerin und eine hervorragende Reiterin.

Beatrix Bulstrode durchquerte 1913 die wilde Mongolei und wollte dort das einfache Leben kennenlernen; nach ein paar Monaten war sie an dieses Leben jedoch so gewöhnt, dass sie es ziemlich berechenbar fand.

Amelia Earhart (1897–1937) sagte über ihre Leidenschaft für das Fliegen in aller Aufrichtigkeit, dass es ihr ganz einfach Spaß mache. So betitelte sie auch ihre Autobiografie: *The Fun of It*.

Ähnliche Begründungen finden sich auch in Biografien männlicher Entdecker, manche Beweggründe aber sind frauenspezifisch, und darum geht es in diesem Buch: um das unterschiedliche Reisen von Frauen und Männern und wie Forschungs- und Entdeckungsfahrten die Unterschiede zwischen den Geschlechtern deutlich machen.

Warum ziehen Frauen los?

Weil sie Emanzen sind?

Kein Mann hat je einen Berg bezwungen, um zu beweisen, wozu ein Mann fähig ist – auch wenn es einige Bergsteiger vielleicht für die Menschheit an sich getan haben. Entdeckungsfahrten galten immer als Monopol der Männer, und ein Mann, der erklärte, er breche nun zu einer Expedition nach Afrika oder in den Himalaja auf, tat einfach, was Männer schon immer taten, zumindest die Gentlemen der britischen Upper Class. Bei Frauen war das etwas anderes – sie handelten allen Erwartungen zuwider und drangen in männliche Domänen ein. Manche Frauen sahen höflich über diesen Punkt hinweg, andere aber betrachteten ihre Erfolge und Misserfolge geschlechtsspezifisch. Alexandra David-Néel (1868–1969) schrieb, sie habe ihre berühmte Lhasa-Reise unternommen, »schon um zu zeigen, was der Wille einer Frau vermag«. Fanny Bullock Workman (1859–1925) wurde auf einem Gebirgspass im Karakorum mit einem Flugblatt fotografiert, auf dem das Frauenwahlrecht gefordert wurde. Es wäre jedoch ein Irrtum anzunehmen, alle reisenden Frauen seien Feministinnen gewesen. Tatsächlich haben einige sogar alles darangesetzt, das Gegenteil herauszustreichen. Gertrude Bell (1868–1926), eine der namhaftesten Entdeckerinnen, war Mitglied der *Women's Anti-Suffrage League,* die sich gegen das Frauenwahlrecht aussprach; Freya Stark (1893–1993), wie Gertrude sehr arabophil, bevorzugte männliche Reisebegleiter. Und in jüngerer Zeit betonten die Bergsteigerin Julie Tullis (1939–1986) und die Seglerin Clare Francis (*1946) in ihren Autobiografien und Reisetagebüchern, dass sie keine Anhängerinnen der Frauenbewegung seien. Manche Abenteurerinnen waren oder sind sicherlich überzeugte Feministinnen, aber in erster Linie ist jede Entdeckerin, jeder Entdecker ein Individualist.

Als Rollenspiel

Abgesehen von der bekannten britischen Schriftstellerin, Journalistin und Historikerin Jan Morris (*1926) – vormals James, 1972 ließ sie eine Geschlechtsumwandlung vornehmen –, sahen sich reisende Männer mit nur wenig Verwirrung in Bezug auf ihre Geschlechtszugehörigkeit konfrontiert. Reisende Frauen machten jedoch erstaunlich häufig diese Erfahrung – manche fanden sie verstörend, andere scheinen sie regelrecht genossen zu haben. In ihren Reiseberichten stößt man immer wieder auf entsprechende übereinstimmende Stellen: Sie wurden befragt und befummelt, sie wurden gebeten oder genötigt, sich teilweise zu entblößen, um ihr Frausein zu beweisen, denn dass eine Frau als Forschungsreisende unterwegs war, galt einfach als undenkbar. Als Dervla Murphy mit ihrer Tochter Rachel Kamerun bereiste, wurde sie wiederholt für Rachels Vater gehalten und musste gelegentlich auch ihr Hemd aufknöpfen, um ihre Weiblichkeit zu belegen. Dervla lachte darüber, auch wenn sie zugab, dass es sie doch ein wenig verärgert habe. So wird verständlich, warum viele Frauen auf Reisen irgendwann auf Männerkleidung umgestiegen sind. Der Schweizerin Isabelle Eberhardt (1877–1904) und der britischen Adligen Lady Hester Stanhope (1776–1839) gefiel es eindeutig, in eine andere Geschlechterrolle zu schlüpfen.

Zu Ehren des verstorbenen Gatten

Eine kleine, aber faszinierende Gruppe von Frauen begab sich auf Expeditionen, um das unvollendete Werk ihrer Ehemänner zum Abschluss zu bringen. 1905 durchquerte Mina Hubbard (1870–1956) als erste weiße Frau Labrador in einem Kanu und führte die von ihrem Mann Leonidas begonnene Reise zu Ende, der 1903 auf seiner Expedition verhungert war. Mina brauchte

Mumm, sie musste die Zähne zusammenbeißen, denn sie musste sich nicht nur durch die Wildnis kämpfen, sondern auch mit den ehemaligen Mitstreitern ihres Gatten konkurrieren, die sie aus dem Feld schlagen wollten.

Ruth Harkness (1900–1947), Modedesignerin und New Yorker Society-Dame, reiste 1936 nach China und brachte den ersten Panda nach Amerika – lebend. Damit verwirklichte sie den Traum ihres Mannes Bill, der einige Monate zuvor in Schanghai an Lungenkrebs gestorben war, nachdem er über ein frustrierendes Jahr lang versucht hatte, eines der scheuen Tiere einzufangen. Ähnlich wie bei Mina hatte auch ein Expartner von Ruths Mann eine Gegenexpedition gestartet. Nach ein paar beschwerlichen Wochen ging ihr und ihrer Mannschaft schließlich ein Pandajunges ins Netz. Auf dem Rückweg nach Chicago hatte sie dann die ebenso beschwerliche Aufgabe, dem wenige Wochen alten Bären ständig das Fläschchen zu geben.

Mina Hubbard schrieb nach ihrer Labradordurchquerung ein Buch, weitere Forschungsreisen unternahm sie nicht. Ruth Harkness hingegen war auf den Geschmack gekommen: Sie reiste noch einmal nach China, um einen zweiten Panda zu holen, doch nun war ihr das Glück nicht hold – das Panda-Projekt erwies sich als noch schwieriger als beim ersten Mal.

Als Schlankheitskur!

Viele Frauen merkten ganz lakonisch an, Entdeckungs- und Abenteuerreisen eigneten sich hervorragend zum Abnehmen. Clare Francis verlor auf ihrer zweiten Atlantiküberquerung so viel Gewicht, dass sie, lediglich mit Papierunterwäsche bekleidet, im Zielhafen einlief, weil sie in ihren Hosen mittlerweile buchstäblich versank. Eine der beiden Gefährtinnen der damals 26-jährigen Antonia Deacock nahm bereits auf der Überlandfahrt von London nach Indien sieben Kilo ab, bevor die drei Frauen sich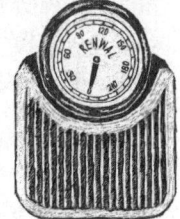

1958 überhaupt erst auf einen langen Fußmarsch in die entlegene Himalajaregion Zanskar machten. Doch wie man weiß, nimmt man spätestens zu Hause wieder zu. Die Schweizerin Ella Maillart (1903–1997) ging das Ernährungsproblem auf Expeditionen ganz anders an: »So viel wie möglich zu fressen, wenn sich die Gelegenheit bietet, auf dass man für den Notfall gut ausgepolstert sei, ist der Grundsatz des Kamels.«

Warum ziehen Kerle los?

Um die unterschiedlichen Reisemotivationen der Geschlechter zu verstehen, sollte man einmal die Gründe betrachten, die Männer anführen und die bei Frauen nur selten eine Rolle spielen.

Für Krone und Vaterland

Als die 33-jährige Caroline Hamilton im Jahr 2000 nach einer langen, anstrengenden Wanderung durch die Antarktis mit ihrem britischen Team den Südpol erreichte, sangen die Frauen die Nationalhymne – sehr zur Belustigung der amerikanischen Wissenschaftler auf der dortigen Forschungsstation. Diese Frauenexpedition ist die Ausnahme, die die Regel bestätigt, denn Patriotismus ist bei reisenden Frauen, im Gegensatz zu Männern, nur ganz selten ein Thema. Im 19. Jahrhundert galten Entdeckungsreisen als Säule der Kolonialmacht, im 20. Jahrhundert kam ihnen zunehmend symbolische Bedeutung zu, wenigstens für Männer. Frauen spielten – und spielen noch immer – die Trumpfkarte Patriotismus nur gelegentlich aus, wenn sie Geldgeber brauchen, aber im Allgemeinen nehmen sie diesen Punkt nicht so ernst wie Männer.

Dass im Leiden Lehre wohne …

In vielen Expeditionsberichten von Männern trifft man immer wieder auf Abschnitte, die man am besten als »Leidensgeschichte« bezeichnen kann – lange, detaillierte Schilderungen all der Mühsal, die der Autor ertragen musste. Manchmal bekommt man fast den Verdacht, Leiden sei ein wesentlicher Teil des Reisevergnügens. Der norwegische Polarforscher Roald Amundsen (1872–1928) erzählt in seiner Autobiografie *Mein Leben als Entdecker,* ihn habe als Jugendlicher »die Beschreibung solcher Entbehrungen« gefesselt, die die Mitglieder der Franklin-Expedition auf der Suche nach der Nordwestpassage zu erdulden hatten, bevor sie 1847 verschollen waren.

Der britische Forschungsreisende Wilfred Thesiger (1910 bis 2003) beschrieb gern die kargen Essensrationen und die körperlichen Entbehrungen, die er auf seinen Wanderungen durch die Wüste auf sich nehmen musste. Wenn überhaupt, dann können es in dieser Leidensbegeisterung nur wenige Frauen mit ihm aufnehmen. Auch sie stehen oft Qualen und Beschwerlichkeiten durch, aber normalerweise breiten sie sich nicht über dieses Thema aus und haben auch nicht einen solchen Drang, sich gegenüber dem Schlimmsten zu beweisen, was die Welt einem in den Weg stellen kann. Forschungs- und Abenteuerreisen sind nun mal gefährlich – je länger und je öfter man unterwegs ist, desto mehr Narben trägt man davon.

Erster sein

Ein weiteres männliches Motiv: In der Geschichte der Entdeckungen gibt es ein paar berühmte Wettrennen von Männern, die alle als Erster an einem bestimmten Ort sein wollten, ob nun auf dem Gipfel des Matterhorns oder des Mount Everest, ob am Nord- oder am Südpol. Auch manch eine Frau wollte eine Pionierleistung vollbringen und die Erste sein, die dies oder jenes geschafft hat, aber es war im Grunde nie ein wirklich wichtiges Motiv. Frauen waren fürs »Erste-sein«-Wollen meist genauso wenig anfällig wie für Patriotismus – vielleicht weil der jeweils erste Preis schon vergeben war, als sie an den Start gingen. Die *erste Frau* bei etwas zu sein hatte nie den gleichen Stellenwert, als der *erste Mensch* überhaupt zu sein, der eine bestimmte Leistung erbracht hat. Das ist, wie Patriotismus, nur ein Thema fürs Fundraising, aber im Allgemeinen scheinen Frauen kein so ausgeprägtes Konkurrenzdenken zu haben wie Männer.

Die Grundlagen

Doch was auch immer ihr Antrieb und ihr Ziel sein mag, männliche wie weibliche Forschungsreisende müssen vor dem Start ihrer Expedition ein paar grundsätzliche Dinge tun: ein Team auf die Beine stellen, es vorbereiten und ausrüsten, Öffentlichkeit herstellen und – vor allem anderen – Geld auftreiben.

Fundraising

Für die meisten Entdecker war und ist Fundraising eine lästige, aber notwendige Aufgabe, die mehr Zeit und Mühe kostet, als man denkt. Viele Frauen haben sich darüber beklagt, dass es Männer in diesem Punkt sehr viel leichter hätten – das ist zweifellos wahr (auch wenn es für beide Geschlechter nicht einfach ist). In früheren Zeiten fanden Frauen nur schwerlich Unterstützung durch Regierungsbehörden oder das Militär. Und heutzutage sponsern Geldgeber aus der Wirtschafts- und Finanzwelt Frauen nur zögerlich, weil sie entweder meinen, Frauenteams seien weniger erfolgreich, oder einfach nur Vorurteile haben. Diese Vorurteile sitzen manchmal so tief, dass sich die Männer dessen gar nicht bewusst sind. Als die amerikanische Bergsteigerin Arlene Blum (*1945) im Jahr 1978 von der Annapurna zurückkam, einem mörderischen Achttausender im Himalaja, und einen Fonds speziell für Bergsteigerinnen einrichten wollte, musste sie sich von ihren Kameraden beim *American Alpine Club* anhören, dass auch Männer in den Genuss dieser Mittel kommen sollten, denn nur sie würden »richtig« klettern …

---

63 Pfund Sterling, 7 Schillinge und 10 Dimes
für eine Reise von Dünkirchen nach Delhi mit dem Fahrrad
(Dervla Murphy 1963)

3350 Pfund Sterling
zum Ausrüsten eines Bootes für eine Einhandüberquerung des Atlantiks
(Nicolette Milnes-Walker 1971)

500 000 Dollar
für einen Flug von Kapstadt in die Antarktis
(Arnesen-Bancroft-Expedition zur Durchquerung der Antarktis 2001)

Dennoch haben Frauen immer Wege gefunden, um an Geld zu kommen …

Die Lacher auf seiner, äh … ihrer Seite haben

Arlene Blum und ihre Gefährtinnen wandten angesichts der kalkulierten Kosten von 80 000 Dollar für ihre Annapurnaexpedition die üblichen Methoden an, um das Geld zusammenzubekommen – Dinner, Bälle, Konzerte, Aufkleber. Nachdem das alles nicht sehr viel abwarf, erzielten sie mit einem Promo-T-Shirt den Durchbruch. Sie diskutierten ein paar Motive, meist Kletterausrüstung mit dem Bild der Annapurna im Hintergrund, entschieden sich dann allerdings für den ziemlich gewagten Slogan *»A Woman's Place is on Top«* [Eine Frau gehört nach oben] über der gezeichneten Silhouette eines Berges. Anfangs ließen sie nur knapp hundert Shirts bedrucken, als sie dann aber schließlich aufbrachen, hatten sie über 15 000 verkauft, und das auch noch zu einem wesentlich höheren Preis als vom Hersteller empfohlen. Heute ist das T-Shirt ein Sammlerstück.

Gar nicht aussehen wie eine Forschungsreisende

Freya Stark suchte 1937 Geldgeber für eine archäologisch-kulturgeschichtliche Expedition nach Arabien. Man riet ihr, Baron Charles »Cheers« Wakefield of Hythe aufzusuchen, einen Multimillionär, der mit der Schmierstoffmarke *Castrol* ein Vermögen gemacht hatte und im Ruf stand, Frauenexpeditionen besonders großzügig zu unterstützen. Wakefield hatte nicht die geringste Lust, sich mit Freya über Archäologie zu unterhalten, dafür wollte er ihr unbedingt Fotos von all den berühmten Leuten zeigen, mit denen er in seinem Leben zusammengetroffen war. Freya flirtete und scherzte mit ihm und konnte ihm am Ende 1500 Pfund entlocken, damals eine stolze Summe. Danach meinte der Baron zu einem Freund, er habe Freya Stark das Geld nicht gegeben, weil er von ihrer Expedition überzeugt gewesen sei, sondern weil sie ganz und gar nicht so ausgesehen habe, wie er sich eine Forschungsreisende vorstellte …

Mit vielen Tränen

Nach ihrem ersten Anlauf zur Antarktisdurchquerung kehrte Ann Bancroft (*1955) im Jahr 1989 mit 450 000 Dollar Schulden in die USA zurück. Sie brauchte sieben Jahre, bis sie alles abbezahlt hatte. Als sie 2000 einen weiteren Versuch starten wollte, war ihr klar, dass sie professionelle Hilfe brauchte, und heuerte ein dreiköpfiges Team von Vollzeit-Organisatorinnen an, die die Expedition auf die Beine stellen sollten. Trotz der offensichtlichen Seriosität des Projekts waren Ann und ihre Mitstreiterinnen mit den üblichen Zweifeln konfrontiert, ob Frauen einen solch ambitionierten Plan überhaupt durchziehen könnten. Angesichts der ständigen Zurückweisung – auch von Unternehmen, die sich anfangs interessiert gezeigt hatten – brachen die Organisationsprofis bei Treffen mit möglichen Sponsoren immer wieder in Tränen aus. Am Ende zahlte sich die »Tränendrüsentour« aus: Sie sammelten die anderthalb Millionen Dollar für die Realisierung der Expedition. Es war eine richtige Plackerei gewesen – mit hohem Taschentuchverbrauch.

Öffentliche Aufmerksamkeit

Schlechte Publicity gibt es gar nicht, außer den eigenen Nachruf.
Brendan Behan (1923–1964), irischer Dramatiker

Viele Forschungsreisende mussten erfahren, dass öffentliche Aufmerksamkeit ein zweischneidiges Schwert ist. Wenn man Geldgeber sucht, kann Publicity von ungeheurem Vorteil sein, aber kaum steht man im Licht der Öffentlichkeit, fallen die Medien über einen her. Und es ist ja bekannt, dass sie nur eines noch lieber tun, als Helden und Heldinnen zu erschaffen, nämlich sie zu zerstören – oder sich wenigstens einen kleinen Spaß zu erlauben. Als die britische Schriftstellerin Charlotte Mansfield 1908 ankündigte, sie wolle zu einer überaus gefährlichen Afrikaexpedition aufbrechen, fragte ein Zeitungsverleger bei ihr an, ob sie nicht für sechs Wochen als »verschollen« gelten und ihm die Exklusivrechte an der Geschichte ihrer wundersamen Rettung einräumen wolle. Ein anderer regte in einem Telegramm an, sie könne doch einige der führenden Frauenrechtlerinnen mit auf den gefahrvollen Weg nehmen ...

»Mutter von drei Kindern auf Trekkingtour im Himalaja«
»Die Gattinnen, die nicht zu Hause herumsitzen wollen«
»Weg von Heim und Herd und hinauf nach Shangri La!«
»Offiziersgattinnen wollen ihre Sorgen in einen alten Rucksack packen und klettern, klettern, klettern!«

Die Britinnen Antonia Deacock, Anne Davies und Eve Sims fanden, dass nicht immer nur die Männer ihren Spaß haben sollten. Als ihre Gatten erklärten, sie wollten im Himalaja bergsteigen, stellten die Frauen 1958 ihre eigene Expedition auf die Beine. Sie hatten vor, eine Überlandfahrt nach Nordindien zu unternehmen, um dort dann in das damalige buddhistische Königreich Zanskar zu wandern. Trotz eines relativ überschaubaren Budgets hatten auch sie anfangs Schwierigkeiten, Sponsoren zu finden – bis die britische Presse Wind davon bekam und man so originelle Schlagzeilen lesen konnte wie »Höhentaugliche Hutnadeln« und ähnliche Kalauer.

Den Frauen gefiel es natürlich nicht, dass sie »Hausfrauen auf Entdeckungsfahrt« genannt wurden, doch all die Schlagzeilen brachten ihnen Spenden ein, die sie dankbar annahmen. Sie lernten, einen Land Rover mit langem Radstand zu fahren, und machten sich auf die 13 000 Kilometer lange Fahrt nach Indien, bevor sie zu Fuß weitere 500 Kilometer durch ein Gebiet wanderten, das kurz zuvor wegen Grenzstreitigkeiten zwischen Pakistan, Indien und China für Ausländer noch gesperrt gewesen war. Sie machten auch eine Erstbegehung und nannten den Berg in Zanskar Biri Giri, »Ehefrauenspitze«.

Die Expedition war erfolgreich und erntete eine positive, wenn auch manchmal gönnerhafte Berichterstattung. Nur bei einer Pressekonferenz in Pakistan, die einer ihrer Sponsoren einberufen hatte, kamen die drei ins Schleudern. Die einheimischen Journalisten wollten wissen, warum sie hauptsächlich nachts durch Pakistan gefahren seien. War ihr Land etwa nicht schön genug, um es sich bei Tag anzusehen? Die Frauen waren natürlich nachts unterwegs gewesen, weil es da sehr viel kühler war. Aber dieser Vorfall erinnerte sie rechtzeitig daran, dass die Presse einem das Wort im Mund herumdrehen kann und man dann aus allen Wolken fällt.

Tipps für den Umgang mit Medien und Sponsoren

Überlegen Sie sich gut, was Sie Sponsoren anbieten – man könnte Sie beim Wort nehmen

Ein paar Tage nach ihrer Ankunft in der Antarktis bibberte Caroline Hamilton in einer durchsichtigen Badewanne – nackt bis auf ein Paar Stiefel, um dem Anstand zu genügen. Es dauerte zwei Tage, um alle Werbefotos zu machen, die ihr Sponsor von ihr verlangt hatte. Caroline bekam derweil das volle Programm: Sie wurde von der unerbittlichen antarktischen Sonne verbrannt und fror gleichzeitig bis auf die Knochen.

Vermeiden Sie jeden Kontakt zwischen einem Fotografen und Ihrem Freund

Clare Francis bekam in der Presse viel Aufmerksamkeit für ihre Atlantiküberquerung. Die meisten Journalisten behandelten sie mit Respekt, doch ein Fotograf wollte sie unbedingt für ein paar »scharfe Bilder« auf ihrer Jacht im Bikini aufnehmen. Er wusste nicht, dass Clares Freund an Bord war. Als dieser hörte, was der Fotograf verlangte, schoss er an Deck und sorgte dafür, dass der Mann zu einem kleinen Spurt in Richtung Kai ansetzen musste.

Glauben Sie nicht an Ihren eigenen Mythos

Jean Batten (1909–1982) wurde für ihre legendären Flüge von England nach Australien und in ihre Heimat Neuseeland von der Presse vergöttert. Jean legte sich mächtig ins Zeug, um aus ihrem Ruhm Kapital zu schlagen. Sie ließ sich Autogramme bezahlen und prahlte einem Freund gegenüber, ihr Name sei so wertvoll, dass niemand einen Scheck einlösen würde, den sie ausgeschrieben hätte. Als sie jedoch ihre Geschichte einem Zeitungsverlag verkaufte, schützte dieser seine »Exklusivrechte« so verbissen, dass die Öffentlichkeit nicht mehr an Jean herangelassen wurde. Als hätte man ihr dadurch ihr Lebenselixir entzogen, kürzte sie ihre Promo-Tour ab und verkrümelte sich schnell in ein Sanatorium.

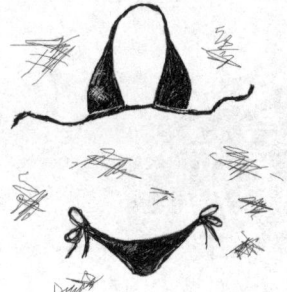

Training

Körperliche Vorbereitung ja oder nein? Das ist für Entdecker beiderlei Geschlechts seit jeher die heikle Frage. Die einen nehmen
die Sache peinlich genau, andere tun so gut wie gar nichts. Heutzutage kann man sich systematisch auf eine Expedition vorbereiten, wenn man sich den Besuch eines Fitnessstudios und
einen Personal Trainer leisten kann. Aber auch weniger ortho-
doxe Methoden erweisen sich als höchst effektiv.

Stehen

Die amerikanische Polarforscherin Pam Flowers bereitete sich
auf ihre Arktisexpedition mit dem Hundeschlitten vor, indem
sie spazieren ging, Holz hackte, Gewichte hob – und alle Stühle
aus ihrem Blockhaus entfernte. Sie wusste, dass sie den Großteil der Zeit auf dem Schlitten stehen oder dahinter hergehen
musste, und wollte sich schon früh daran gewöhnen.

Kickboxen

Die britische Bergsteigerin Julie Tullis hielt sich zwischen ihren Expeditionen fit, indem sie Kampfsport trieb. Erst war sie unsicher gewesen, ob sie einen Kurs machen sollte, weil  ihr die entzündeten Stellen an den Füßen peinlich waren, doch je intensiver sie diesen Sport ausübte, desto mehr Verbindungen sah sie zwischen Klettern und Kampfsport. Bei beidem hat man den größten Erfolg, wenn Körper und Geist in vollkommenem Einklang sind. Einmal konnte sie ihre kampfsportlichen Fähigkeiten auch im wirklichen Leben einsetzen, als sie sich buchstäblich den Weg aus einer Lawine freiboxte, die sie überrascht hatte.

»Reifeln«

Liv Arnesen, Polarfahrerin aus Norwegen, joggte zur Vorbereitung ihrer legendären, zusammen mit Ann Bancroft durchgeführten Antarktisdurchquerung durch die Wälder, die ihre Heimatstadt säumen, und schleppte dabei Autoreifen hinter sich her. Die Nachbarn wunderten sich schwer, was sie da trieb. Als sie ihnen erklärte, dass sie einen Schlitten durch die antarktische Eiswüste ziehen wolle, stellte sie überrascht fest, dass sich ihr die meisten Leute öffneten, anstatt schockiert zu sein, und erzählten, welche Reiseträume sie selbst hegten.

Ausrüstung und Kleidung

Zwei große Sattelholster, eines mit einem Revolver sowie Teekessel und Teegeschirr, das andere mit einer Flasche Milch und ein paar Datteln.

Isabella Birds Ausrüstung für ihren Ritt durch
Kurdistan nach Persien

In Fragen der Ausrüstung und Kleidung scheiden sich Männer und Frauen meist in vorhersehbaren geschlechtsspezifischen Punkten. Männer begeistern sich oft für technische Geräte und neumodisches Equipment. Kleidung interessiert sie nur, wenn es sich um etwas sehr Spezifisches handelt. Frauen hingegen interessieren sich für Ausrüstungsgegenstände weniger, stattdessen denken sie eingehend über ihre Kleidung nach.

Einige reisende Frauen ließen sich spezielle Kleidung anfertigen. Die Britin Beryl Smeeton (1905–1979) wollte auf ihrer langen Reise durch China Mitte der Dreißigerjahre so oft wie möglich dritter Klasse Bahn fahren, um das wirkliche China kennenzulernen. Dritte Klasse hieß: keinerlei Privatsphäre. Also ließ sie sich aus einem leuchtend bunten Kimonostoff mit Fasanenmuster, den sie in Japan gekauft hatte, ein Reisekleid nähen, das ihren eigenen Worten zufolge aussah wie ein Zelt mit einem Loch oben. Darin hatte sie genügend Platz, um sich in aller Öffentlichkeit umzuziehen. Es hatte große Armlöcher und weite Ärmel, sodass sie es auch bei Einladungen und der überaus wichtigen Teezeremonie anziehen konnte. Als sie das Kleid bei einer Bootstour auf dem Jangtse trug, waren die anderen Passagiere beeindruckt; ein Mann schleppte seine Frau herbei und zog sich selbst das »Zeltkleid« über, um ihr dessen Vorteile zu demonstrieren.

Isabella Bird, eine exzellente Reiterin und eine der unerschrockensten Reisenden des 19. Jahrhunderts, ließ sich für ihren berühmten Ritt durch die Rocky Mountains ein sogenanntes Bloomer-Kostüm nähen: ein knielanger Rock über einer am Bund angenähten, knöchellangen Pluderhose. Durch eine Stadt ritt sie normalerweise im Damensitz, unterwegs aber setzte sie sich in Bloomers rittlings aufs Pferd. Als die *Times* andeutete, Isabella Bird reise in Männerkleidung, drohte sie mit einer Klage …

Weggefährten

Reisende müssen bei der Auswahl ihrer Begleitung schwierige Entscheidungen treffen. Eine gute Wahl bereichert die Reise, eine schlechte macht sie einem zur Hölle. Der springende Punkt ist, wie man vorher herausfindet, wer der Richtige ist und wer nicht. Die 1951 in Nigeria geborene und in England aufgewachsene Christina Dodwell wollte 1975 ein Jahr lang Afrika bereisen. Sie schaltete eine Zeitungsanzeige und fand drei Begleiter: zwei junge Männer, die in den Jahren zuvor bereits in Afrika unterwegs gewesen waren, und Lesley, eine Krankenschwester aus Neuseeland, die viel Zeit in Lateinamerika verbracht hatte. Sie brachen mit großen Hoffnungen auf, doch nach einem Monat war ihre Expedition bereits zu Ende. Ohne Lesleys und Christinas Wissen verkauften die Jungs den Land Rover, für den zuvor alle zusammengelegt hatten. Schlimmer noch: Sie bekamen sehr wenig Geld dafür und ließen die Frauen verärgert und enttäuscht zurück. Doch die beiden wollten nicht aufgeben. Sie wurden enge Freundinnen und großartige Reisegefährtinnen, sie waren fast ein Jahr lang zusammen unterwegs und bestanden gemeinsam so manches Abenteuer.

Es ist schwierig, vorherzusagen, ob eine Beziehung funktioniert oder nicht. Rückblickend erkannte Christina Zeichen dafür, dass sich die beiden Männer in der Gruppe nicht wohlgefühlt hatten, dennoch war deren Verhalten völlig überzogen. Mit Lesley hingegen hatte sich Christina von Anfang an gut verstanden, sie fühlten sich miteinander so wohl, dass sie auch gemeinsam schweigen konnten. Die Vorstellung von einem schweigenden Partner ist vielleicht ein bisschen seltsam, denn mit dem anderen Menschen sollte man ja jemanden haben, mit dem man reden kann; aber auf einer langen Reise ist es mit das Schlimmste, wenn man das Gefühl hat, die ganze Zeit reden zu müssen. Nachdem Dervla Murphy mit ihrer damals sechsjährigen Tochter Rachel

1974/75 die Kaschmirregion Baltistan bereist hatte, scherzte sie: Das einzig Gute am Bergaufwandern sei gewesen, dass Rachel den Mund gehalten habe. Und als Ann Bancroft Liv Arnesen zu ihrer Antarktisexpedition einlud, war Livs größte Angst, Ann könne eine Plaudertasche sein. Zum Glück war sie das nicht, und die beiden Frauen kamen wunderbar miteinander aus.

Den richtigen Reisepartner zu finden ist bekanntermaßen kompliziert. Vielleicht ist das ein Grund, warum die meisten Frauen, die ich hier vorstelle, allein gereist sind.

Der Rat anderer Leute

»Wenn Sie beschlossen haben, nach Westafrika zu reisen, ist es das Beste, Sie machen diesen Entschluss rückgängig und fahren stattdessen nach Schottland.«
Rat eines Freundes an Mary Kingsley

Männlicher Rat an reisende Frauen ist grundsätzlich negativ. Als die Engländerin Mary Kingsley (1862–1900) im Jahr 1893 beschlossen hatte, nach Westafrika zu reisen, riet ihr fast jeder, dem sie es erzählte, davon ab. Man nannte Afrika das »Grab des weißen Mannes«, warnte vor »Fieberepidemien« in jenem »absolut tödlichsten Flecken dieser Erde«, und obwohl die meisten zugaben, im Grunde gar keine Ahnung von dieser Region zu haben, waren sich in der Missbilligung der Reise alle einig. Eine Frau erzählte Mary, ein Bekannter sei als malariageschütteltes Wrack aus Afrika zurückgekommen und habe so gezittert, dass er ein ganzes Teeservice zerschlagen habe! Der oben genannte Freund riet Mary weiter, vorauszudenken und Empfehlungsschreiben für die Wesleyaner mitzunehmen, denn diese protestantischen Missionare hätten als Einzige an der Küste einen gefederten Leichenwagen … Zum Glück gehörte Mary Kingsley nicht zu den Menschen, die so viel Pessimismus auch noch ernst nehmen; ihre Reise war ein großer Erfolg.

Wenn Sie Ihre Gefährten ausgewählt, Ihre Ausrüstung zusammengetragen, Ihre Kleidung bestellt, Werbung für sich gemacht und Geld zusammenbekommen haben, müssen Sie nur noch zu fremden Gestaden aufbrechen. Und um erfolgreich zu reisen, müssen Sie alle Vorsicht walten und jede Angst hinter sich lassen ...

Doch bevor gleich das nächste Kapitel beginnt, hier noch ein Angeltipp:

Wie man einen Hai ohne Haken fängt

Lassen Sie den Hai Ihr Boot umkreisen. Packen Sie ihn dann am Schwanz, hieven ihn an Bord, wickeln ihn in ein Handtuch und schlagen ihn mit einem schweren Gegenstand tot.

Diese Methode erfand Maralyn Bailey, als sie 1973 mit ihrem Mann 117 Tage lang in einer aufblasbaren Rettungsinsel auf dem Pazifik trieb. Bei Haien bis zu einer Länge von etwa einem halben Meter funktionierte die Sache gut, bei größeren Exemplaren ist dies jedoch nicht angeraten.

Mit welchem Ziel?

Es gibt auf dieser Erde nur ein paar Orte, die noch nicht erkundet wurden. Jedes Ziel hat seine besonderen Probleme und Erfordernisse. Kleidung und Ausrüstung für die Arktis sind – wen wundert es? – in den Tropen nicht so sehr von Nutzen, und das Ungeziefer, das einem auf einem bestimmten Kontinent das Leben schwer macht, gibt es andernorts gar nicht. In diesem Kapitel stelle ich abenteuerlustige Frauen vor, die verschiedene Teile der Welt erkundet haben, ich gehe der Frage nach, wie sie mit einer bestimmten Umgebung zurechtkamen, und gebe schließlich praktische Tipps für künftige Reisende.

Bestimmte klimatische Bedingungen sind für Frauen und Männer natürlich gleichermaßen beschwerlich. Jeder, der in die Antarktis reist, muss sich gegen extreme Kälte schützen, und wer in die Wüste geht, muss mit der Hitze klarkommen. (Viele dieser Punkte habe ich bereits in *Wie man bei Windstärke 10 stilvoll eine Tasse Tee trinkt* angesprochen.) In einigen Bereichen jedoch – Kleidung und Hygiene etwa oder beim interkulturellen Umgang zwischen Männern und Frauen – müssen die Probleme eher geschlechtsspezifisch angegangen werden.

Insgesamt ist es verblüffend, dass die meisten reisenden Frauen entweder allein oder mit lokalen Führern unterwegs waren. Im Gegensatz zu Männerexpeditionen, die zudem oft einen berühmten Leiter hatten, sind weitaus weniger Frauen im Team oder auch nur mit Partnerinnen gereist.

Warum waren Frauen eher Einzelgängerinnen? Sind Männer etwa bessere Teamplayer? Ziehen sie einfach lieber in Gruppen los? Oder eignete sich die Art der Forschungsreisen, die Frauen im 19. und im frühen 20. Jahrhundert unternahmen, vielleicht besser für Einzelreisende als für Gruppen? Wären Frauen, wenn sie emanzipierter und wohlhabender gewesen wären, sehr viel früher nach den Männern an Nord- und Südpol gelangt – oder womöglich sogar vor den Männern?

Man kann viel spekulieren, wissen wird man es nie.

Dieses Kapitel ist in zwei Unterkapitel aufgeteilt: »Brütend heiß« stellt Frauen vor, die den Nahen Osten, Afrika und Asien bereist haben. »Saukalt« beschäftigt sich mit Bergsteigerinnen, Polarforscherinnen, Fliegerinnen und Seglerinnen.

In jedem Abschnitt stelle ich dabei quer durch die Geschichte ein »imaginäres« Frauen-Dream-Team auf, das durch die gemeinsame Leidenschaft für eine ganz bestimmte Art der Forschungsreise miteinander verbunden ist. Nahezu alle Frauen hatten in Wirklichkeit nie miteinander zu tun. Aber stellen Sie sich nur mal vor, was sie erreicht hätten, wenn es so gewesen wäre!

Brütend heiß

Es fällt auf, dass die Mehrzahl der im 19. und frühen 20. Jahrhundert reisenden Frauen warme Gegenden kälteren Gefilden vorzogen. Dafür gibt es keinerlei physiologischen Gründe; Frauen sind für die Wüste nicht besser geschaffen als Männer oder entsprechend von Haus aus nicht weniger ungeeignet für die Polarregionen. Liegt es vielleicht daran, dass die heißen Ecken der

Erde im Gegensatz zu denen, in denen man sich was abfriert, die kulturell reicheren sind und einen Besuch deshalb mehr lohnen? Oder ist es schlicht einfacher, dorthin zu gelangen? Was auch immer der Grund für die Wahl ihres Ziels war, einige der bekanntesten weiblichen Entdeckungsreisenden machten sich jedenfalls in Afrika und Asien einen Namen.

Die Wüste

Die Wüsten Nordafrikas und des Nahen Ostens waren bei viktorianischen Frauen ein beliebtes Reiseziel – einerseits waren sie leicht erreichbar, andererseits besaßen sie den Reiz des Exotischen. In jener Zeit brauchte man Monate, um nach Grönland zu kommen, in Damaskus aber war man in wenigen Wochen. In den Sechzigerjahren des 19. Jahrhunderts konnte man mit der bahnbrechenden Reiseagentur *Thomas Cook* bereits den Nil befahren. Reiche Touristen segelten in Luxusjachten den Fluss hinauf, nachts gingen sie an Land und schliefen in Zelten, die mit Möbeln und Teppichen ausgestattet waren wie ein Zimmer im Hotel.

Einige Regionen des Nahen Ostens waren also für jedermann leicht zugänglich, dennoch gab es weite, unerforschte Landstriche, die erst von wenigen Europäern, ganz zu schweigen von Europäerinnen, bereist worden waren. In diesen weißen Flecken auf der Landkarte fanden beispielsweise Sir Richard Burton und später Wilfred Thesiger einen Schauplatz, um sich einen Namen

zu machen. Doch auch für Frauen blieb genügend Raum; viele berühmte Entdeckungsreisende waren »Töchter der Wüste«: Freya Stark, Gertrude Bell, Rosita Forbes, Alexandrine Tinné, Hester Stanhope, Louisa Jebb und viele andere.

Sie waren fasziniert vom einfachen Leben auf Wüstenreisen und von der reichen islamischen Kultur. In der Wüste fanden sie eine Welt, die einheimische Frauen in vielerlei Hinsicht einschränkte, gar ausschloss, andererseits gab es dort eine lange Tradition der Gastfreundschaft gegenüber Reisenden. Europäerinnen bekamen einzigartigen Zugang zum Leben der Frauen wie auch der Männer. Während männliche Reisende kaum Kontakt zum anderen Geschlecht haben und schon gar keinen Harem betreten durften, aßen Gertrude Bell und Freya Stark mit dem jeweiligen Hausherrn, danach ließen sie sich in den Frauengemächern Süßspeisen schmecken, während die Gattinen und weiblichen Verwandten des Gastgebers klatschten und tratschten und auch sonst ihren Spaß hatten.

Es ist ein wenig kompliziert, das Dream-Team der Wüste zusammenzustellen, denn diese Frauen waren alle eingefleischte Individualistinnen und leidenschaftliche Alleinreisende. Dennoch ist der Gedanke faszinierend …

Die Karawane der Damen

Die Königin der Wüste – Lady Hester Stanhope (1776–1839)
Einige Jahre lang, sie war in den Zwanzigern, herrschte die ungewöhnliche britische Aristokratin als Haushälterin ihres Onkels William Pitt, des damaligen Premierministers, über die Privaträume in dessen Amtssitz, der Downing Street Nummer 10. Nachdem Pitt 1806 gestorben war, verließ Lady Hester Europa vier Jahre später mit einer Entourage aus Dienern, Ärzten und Liebhabern. Nach einer Havarie vor der Küste Nordafrikas war sie gezwungen, sich nach lokalem Brauch zu kleiden, besser ge-

sagt, sie verbrachte einen Großteil ihres restlichen Lebens in farbenprächtigen türkischen Männertrachten.

Manch eine Frau kam als »Königin« der Region zurück, die sie bereist hatte, zumindest titelte die Presse so. Doch nur Lady Hester konnte behaupten, dass *ihre* Krönung die Erfüllung einer Prophezeiung war. In London hatte ihr der Wahrsager und Mystiker Richard Brothers vorhergesagt, dass sie eines Tages zur Königin der Juden und des Orients gekrönt werden würde. Dass Brothers daraufhin ins Irrenhaus kam, konnte sie nicht abschrecken.

Die Prophezeiung erfüllte sich 1813, als Lady Hester, von Beduinenkriegern eskortiert, durch die syrische Wüste nach Palmyra zog und die antike Oasenstadt als erste westliche Frau betrat. Der Legende nach soll König Salomo Palmyra erbaut haben, später herrschte Zenobia, die sagenumwobene Königin des Orients, über die Stadt. Daher ließ sich Lady Hester von den Beduinenstämmen als neue Zenobia feiern. Doch nach ein paar Wochen langweilte sie sich in Palmyra und kehrte an die Küste zurück. Dort hatte sie das Pech, mit der Pest infiziert zu werden. Doch sie genas und führte ihr Leben unverdrossen weiter. Fast drei Jahrzehnte lang, bis zu ihrem Tod, herrschte sie in der Nähe des antiken Sidon in einem umgebauten alten Kloster in den Drusenbergen über ein kleines Reich und brachte es mit ihren exzentrischen Eskapaden zum Titel »*Mystery Lady of the Orient*«. Ihr Urteil über die alte Heimat fiel dagegen prosaischer aus: »Europa ist langweilig.«

Die Ethnologin – Freya Stark (1893–1993)

Vielen gilt Freya Stark als Inbegriff der Forschungsreisenden. Ihre Wege führten sie in weite Teile der Welt, ihre berühmtesten Berichte verfasste sie über den Nahen Osten.

Als Tochter eines englischen Malers in Paris geboren, war sie schon früh eine Kosmopolitin. Sie studierte Arabisch, Persisch und Geschichte und war sehr belesen. Ihre erste Begegnung mit der Wüste war für sie im Alter von 34 Jahren eine Offenbarung. Im Sand Persiens fand sie unverfälschte Ursprünglichkeit und Wildheit, einen Ort, der sie augenblicklich »versklavte«.

Bevor sie als Reiseschriftstellerin bekannt wurde, arbeitete sie in Bagdad als Journalistin. Ihre berühmtesten Reisen unternahm sie, neben Persien, nach Syrien und auf die Arabische Halbinsel. Sie erkundete den Hadramaut – nach einer Theorie bedeutet der

Name dieser Wüstenregion »Der Tod ist gekommen« – und will die vergessene Stadt der Königin von Saba entdeckt haben. Ethnologie hatte Freya zwar nicht studiert, aber neben Geschichte war dieses Fach ihre große Leidenschaft. Sie fand schnell heraus, dass es wichtig war, langsam zu reisen und so viel Zeit wie nur möglich mit Einheimischen zu verbringen.

Freya Stark war einerseits eine Frau mit großem Selbstvertrauen, andererseits war sie auch sehr unsicher. Auf Reisen war sie zäh und einfallsreich, hatte aber gelegentlich hypochondrische Anwandlungen. Unterwegs nahm sie alle Härten auf sich und scherte sich nicht um ihr Aussehen, doch in der »Zivilisation« achtete sie immer sehr auf ihr Erscheinungsbild und gab viel Geld für Kleidung aus. Nach einer frühen Persienreise schrieb sie ihrer Mutter, sie habe während eines Aufenthalts in einem Harem immer dafür gesorgt, das bequemste Bett zu bekommen, und stets alle anderen des Raumes verwiesen, wenn sie sich habe waschen wollen. Offenbar war sie darauf bedacht, ihren möglichen Nachfolgerinnen als beispielhafte britische Lady vorauszugehen.

Die Archäologin – Gertrude Bell (1868–1926)

»Dem Angehörigen höherer Stände bieten sich selten Momente freudigerer Erwartung, als wenn er an der Schwelle einer Reise in ferne Länder steht.«
Gertrude Bell, *Am Ende des Lavastromes,* 1908

Eine weitere Britin, die es nicht im Land hielt und die Wüste zu ihrer Heimat machte, war Gertrude Bell. Da sie wie Thomas Edward Lawrence eine hervorragende Orientalistin war und der Nahe Osten sie sowohl wissenschaftlich als auch persönlich fesselte, wird sie von vielen »der weibliche Lawrence von Arabien« genannt. Ihre erste Reise unternahm sie 1889 nach Rumänien, wo sie Verwandte besuchte, im darauffolgenden Frühjahr fuhr sie nach Konstantinopel. Ab den Neunzigerjahren führten ihre Wege sie immer wieder in den Nahen Osten und nach Per-

sien. 1917 ließ sie sich schließlich in Bagdad nieder, wo sie maßgeblich an der Einrichtung des archäologischen Museums beteiligt war.

Als Autodidaktin auf dem Gebiet der Archäologie unternahm Gertrude Bell ausgedehnte Reisen und besuchte fast alle bekannten Städte der Antike. Im Gegensatz zu Freya Stark zog sie es vor, in großem Stil und mit einem Gefolge von Bediensteten, die sich um all ihre Bedürfnisse kümmerten, durch die Wüste zu reisen. Es ging ihr dabei aber nicht einfach um Bequemlichkeit und Luxus; vielmehr glaubte sie, es sei für ihre persönliche Sicherheit notwendig, die Scheichs zu beeindrucken, denen sie unterwegs begegnete.

Sie war eine aufmerksame Beobachterin der politischen Situation im Nahen Osten, und viele nahmen an, sie sei eine Spionin. Im Ersten Weltkrieg war sie erst in Kairo, dann in Basra und Bagdad als »Orientsekretärin« für den britischen Geheimdienst tätig und trug wesentlich zur Grenzziehung des neuen Staates Irak bei.

Die Tiefgläubige – Isabelle Eberhardt (1877–1904)

Die Schweizerin war ein typisches Enfant terrible. Schon als Jugendliche hielt sie sich nicht an gesellschaftliche Konventionen, trug Männerkleidung und erfand sich schließlich in ihrer Wahlheimat Algerien neu. Isabelles Kindheit und Jugend verliefen, um das Mindeste zu sagen, kompliziert. Sie wurde in Genf geboren. Ihre Mutter Nathalie war eine Deutschbaltin niederen Adels, die einen älteren Witwer, einen hohen russischen General, geheiratet und ihm vier Kinder geboren hatte. Er starb, während Nathalie zur Kur in der Schweiz weilte, und so blieb sie gleich mit ihren Kindern und deren Hauslehrer dort, einem armenischstämmigen, zum Islam konvertierten Expriester, Anarchisten – und Erzeuger der unehelich geborenen Isabelle.

Im Jahr 1897 ging diese mit ihrer Mutter nach Algerien, um ein neues Leben zu beginnen und zum Islam überzutreten. Nach dem Tod Nathalies zog Isabelle unter dem Namen Si Mahmud es-Saadi in Männerkleidung als Wandermystiker durch die Sahara und zu den heiligen Stätten des Islam. Sie schloss sich den Wahhabiten an, einer fundamentalistischen, ultraorthodoxen islamischen Gruppierung, auch wenn sie selbst einen alles andere als orthodoxen Lebensstil pflegte: Sie zog durch Bars und Bordelle, kiffte, soff und war promisk.

Im Jahr 1901 heiratete sie einen Leutnant der algerischen Hilfstruppen des französischen Kolonialregimes, lebte aber nie richtig mit ihm zusammen und wachte eifersüchtig über ihre Unabhängigkeit. Ihre fortwährende spirituelle Erforschung des Islam führte sie in den mystischen Sufi-Orden Qadiriyya. Sie überlebte einen Mordversuch, starb aber 27-jährig in der Sahara, als sich die Wüste gegen sie wandte und ihre Lehmhütte nach einem Wolkenbruch in einem Wadi von einer Flutwelle fortgerissen wurde.

Inschallah – so Gott will!
Maschallah – wie es Gott gefällt!

Die Wagemutige – Rosita Forbes (1893–1967)

»Wenn man einen Araber in ein Gespräch verwickelt,
vergisst er zu schießen.«

Die britische Journalistin und Schriftstellerin bereiste über lange Jahre ausgiebig Asien und den Nahen Osten. Sie war unerschrocken, einfallsreich und äußerst charmant. In ihrer Biografie schrieb sie, sie sei mit drei Problemen auf die Welt gekommen: ihrer Schönheit, ihrem Geschlecht und ihrer Jugend. Bescheidenheit war ihr hingegen wohl nicht in die Wiege gelegt.

Einen Namen machte sie sich 1919 mit der gewagten Suche nach der einst blühenden, nun »versunkenen Oase« Kufra tief in der libyschen Wüste. Die Oase war seit 1895 das religiöse Zentrum der sufistisch-asketischen Senussi-Bruderschaft, die für ihren Fremdenhass bekannt war. Nur ein Europäer hatte Kufra jemals gesehen: der deutsche Afrikareisende Gerhard Rohlfs; er war jedoch überfallen und ausgeraubt worden und hatte den Trip nur knapp überlebt. Doch Rosita heuerte unverzagt einen Helfer an, Ahmed Mohammed Hassanein, und »redete« sich ihren Weg an den britischen, italienischen und arabischen Behörden vorbei, die sie anfangs gar nicht im Land haben wollten.

Mit der Behauptung, sie sei die trauernde Tochter eines ägyptischen Kaufmanns und einer tscherkessischen Sklavin, brach sie im Dezember 1919 mit einem verstauchten Knöchel in die Wüste auf, im Schlepptau eine Heerschar Spione. Sie trug arabische Kleidung und betete täglich Richtung Mekka, unter ihrem Kaftan aber hatte sie eine Kamera versteckt, die sie oft benutzte, und einen Revolver, den sie zum Glück nie zücken musste.

Nach einer anstrengenden, gefährlichen Reise erreichte sie schließlich Kufra – nur um festzustellen, dass der Ort kaum mehr als eine versandete Oase war und man dort auch sie um die Ecke bringen wollte. Der Rückweg war noch schlimmer: Hassanein fiel vom Kamel und kugelte sich die Schulter aus. Rosita ritt heldenmutig los, um Hilfe zu holen, und traf auf einen Trupp des britischen *Camel Corps*, der ausgeschickt worden war, um sie zu suchen.

Verborgene Gefahren

Die Wüstenregionen gehören zu den ungastlichsten Gebieten der Erde. Es ist dort heiß und trocken, die Vegetation ist spärlich, die Infrastruktur noch spärlicher. Doch neben den offensichtlichen gibt es noch ganz andere Gefahren, die fast noch bedrohlicher werden können, weil sie so unerwartet auftauchen.

Kälte

Die höchste Temperatur, die je in einer Wüste verzeichnet wurde, maß man 1922 im libyschen El-Aziza: Das Quecksilber war auf 58 Grad Celsius geklettert. Tagsüber schwankt die Temperatur in der Wüste um die vierzig Grad, doch nachts fällt sie auch mal unter den Gefrierpunkt. Auf Isabella Birds Persienreise 1890 war es so kalt, dass ihr die Tinte im Fass gefror und ihre Waschschüssel morgens oft mit Eis überzogen und erst einmal unbenutzbar war. Tagsüber blies tosender Wind durch Isabellas sechslagige Gesichtsmaske, und selbst drei Paar Handschuhe konnten ihre Finger nicht warm halten. Doch sie hatte einen Rat für alle künf-

tigen Winterreisenden durch die Wüsten Nordafrikas und des Nahen Ostens parat: Genießen Sie dafür umso mehr eine schöne Pfefferminzpastille!

Sandfliegenfieber

Isabella Bird warnte ihre Leser auch vor den Folgen der Sandfliegenbisse – im Nahen Osten »Bagdad-Furunkel«, in Indien »Dum-Dum-Fieber« genannt. Die weibliche Sandfliege überträgt durch ihren Biss den winzigen, einzelligen Parasiten Leishmania. Wochen, manchmal auch Monate später bilden sich auf der Haut

des Opfers hässliche, schmerzhafte Geschwüre; teilweise verheilen sie erst nach Jahren und lassen unschöne Narben zurück, die aussehen wie Verbrennungen. Schlimmstenfalls gelangen die Parasiten in die inneren Organe und zerstören Leber, Milz und Knochenmark. Nach Malaria gilt Leishmaniose neuerdings als die zweitgefährlichste Parasiteninfektion weltweit; jährlich sterben daran bis zu einer halben Million Menschen.

Blitzfluten

Niederschläge sind in der Wüste naturgemäß selten, aber wenn der Regen kommt, dann kommt er blitzartig. Viele Wüstenreisende beschrieben in den poetischsten Worten, wie sich die Wüste nach einem Gewitter über Nacht in einen Blütenteppich verwandelt. Die plötzlichen Wolkenbrüche können aber auch sehr gefährlich sein, wie man an Isabelle Eberhardts Tod sieht. Blitzfluten gibt es in trockenen Regionen, die so plötzlich vom Regen überschwemmt werden, dass der Boden das Wasser gar nicht so schnell aufnehmen kann. Also schießt es abwärts, wobei oft Staubwolken und Schuttwellen vorausgehen.

Wüstengarderobe

Frauen- wie auch Männerkleidung in der Wüste sollte so viel Haut wie nur möglich bedecken, um den Feuchtigkeitsverlust durch Verdampfen gering zu halten. Viele erfolgreiche Wüstenwanderer lernten in der Kleiderfrage von den Beduinen und hüllten sich in lange Gewänder. Man muss aber dazusagen, dass die Führer der europäischen Forschungsreisenden oft so arm waren, dass sie sich gerade mal einen Lendenschurz leisten konnten. Auf Freya Starks Fotos aus Arabien sieht man Männer mit zerzausten Haaren, die wenig mehr als einen Stoffstreifen um die Hüften tragen.

Auch sollte man bedenken, dass der Kleidung nicht nur eine funktionale Bedeutung zukommt. Lady Anne Blunt (1837–1917), eine englische Adlige und Pferdezüchterin, unternahm mit ihrem Mann, dem Dichter Wilfrid Scawen Blunt, einige Reisen nach Arabien und fand, Europäer sollten auf keinen Fall auf alle gewohnten Kleidungsstücke verzichten, weil dies mit einem Prestigeverlust einhergehe. Sie gestand jedoch zu, dass die beste Kopfbedeckung der arabische Turban sei, den man so vielfältig verwenden könne – als Kissen, Verband, Hut, Gürtel, Seil – und der sich sowohl gegen Kälte als auch gegen Hitze hervorragend eigne.

Gertrude Bells Kleiderliste für ihre Expedition zu der in der syrischen Wüste gelegenen Stadt Hayyil im Jahr 1913 zeigt, dass sie einerseits die extremen Temperaturschwankungen berücksichtigen musste, und wie wichtig es ihr andererseits war, sich schick anzuziehen, wenn die Umstände es erforderten:

12 Leinenröcke
ein Dutzend weiße Blusen
ein paar Reitröcke
Reitstiefel
Abendkleider
Abendschuhe
Seidenunterwäsche
Sonnenschirme
12 Leinen- und Strohhüte
ein Pelzmantel
Wolljacken
Reisekostüme aus Tweed

Persische Sprichwörter, Beschimpfungen, Komplimente und Reisetipps, zusammengestellt von der britischen Schriftstellerin Ella Sykes (1863–1939)

Redensarten

Wer die Welt gesehen hat, erzählt viele Lügen.
Schnelles Werk ist des Teufels, denn Gott geht langsam zu Werke.
Die Frau ist ein Unheil, aber kein Haus sollte ohne dieses Übel sein.

Beschimpfungen und Komplimente

Du Sohn eines verbrannten Vaters! *(Dein Herr Papa schmort in der Hölle!)*
Ein Kaschan-Skorpion soll dich stechen! *(Diese Skorpionart ist bekannt für ihre hochgiftigen Stiche.)*
Er gibt den Käse in eine Dose und reibt das Brot an der Außenseite.
(Eine Anspielung auf den sprichwörtlichen Geiz der Bewohner von Isfahan.)
Möge dein Schatten niemals kleiner werden! *(Dies ist als Kompliment gemeint.)*
Kismet! *(Schicksal!)*

Reisetipps

Wenn Sie zu einer langen Reise aufbrechen:
Gehen Sie rückwärts aus Ihrer Haustür.
Geben Sie Bettlern Geld, vor allem Bettlerinnen.
Schnäuzen Sie sich dreimal, das bringt Glück, im Gegenteil zu einmal, das bringt Pech.
Sagen Sie »Maschallah«, blicken Sie dabei aber kein Kind oder Tier an.
Machen Sie den ersten Schritt mit dem linken Fuß.

Afrika

In der Blütezeit der Entdeckungsreisen des ausgehenden 19. und des beginnenden 20. Jahrhunderts war Afrika ein weiteres beliebtes Ziel für Frauen. Wie es auch im Nahen und im Fernen Osten der Fall war, begleiteten viele ihre Gatten, meist Diplomaten, auf den Schwarzen Kontinent. Und wie in der Wüste gab es auch dort schon sehr viel früher Tourismus, als man gemeinhin annimmt.

Faszinierend ist zum Beispiel die erste Frau, die 1905 eine Überlandreise von Kapstadt nach Kairo unternahm, eine mühselige Herausforderung, möchte man annehmen. Doch Miss Mary Hall, eine rundliche Fünfzigjährige, betrachtete sich als »Weltreisende« und hätte wahrscheinlich schallend gelacht, wenn man sie eine Entdeckerin genannt hätte. Wenn jemand sie fragte, was sie tue, so gab sie ganz einfach zurück, sie mache eine »Promenade«. Auf ihrem Spaziergang kam es zu Auseinandersetzungen mit speerschwingenden Eingeborenen, es gab Elefantensteaks zum Dinner und gelegentlich eine Partie Tennis im Urwald.

Zum »Dream-Team Afrika« gehören einige der schillerndsten Namen in der Geschichte reisender Frauen und auch ein paar Damen mit einem Ego, das wahrhaft einen ganzen Kontinent umfasste ...

May French Sheldons Sammlung von Tauschgeschenken und Schmuck, die sie 1891 auf ihrer Reise von Sansibar zum Kilimandscharo mitgenommen hat:

ein paar Tausend Ringe, in die ihr Name geprägt war
rote englische Soldatenröcke
europäische Hüte
rote Sonnenschirme
Blechtrompeten
Musikdosen
Uhren
Streichhölzer
Rasiermesser
Dolche
Glocken
Ringe
Armreife
Metallgürtel
mit bunten Steinen besetzte Waffen
Nadeln
Nähfaden
Und: Nägel, Angelhaken, Kreisel, Papierdrachen, Puppen, Bilderbücher, Tonpfeifen, Tabak, Schnupftabak, Tee, Zucker, Silberzeug, Porzellantassen, Messer, Löffel und Gabeln, Malkästen, Spiegel, Nähmaschinen, Werkzeug ...

Die Safari der Frauen

Der weibliche Spiritus rector der Afrikareisenden –
Mary Kingsley (1862–1900)

Diesen Titel verdient sich auf jeden Fall das ledige viktorianische Fräulein, das auf der Suche nach »Fisch und Fetisch« in den Kongo reiste und als Sammlerin, leidenschaftliche Globetrotterin und Anwältin für die Rechte der Eingeborenen zurückkam.

Mary Kingsley wuchs im Schatten ihres genialen, aber launischen Vaters auf, eines Arztes und Reiseschriftstellers, der die meiste Zeit im Ausland weilte und es für unnötig hielt, Frauen eine Schulbildung angedeihen zu lassen. Bevor er Mary erlaubte, Deutsch zu lernen, bestand er darauf, dass sie sich zuerst aneignete, wie man Wäsche stärkt und bügelt. Als junge Frau führte sie den Haushalt der Familie und kümmerte sich um die pflegebedürftige Mutter, später auch um den kranken Vater. Mit 31, als die Eltern unter der Erde waren und ihr jüngerer Bruder in China weilte, fand sie schließlich Geschmack an ihrer Unabhängigkeit und begann zu reisen.

In den Jahren 1893 und 1894 unternahm sie zwei Reisen nach Westafrika und suchte mutig Landstriche auf, die zuvor noch keine weiße Frau betreten hatte. Die meiste Zeit war sie mit Männern des Fang-Stammes im Gebiet des heutigen Nigeria unterwegs, wo sie deren Gebräuche und Sitten erforschte und Handel mit ihnen trieb. Sie brachte ihren wissenschaftlich interessierten Freunden in Großbritannien unzählige Objekte und präparierte Exemplare der verschiedensten Tierarten mit. Sie verfasste eine Reihe sehr erfolgreicher Bücher und schaltete sich in die politische Debatte um die Zukunft Afrikas ein.

Mary Kingsley war eine gequälte Seele. In einem Brief an einen Freund, in den sie unglücklich verliebt war, bekannte sie: »Ich bin eher ein Windstoß als ein menschliches Wesen.« Doch in Afrika, im Schlamm und im trüben Wasser der Mangrovensümpfe, unter Krokodilen und Kannibalen, fand sie ihren, wenn auch unbeständigen Seelenfrieden. »Afrika«, schrieb sie in einem Brief, »ist eine Frau.«

Die große weiße Entdeckerin –
May French Sheldon (1847–1936)

Die in London lebende Amerikanerin war so zierlich wie selbstbewusst. Sie hielt sich für den »weiblichen Stanley«. Mit ihrem

überbordenden Ego konnte sie die Leute abstoßen, ihr Selbstvertrauen half ihr aber sicherlich, 1891 eine zermürbende Expedition zum Kilimandscharo durchzustehen.

»Bibi Bwana« war eine typische weiße Reisende, die mit großem Pomp und Trara ihre Mahlzeiten zelebrierte, um den Einheimischen die Sitten der Weißen aufklärend vorzuleben. Wenn sie zu ihren Trägern sprach, stellte sie sich auf eine Kiste, und wenn sie mit wichtigen Stammesältesten zusammentraf, trug sie ein aufwendiges Seidenkleid, das sie in dem berühmten Pariser Schneideratelier *Worth* in Auftrag gegeben hatte. Sie badete täglich in einer tragbaren Badewanne, reiste und schlief in einer Rattansänfte und hatte eine Masseurin dabei.

Doch trotz ihres großen Selbstbewusstseins war es für sie nicht immer leicht, Leiterin einer Karawane aus mehr als 150 einheimischen Männern zu sein. Es kam vor, dass sie sich sehr schwach und einsam fühlte, und am Ende der Reise erkrankte sie schwer. Doch sie überlebte und kehrte als selbst ernannte »Weiße Königin« nach England zurück. Sie schrieb einen Bestseller über ihr Abenteuer und wurde als eine der ersten Frauen in die *Royal Geographical Society* gewählt.

The Lady is a Tramp – Stella Court-Treatt

Stella war die glamouröse, elfengleiche Gattin von Major »CT« Treatt, einem Kolonisten mit kantigem, energischem Kinn, der 1926 auf einem legendären Treck von Kapstadt nach Kairo zwei Crossley-Automobile durch britisches Territorium führte. Stella fuhr einen der beiden Wagen und erwies sich als kühne, furchtlose und lustige Partnerin. Als erklärter Wildfang trug sie Shorts und Hemden und wurde oft für einen Jüngling gehalten. Gelegentlich verlangte es sie zwar nach Zigaretten, Pralinen, einer großen Badewanne und einem seidenen Morgenmantel, doch die meiste Zeit nahm sie vorlieb mit nicht nachlassen wollendem Regen, Mückenschwärmen und einem harten Autositz.

Die Court-Treatts waren die Zweiten, die eine derartige Expedition unternahmen, und die Ersten, denen es gelang. Ihre Erfindungsgabe war unerschöpflich; wenn sie an einem Fluss keine Brücke und auch keine Furt fanden, tauchten sie eben mit dem Wagen hindurch wie mit einem U-Boot – sie bauten die Motoren aus, luden Vorräte und Ausrüstung ab und zogen die Wagen durchs Flussbett. Am Ende waren sie darin so geübt, dass sie nach einer solchen Aktion die Autos zweieinhalb Stunden später wieder benutzen konnten.

Die Afrikaner, die sie unterwegs trafen, waren hingerissen von Stellas Aussehen, und es verwirrte sie völlig, wenn sie dann mit tiefer Stimme erklärte, sie sei ein Junge. Wenn der Stress für Stella zu groß wurde, machte sie sich in ihrem Tagebuch den Vorwurf, sie sei zu empfindlich, doch meistens tat sie ihre Probleme leichthin als »einfache Launen« ab.

Die Motordrachen-Pilotin – Christina Dodwell (*1951)

Die in Nigeria geborene Britin begann 1975 ihre erste Reise durch Afrika: drei Jahre zu Fuß, zu Pferd, mit dem Rad, mit Auto, Flugzeug und Boot – um nur ein paar ihrer Fortbewegungsarten und -mittel zu nennen. 1987 warf sie dann einen anderen Blick auf

den Kontinent: dauerhaft von oben. Zusammen mit ihrem Ausbilder und Kopiloten David Young flog sie über 11 000 Kilometer von Kamerun über die Sahara zur Atlantikküste – mit einem Microlite, das auf den Namen *Pegasus* getauft war.

Die Einheimischen wussten nicht so genau, was sie von dem winzigen Ultraleichtflugzeug halten sollten. Ein Beobachter beschrieb es als einen »Hubschrauber mit Sonnenschirm«. Es war schwierig und oft unbequem, damit zu fliegen und zu navigieren, vor allem für Christina, die ja noch keine Übung hatte und an der Maschine ausgebildet wurde, während sie unterwegs waren. Sie flogen auf Sicht, das heißt, nachts war es unmöglich und in einem Sandsturm tückisch.

Christina musste sich in endlosen Behördenschlachten behaupten und hatte auch viele technische Probleme mit dem Microlite, doch am Ende gelang ihr die Reise, und sie fand sogar fast Spaß daran, mit der *Pegasus* zu fliegen. Sie landete in Dakar, am vereinbarten Ziel, auf einer Landebahn, die für die Concorde angelegt worden war.

Afrikagarderobe

Erst in der zweiten Hälfte des 20. Jahrhunderts wurden Hosen für Frauen ein normales, allgemein akzeptiertes Kleidungsstück. Davor galten die beiden Stoffröhren als ganz und gar nicht »vornehm damenhaft«. Für das Leben auf Reisen lockerten sich die strengen Vorgaben zwar ein wenig und einige Frauen gewöhnten es sich an, Hosen beim Bergsteigen zu tragen, aber es gab immer noch eine Menge Vorbehalte, sobald eine Frau in die nach vorherrschender Meinung Männern vorbehaltenen Beinkleider schlüpfte.

Auch Mary Kingsley, die vielen als typische Afrikaforscherin gilt, war eine leidenschaftliche Verfechterin des guten, alten

Rocks. »Ich beeile mich, Ihnen zu versichern«, schrieb sie einmal, »dass ich niemals auch nur einen Herrenkragen oder -binder trage, und in Bezug auf die Bekleidung der mehr erdwärts gerichteten Extremitäten meiner Anatomie mit – Sie wissen schon, was ich meine [also Hosen] –, nun, ich würde lieber auf einem öffentlichen Schafott enden.« Trotz der Ratschläge vieler Leute in England, sie solle sich kleiden wie ein Mann, fand sie den Rock in Afrika ideal: Zum einen erlaube er der Reisenden schicklich auszusehen, zum anderen sei er ein praktisches Kleidungsstück. Als sie in eine Fallgrube voller Ebenholzstacheln fiel, bewahrte sie die Stofffülle ihres Rocks vor Schaden. Danach tat sie ihren berühmten Ausspruch von »den Segnungen eines guten, festen Rocks«.

Auch andere viktorianische Reisende fanden Röcke und Kleider praktisch. Die Weltenbummlerin Mary Hall zog sich einfach bis auf die Unterröcke aus, als ihr Kleid einmal nass wurde; sie war überzeugt, die Träger würden den Unterschied zwischen Ober- und Unterkleidern sowieso nicht bemerken.

Als Entdeckungsreisende aus jüngerer Zeit hält sich aber auch Christina Dodwell an lange Röcke: Ein schöner Rock sei in der Hitze bequem und praktisch, und man mache einen besseren Eindruck auf Fremde als in Jeans oder Shorts. Ganz allgemein rät sie dazu, sich auf Reisen in abgelegene Gebiete wie eine Lehrerin zu kleiden – der Inbegriff der Ehrbarkeit.

Transportmittel

Neben Pferd, Wagen und Eisenbahn griffen die viktorianischen Ladys in Afrika auch auf ungewöhnlichere Beförderungsmittel zurück.

Sänfte (Palankin)

May French Sheldon ließ sich für ihren legendären Trip zum Kilimandscharo eine Sänfte aus Rattan bauen und nach Afrika verschiffen. Dieser Palankin wog nur um die dreißig Kilo und war mit gelber Seide ausgekleidet, es gab Daunenkissen und Schub-

laden für Arzneien und Toilettenartikel; der Sitz konnte zur Nacht zu einem Bett ausgezogen werden.

Nachteil: Eines Nachts wachte May durch ein merkwürdiges Rascheln auf dem Sänftendach auf. Ganz vorsichtig öffnete sie die Tür, schob sich hinaus und sah einen riesigen Python, der sich oben zusammengerollt hatte. Ihre Männer hackten die Schlange in Stücke.

Badestuhl

Im Jahr 1886 unternahm Annie Hore, die Gattin eines englischen Missionars, eine beschwerliche Reise von der ostafrikanischen Küste zum Tanganjika-See in einem von ihrem Mann eigens für

sie entworfenen Badestuhl. Sechzehn Männer mussten ihn tragen, und laut Annie war er äußerst komfortabel, »außer wenn er in Bewegung war«. Alles klar!

Nachteil: Zu allem Übel musste Annie den Großteil der Reise auch noch ihren kranken kleinen Sohn auf dem Schoß wiegen.

Machilla

Manch wagemutiger viktorianische Tourist ließ sich in einer Machilla durch den afrikanischen Urwald tragen. Das ist eine Art Hängematte, die an einem Stab befestigt ist; man kann sich da-

rin zurücklehnen, seltener jedoch schlafen. Helen Caddick, eine Oberschichtenlady aus Birmingham, die zwischen 1889 und 1914 als frühe Fotografin durch die Welt streifte, hatte 1898 für ihre Machilla zwölf Träger, die sie rund um die Uhr in Schichten zu je zwei Mann durch die Gegend schleppten.

Vorteil: Die Träger erfanden und sangen Lieder über die Reise, während sie dahintrabten.

Nachteil: Einmal wurde Helen von Männern aus einem Dorf »im Spiel« entführt. Sie schnappten sich die Enden der Stange und rannten davon. Die Träger machten sich auf eine heiße Verfolgungsjagd durch den Dschungel.

Ein kurzer Abriss über die Tiere Westafrikas und wie man mit ihnen klarkommt
nach Mary Kingsley

Krokodile

… oder »Silurische Ungeheuer«, wie Mary die Reptilien nennt, betrachtet man besser vom Deck eines Dampfbootes aus als an Bord eines Kanus. Während ihrer Touren durch die Mangroven des Ogowé nahm Mary oft den moschusartigen Geruch dieser Tiere wahr und kam gelegentlich auch in bedrohliche Nähe zu ihnen. Das größte Exemplar, das sie sah, war sechseinhalb Meter lang.
Verhalten beim Angriff: Ziehen Sie dem Tier mit dem Paddel eins über die Schnauze und rudern Sie schleunigst in tieferes Wasser, wo sich die Silurier nicht so gern aufhalten.

Leoparden

… sind in Westafrika weniger häufig als Krokodile, aber sehr viel gefährlicher. Mary musste zweimal einen Kampf Leopard gegen Hund beenden, einmal geriet sie dabei selbst in Gefahr.
Verhalten beim Angriff: Ein gut platzierter Schemel trennt den

Leoparden von seinem Opfer. Um ihn aber wirklich zu verjagen, müssen Sie ihm einen schweren Gegenstand auf den Kopf werfen.

Elefanten

... sind eine tolle Beute für Großwildjäger, die sich gern mit Trophäen brüsten, wenn man aber wie Mary diesen Hang nicht verspürt, sollte man sie lieber aus der Ferne beobachten.

Ihre einzige Chance beim Angriff: Laufen Sie im Zickzack zwischen den Bäumen hindurch und bleiben Sie im Windschatten, bis die Tiere die Witterung verloren haben und Sie auch nicht mehr sehen können. »Danach legt man sich eine Weile ruhig hin und geht schließlich nach Hause.«

Flusspferde

... sind ein weiteres Berufsrisiko für Mangrovenforscher. Auf Mary machten sie immer den Eindruck, als wären sie die ersten oder aber die letzten Geschöpfe der Tierwelt: »Ich kann im Moment nicht entscheiden, ob die Natur in ihrer frühesten Jugend an ihnen experimentiert hat oder ob sie es absolut satt hatte« und »die Innereien einfach in große Säcke« steckte.

Um jeden engeren Kontakt zu vermeiden: Halten Sie sich von »Hippo-Gras«, *Vossia cuspidata*, fern und behalten Sie vor allem schlammige Pfade im Auge, die zum Flussufer führen.

Schlangen

... sind in Sümpfen gewissermaßen zu Hause. Am besten fangen Sie Schlangen mit einem gegabelten Stock, allerdings sollte er lang genug sein. Konzentrieren Sie sich dabei auf den Kopf, doch Vorsicht: Manchmal weiß man nicht, wo vorn und hinten ist! Die längste Schlangenart, der Mary begegnete, war eine siebeneinhalb Meter lange Boa constrictor.

Ein kulinarischer Tipp: Gegrillte Schlange ist sehr viel schmackhafter als afrikanischer Bohneneintopf.

Und mit diesem Basiswissen gelingt ein Rezept aus moderner Zeit ganz bestimmt:

Gebratene Schlange nach Christina Dodwells Art
Hacken Sie den Kopf und noch ein Stück des Körpers ab, damit die Giftdrüsen auf jeden Fall entfernt sind. Ziehen Sie die Haut ab und nehmen Sie die Schlange aus. Waschen Sie das Fleisch gründlich und wickeln Sie es in feuchte Blätter. Erhitzen Sie Steine im Feuer, graben Sie ein Loch und geben Sie die heißen Steine hinein. Legen Sie das eingewickelte Fleisch obenauf, bedecken Sie das Ganze mit Erde und lassen Sie es ein paar Stunden garen.

Der Ferne Osten

Bei Entdeckerinnen war der Ferne Osten ebenfalls schon immer beliebt. Viele Europäerinnen zog es ab dem 19. Jahrhundert in die Kolonien des Ostens. Britinnen reisten nach Indien, Burma und China, Französinnen nach Indochina, Holländerinnen nach Indonesien. Viele Frauen aus dem britischen Adel begleiteten ihre Gatten auf diplomatischer Mission oder auf militärische Stützpunkte nach Indien und Burma; die zweite Generation wollte die Großwildjagden erleben, von denen Brüder und Väter so geschwärmt hatten. Viele fühlten sich auch von den reichen

kulturellen und religiösen Traditionen dieser Weltgegend angezogen. Besonders in Europa gab es vom ausgehenden 19. Jahrhundert an großes Interesse an Buddhismus und Hinduismus.

Jurten-Etikette
Oder wie man in einem mongolischen Zelt einen guten
Eindruck hinterlässt, zusammengestellt von der Britin
Beatrix Bulstrode, die 1913 die Mongolei bereiste

1. Rufen Sie »*Nuhuoi!*« – Mongolisch für »Hunde!« –, wenn Sie sich einem Nomadenlager nähern. Das lockt sämtliche Hundebesitzer aus den Zelten, denn sie sind verpflichtet, ihre Hunde zurückzuhalten.
2. Nehmen Sie nie eine Peitsche oder Reitgerte mit in die Jurte, das wird als aggressiv empfunden.
3. Setzen Sie sich nie so hin, dass Ihre Fußsohlen zur Zeltplane zeigen, das ist sehr unhöflich.
4. Die Kopfbedeckung lässt man normalerweise auf, doch wenn man sie im Sitzen abnehmen muss, hat man sie an einer Stelle abzulegen, die sich höher befindet, als der eigene Kopf beim Sitzen emporragt.
5. Wer eine Schnupftabakdose hat, sollte sie zuerst dem Gastgeber anbieten, dann den anderen Gästen, bevor er sich selbst bedient.

Mein Dream-Team für diese Region konzentriert sich daher auf eine spezielle Ausrichtung der östlichen Lebensweise, namentlich Religion und Mystik. Ob diese Frauen auf einer Expedition gut zusammengearbeitet hätten, ist fraglich, doch es ist eine starke Truppe, und ich möchte ihr noch eine ebenso individualistische Reisende zugesellen: Dervla Murphy, eine bekennende »Humanistin«, die die Religion von außen betrachtete.

»Lha Gyalo!« – »Die Götter haben gesiegt!«
Tibetischer Ausruf, wenn man einen Bergpass
oder einen Gipfel bezwungen hat.

Die Wanderung der Frauen

Die Missionarin – Susie Rijnhart

In unerschütterlicher, zäher Sturheit können nur wenige Reisende der Kanadierin das Wasser reichen. 1898 wollte Susie Rijnhart als erste Frau das Wort Gottes nach Lhasa bringen. Sie verlor ihre Diener, doch das konnte sie nicht aufhalten. Sie verlor ihren Sohn und ihren Mann, auch das hinderte sie nicht. Selbst als man sie aus Tibet auswies, hielt sie an ihrem Glauben in die Missionarstätigkeit fest und plante eine baldige Rückkehr.

Sie war 1894 mit ihrem niederländischen Mann, dem protestantischen Missionar Petrus Rijnhart, nach Tibet aufgebrochen. Zunächst ließen sie sich in dem Ort Lusar an der tibetisch-chinesischen Grenze nieder, nur wenige Minuten von dem bekannten Kumbum-Kloster entfernt, der zweitwichtigsten religiösen Einrichtung Tibets.

Es war kein leichtes Leben.

Schon auf dem Weg durch China war Susie aufgefallen, dass die religiösen Vorstellungen der Einheimischen von vielen Glaubensströmungen überformt waren: Konfuzianismus, Buddhismus, Taoismus und Islam. Zum großen Teil schien die bäuerliche Bevölkerung den verschiedenen Glaubenssystemen gleichzeitig anzuhängen, also wäre es sicherlich nicht einfach, auch noch das Christentum einzuführen.

Die Rijnharts gingen die Sache taktisch klug an: Anstatt den Tibetern zu predigen, errichteten sie eine Krankenstation, die

gleich ein voller Erfolg war. Die Patienten wurden erst einmal ins Wartezimmer geschickt, das mit bunten Darstellungen aus der Bibel geschmückt war. Sie bekamen Arznei, aber auch in die Landessprache übersetzte Auszüge aus den Evangelien. Das Ehepaar verglich sich mit den Livingstones in Afrika; sie waren zwar gute Ärzte, konnten aber nur wenige Konvertiten gewinnen.

Sie heuerten einen Lama an, der sie in der tibetischen Sprache unterrichtete, aber Susie hatte kein großes Interesse, sich mit dem Buddhismus auseinanderzusetzen. Sie wies diese Glaubensvorstellungen pauschal von sich. Bei einigen Tempeln konnte sie zwar ästhetische Qualitäten erkennen, verglich deren Zauber aber mit dem »Pharisäertum vor alters, ein übertünchtes Grab voll Unrat und Totengebeinen«.

Trotz ihres geringen Erfolgs in Lusar hatten die Rijnharts weiterhin den Ehrgeiz, nach Lhasa vorzustoßen. Dass jahrelang kein Europäer mehr diese Stadt besucht hatte und Forschungsreisende in jüngerer Zeit entweder verschwunden oder mit eindeutigen Worten abgewiesen worden waren, konnte sie nicht abschrecken.

Ende Mai 1898 brachen sie schließlich mit Proviant für zwei Jahre, ihrem alten Diener und zwei neuen Dienern sowie ihrem kleinen, noch nicht einmal ein Jahr alten Sohn Charlie nach Lhasa auf. Susie war fasziniert von der Landschaft und interessierte sich für das Leben der Leute, doch in ihrem Reisebericht betont sie, dass sie sich nicht nur als Entdeckungsreisende betrachteten – das wäre für Susie und Petrus einfach viel zu albern gewesen.

Es wurde schnell ernst: Als die Wanderung beschwerlich zu werden drohte, verließen die Diener sie. Dann wurde Charlie krank. Erst dachten seine Eltern, er würde zahnen, doch nach ein paar Tagen mit Fieber starb er. Sie begruben ihn in der Arzneikiste unter einem Felsblock, damit ihn Räuber und Wölfe nicht ausgraben konnten.

Dann marschierten sie wacker weiter. Zur Feier ihres vierten Hochzeitstages machten sie einen kleinen Halt. Je weiter sie ins Innere Tibets vordrangen, desto mehr Widerstand erfuhren sie von Dorfältesten und den Gesandten des Hofes, die ihnen von Lhasa entgegengeschickt wurden. Man konnte sie schließlich zur Umkehr überreden, doch ihre Führer schickten sie in eine Falle, sie wurden ausgeraubt, die Führer verschwanden. Petrus ging Hilfe holen – Susie sah ihn nie wieder.

Und so war sie in der Wildnis auf sich gestellt. Sie wandte sich an eine Nomadengruppe, die in der Gegend lagerte, aber die Leute waren alles andere als hilfsbereit. Susie appellierte an die Ältesten des Gebietes, ihr dabei zu helfen, ihren Mann zu finden, oder ihr zumindest aus dem Land zu helfen, aber die neuen Führer, die man ihr zuteilte, waren so wenig vertrauenswürdig, dass Susie sie nur mit dem Revolver in Schach halten konnte.

Schließlich schaffte sie es an die chinesische Grenze, wo sie sich erst einmal in der nächstgelegenen Missionsstation niederließ. Ihre erste Frage galt der Gesundheit von Queen Victoria. Sie hatte eine schreckliche Reise hinter sich, ihr Überleben aber schrieb sie Gottes schützender Hand zu und verglich ihr Martyrium mit dem der ersten Apostel.

Im Jahr 1902 kehrte sie an die tibetische Grenze zurück, später heiratete sie einen schottischen Missionar, der dort tätig war. Bald wurde sie wieder schwanger, doch ihre Gesundheit verschlechterte sich so, dass sie nach Kanada zurückkehren musste. 1907, zwei Monate nach der Geburt des Kindes, starb Susie in ihrem Heimatort.

Die Schädelsammlerin – Beatrix Bulstrode

Die 1869 geborene britische Journalistin unternahm 1913 eine wegweisende Durchquerung der Mongolei. Ihr Ziel war es, »ursprüngliches Leben unter ursprünglichen Menschen« zu finden, und in der Mongolei erfüllte sich ihr Wunsch – in größerem Maße, als sie erwartet hatte.

Ihre Route führte sie von Peking quer durch die Mongolei nach Russland. Unterwegs nahm sie vor Banditen Reißaus, feilschte mit Pferdehändlern und versuchte, einheimische Artefakte zu erwerben. Einer der »Höhepunkte« ihrer Expedition war der Besuch eines Gefängnisses, in dem Dutzende Insassen in kleine, sargartige Kisten gesperrt waren, manche lebenslänglich.

Beatrix war eine aufmerksame Beobachterin des mongolischen Alltags, dem sie sich ohne falsche Scheu näherte. Ihr fiel auf, dass Frauen im Allgemeinen schlecht behandelt wurden, sofern sie nicht jung und schön waren; in diesem Fall führten sie hingegen ein flottes Leben. Beatrix stellte auch fest, dass die Mongolen ihre Toten üblicherweise nicht begruben, sondern einfach am Ortsrand verwesen ließen. Eine eifrige Sammlerin wie Beatrix fand das sehr entgegenkommend. Sie hob einen Schädel auf und band ihn mit einem Seil, das sie durch die Augenhöhlen zog, an ihren Sattel. Leider war ihr entgangen, dass noch schlabberige Gehirnmasse innen am Schädel hing, und sie wollte ihn unbedingt gereinigt haben. Keiner ihrer Führer war jedoch bereit, diese ekelige Arbeit zu verrichten, also versuchte sie den Schädel auf einer Müllhalde loszuwerden. Doch sie wurde von einem verärgerten Mongolen verjagt, der sich beschwerte, dass sie seinen Abfall besudele. Schließlich wurde sie das wertvolle Stück kurzerhand im Gebüsch los, nachdem ihre Reisekutsche zusammengebrochen war.

Die Nonne – Alexandra David-Néel (1868–1969)

In den späten Zwanzigerjahren war die Französin wohl die berühmteste Reiseschriftstellerin der Welt. Ihr Ruhm gründet hauptsächlich auf ihrer gewagten Reise nach Lhasa im Jahr 1924. Mit Beharrlichkeit und Können hatte sie dort Erfolg, wo Susie Rijnhart und viele andere gescheitert waren. Lhasa war der Höhepunkt einer spirituellen Reise, die für Alexandra im Alter von fünf Jahren in ihrem Elternhaus in Brüssel begonnen hatte, als ein aufgewecktes kleines Mädchen durch die Gitterstäbe des Gartentors blickte und sich schwor, diese Grenze zu überschreiten. In ihrer Kindheit und Jugend lief sie oft weg; wann immer es ihr gefiel, fuhr sie mit dem Rad nach Spanien, oder sie reiste nach London.

Schon früh interessierte sich Alexandra für Religion und Mystik. Um die Jahrhundertwende fand sie viele Gleichgesinnte, die sich für die exotischen östlichen Religionen begeisterten. 1891 besuchte und bereiste sie zum ersten Mal Indien, war aber befremdet von Chaos und Dreck. Dennoch hinterließ das Land bei ihr einen unauslöschlichen Eindruck.

Zurück in Europa, ließ sie sich als Opernsängerin ausbilden, zeitweise arbeitete sie als Journalistin. Sie heiratete Philippe Néel, einen Ingenieur, der in Tunis lebte, ihre Wanderlust und

ihr Interesse an östlichen Religionen verlor sie jedoch nie. 1911 brach sie wieder nach Indien auf und versprach, in anderthalb Jahren zurück zu sein. Am Ende blieb sie vierzehn.

Anfänglich wollte sie Sanskrit-Texte studieren, doch ihr Interesse am Buddhismus, speziell am tibetischen Buddhismus, war größer. 1914 traf sie mit dem Dalai Lama zusammen. Er war von Alexandra so beeindruckt, dass er sie zur Verkörperung der tantrischen Gottheit *Dorje Phagmo* erklärte, der »Blitz-Säerin«. Sie lebte zwei Jahre in einem Kloster in Sikkim, dann wollte sie nach Tibet reisen, doch sie wurde nicht ins verbotene Land gelassen. Zu allem Übel wurde sie dann auch noch von den Briten aus Sikkim ausgewiesen – sie wollten die Frau, »die französische Nonne«, wie sie genannt wurde, aus Angst vor diplomatischen Verwicklungen nicht in dieser sensiblen Region haben.

Mit Yongden, einem Lama aus Sikkim, floh Alexandra nach Korea und Japan. Er wurde ihr lebenslanger Reisegefährte und Adoptivsohn. In Japan traf sie Ekai Kawaguchi, einen buddhistischen Mönch, der anderthalb Jahre ungehindert in Lhasa gelebt hatte. Er ermutigte sie, einen erneuten Versuch zu unternehmen, in die tibetische Hauptstadt zu gelangen. So reisten Alexandra und Yongden durch China zurück und erreichten 1924 schließlich Lhasa.

Obwohl sie als Lamina lebte und für würdig befunden wurde, in der Geheimlehre unterwiesen zu werden, blieb Alexandra gegenüber dem traditionellen tibetischen Buddhismus, wie ihm die ländliche Bevölkerung anhing, immer sehr kritisch, weil er

viele Elemente des älteren Bön-Zaubers beinhaltete. Bei ihren Wanderungen durch das Herz Tibets wurden sie und Yongden oft aufgefordert, magische Riten und Rituale zu praktizieren, die Alexandra befremdlich fand.

In ihren Büchern vermittelte sie den Europäern Einsichten in den Buddhismus und erzählte exotische Geschichten von Einsiedlern und Heiligen, von Menschen mit telepathischen Fähigkeiten und von solchen, die ihr Leben in Dunkelheit verbrachten. Mit 69 Jahren kehrte Alexandra nach Tibet zurück und lebte während des Zweiten Weltkriegs dort. Sie starb im ehrwürdigen Alter von hundert Jahren in Frankreich, ihre Asche wurde gemäß ihrem letzten Willen in den Ganges gestreut.

Die Solistin – Beryl Smeeton (1905–1979)
In erster Linie war die Britin als Ehefrau und Partnerin des Jachtseglers Miles Smeeton bekannt, doch zuvor, in den Dreißigerjahren, unternahm sie eine Reihe außergewöhnlicher Asienreisen, nachdem ihre erste Ehe gescheitert war. Sie besuchte Persien, China, Japan, Burma und die Sowjetunion, wobei sie immer alleine aufbrach, obgleich sie unweigerlich Verbindungen zu Einheimischen und anderen Reisenden knüpfte.

In Persien probierte sie Opium und stellte fest, dass es ihr den Mund austrocknete. Sie musste sich begehrliche Busfahrer vom Leib halten und entdeckte, dass sich der Tschador – die nur einen Teil des Gesichts frei lassende dunkle Ganzkörperverhüllung, die damals in erster Linie weibliche Sittsamkeit ausdrücken sollte – bestens für jede Frau eignete, die keine Lust hatte, Make-up aufzulegen oder sich zu kämmen.

In China reagierten die Bauern dermaßen verblüfft auf die Reisende, dass sie Beryl kniffen und pieksten, um sich zu vergewissern, dass sie auch wirklich eine Frau vor sich hatten.

Die Sowjetunion war Beryls größte Herausforderung, andauernd wurden ihr von Vertretern der Staatlichen Tourismuskommission Steine in den Weg gelegt. Sie kehrte mit einer schlichten Erkenntnis zurück: Bereist eine Frau die UdSSR, muss sie allen erzählen, der Ehemann, der zu Hause auf sie warte, sei Ingenieur – und alle werden beeindruckt sein.

Die lebende Göttin – Ursula Graham Bower (1914 – 1989)

Eine Sache ist es, einheimische Religionen zu studieren, eine andere, als lebende Göttin verehrt zu werden, wie es der britischen Anthropologin Ursula Graham Bower widerfuhr, der »Königin von Naga«.

Mit 24 Jahren war sie auf der Suche nach einem Abenteuer nach Indien gereist. Das Leben der Kolonisten fand sie langweilig und stumpfsinnig, doch in den Bergen von Manipur, im Fürstentum Naga, veränderte sich, wie sie schrieb, ihr Dasein. Das »einfache« Leben dort und die wilde Landschaft machten enormen Eindruck auf sie. Sie konnte ihren Aufenthalt in Indien nicht verlängern, aber in Oxford wurde sie mit Unterstützung des bekannten Pitt-Rivers-Museum zur Anthropologin.

Kurz nach Ausbruch des Zweiten Weltkriegs kehrte sie mit Plänen für ein ausgedehntes Forschungsprojekt nach Indien zurück. Doch die Briten verwehrten ihr den Zutritt nach Naga, weil sie das Gebiet als politisch instabil einstuften. Ursula reagierte darauf mit einem Nervenzusammenbruch und genas in Gesellschaft eines Hundes, den ihr ein Freund geliehen hatte. Schließlich bekam sie die Erlaubnis, mit dem Naga-Stamm der Zemi zu arbeiten, die an der Grenze zu Burma lebten.

Die Zemi, zumindest einige Angehörige dieses Volksstammes, erklärten sie zur Reinkarnation ihrer Göttin, die zurückgekommen sei, um die Prophezeiung zu erfüllen, dass eine große Anführerin eines Tages die Briten aus ihrem Land vertreiben werde. Im Detail betrachtet, verlief die Geschichte sogar noch ein wenig bizarrer: Die Naga hatten einige Jahre zuvor gegen die Briten rebelliert; damals hatte in vorderster Front eine bereits als Göttin verehrte Frau gekämpft, bis sie festgenommen und ins Gefängnis geworfen worden war. Die Vorstellung, ihr Geist sei nun aus-

gerechnet in eine Britin geschlüpft, war zwar etwas abwegig, aber solche Dinge sind mit westlicher Logik nicht zu erfassen.

Eine Göttin zu sein hat seine Vor- und Nachteile. Ursula wurde reich beschenkt und mit großem Respekt behandelt, aber sie hatte keinerlei Intimsphäre. Ständig wurde sie von Gläubigen belagert, die ihr huldigen wollten und ihren Segen erbaten. Doch der göttliche Status war nicht von Dauer. Als der Stammesälteste starb, der das Gerücht von Ursulas Göttlichkeit verbreitet hatte, verlor sie an Einfluss.

Doch sie erfüllte die Prophezeiung auf andere Weise: Als die japanische Armee 1943 über Burma nach Indien einfallen wollte, organisierte sie unter den Naga eine Partisanentruppe, die die Japaner ausspionierte und deren Pläne vereitelte. Ursulas Ruf als Königin von Naga rief 1945 einen britischen Soldaten auf den Plan, der sie dann auch bald heiratete.

Die Agnostikerin – Dervla Murphy (*1931)

Die irische Schriftstellerin ist ganz sicher eine der herausragendsten Entdeckungsreisenden unserer Zeit. In jüngerer Vergangenheit bereiste sie die ganze Welt, doch früher konzentrierte sie sich auf den Osten. Ihre erste Heldentat war eine Radtour durch Indien. Heute ist das nichts Besonderes mehr, damals aber war das etwas ganz Außergewöhnliches. Dervla betonte immer, dass das Reisen für sie zu keiner Zeit ein spiritueller Weg gewesen sei, denn sie fand, die östlichen Religionen reichten nicht tiefer als bis in die Alltagskultur.

Dervla wuchs im ländlichen Irland auf, wo der Katholizismus das Leben durchdrang. Ihre Eltern waren zwar eher fortschrittlich, aber sie schickten sie auf ein katholisches Internat. Als sie sich mit achtzehn Jahren schließlich weigerte, weiter in die Kirche zu gehen, durfte sie die Schule verlassen. Doch ihre katholische Erziehung war in vielen Punkten ein Bezugsrahmen für ihre Auseinandersetzung mit östlichen Religionen.

In Indien machte sie erste Bekanntschaft mit dem Hinduismus, der großteils merkwürdig und befremdlich auf sie wirkte, doch sie fand Ähnlichkeiten zwischen Brahmanen und katholischen Priestern: Beide schröpften ihre Schäflein gern. Hinduheiligkeiten für die tägliche *Puja*, die Huldigung des Göttlichen, zu bezahlen war nichts anderes, als Priester für die Messe zu bezahlen. Es war zwar von der Religion nicht vorgeschrieben, Geld zu geben, aber die Leute taten es dennoch, mussten es einfach tun.

Ihre zweite Indienreise unternahm Dervla mit ihrer Tochter Rachel, die damals ihren sechsten Geburtstag feierte. Rachel fand die bunten Farben und die lebendigen Riten des Hinduismus faszinierend, das Kastensystem hingegen abstoßend. Dervla sah das Ganze pragmatischer; für sie war die Kaste ein integraler Bestandteil nicht nur des Hinduismus, sondern des Lebens in Indien an sich, denn die indischen Christen unterschieden sich genauso in Kasten.

Auf ihrer Reise durch Pakistan begegnete Dervla auch dem Islam, mit dem sie sich wegen seiner gemeinsamen Wurzeln mit dem Christentum vertrauter fühlte. Man mag das seltsam finden, aber damals gab es noch keine politischen Konflikte zwischen muslimischer und westlicher Welt. Dervla fand die Muslime gastfreundlicher als die Hindus, obwohl ihr die Leute in ländlichen Gebieten oft aus dem Weg gingen, weil sie eine Ungläubige war.

Durch ihr lebenslanges Interesse an Tibet und ihre frühe Beschäftigung mit tibetischen Flüchtlingen lernte Dervla auch den Buddhismus kennen, aber bei dieser Religion interessierte sie sich ebenfalls weniger für die spirituelle als vielmehr die gesellschaftliche Seite. In Dharamsala traf sie den Dalai Lama, sie fand ihn unsicher und nervös. Als sie ihm nach einigen Jahren wieder begegnete, fiel ihr auf, dass er sehr viel selbstsicherer geworden war. Es sei wohl schwierig, eine Reinkarnation des Bodhisattva und gleichzeitig politischer Führer zu sein, bemerkte sie lakonisch.

Für viele Reisende bedeutete der Osten eine tiefe spirituelle Erfahrung, aber Dervla Murphy waren die Menschen immer wichtiger als ihre religiösen Vorstellungen. Heute bezeichnet sie sich als »Humanistin«; sie leugnet zwar die Existenz Gottes nicht, hat aber nie einen Gott gefunden, an den sie selbst glauben könnte.

Die magischen Eigenschaften der Läuse

Eine der unangenehmsten Erfahrungen machte Dervla Murphy am Ende ihrer dreimonatigen Wanderung an den jungen Indus, die sie mit ihrer Tochter unternahm. Da die hygienischen Verhältnisse oft zu wünschen übrig ließen, wimmelten Rachels Kleider von Läusen, sodass man sie komplett entsorgen musste. Mit Flöhen hatte Dervla kein Problem, »sie haben etwas so unwiderstehlich Komisches an sich, dass man ihnen nicht eigentlich böse sein kann.« Läuse aber, diese schwerfälligen »Krabbler«, fand sie »ekelhaft«.

Doch Läuse gibt es nicht nur im Osten, sie haben reisende Frauen auf der ganzen Welt begleitet und geärgert. Anders als

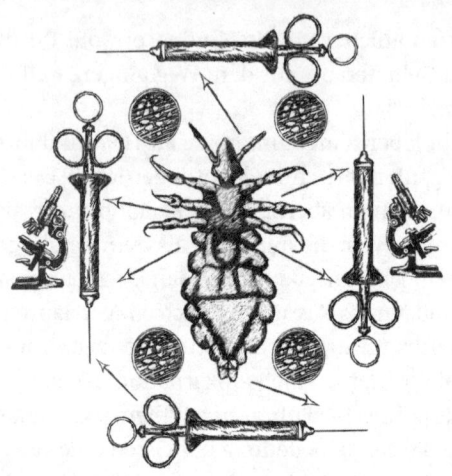

Flöhe springen sie nicht von Tieren auf Menschen über – um Läuse zu bekommen, muss man Kontakt mit einem verlausten Menschen, mit dessen Kleidung oder Bettzeug haben. Es gibt Kleider-, Kopf- und Filzläuse, und alle drei Arten bekommt man nur schwer wieder los, weil sie sich so schnell vermehren. Eine weibliche Kopflaus lebt etwa einen Monat und legt sieben bis zehn Eier pro Tag. Filzläuse sind nicht so fruchtbar, sie bringen es nur auf etwa drei Eier am Tag.

Kaum ein Reisender würde sich wohl als Freund der viel geschmähten Laus bezeichnen, aber die Tierchen haben auch noch eine andere Seite:

Im Jahr 1892 war die englische Missionarin Annie Taylor die erste westliche Frau, die es schaffte, in die Nähe der Verbotenen Stadt Lhasa zu gelangen. Nach unendlicher Schinderei und ausgestandenen Gefahren befand sie sich nur noch drei Tagesmärsche von der tibetischen Hauptstadt entfernt, als sie verraten und verhaftet wurde. Sie kam bloß deshalb mit heiler Haut davon, weil ihr etwas gelang, dessen moderne Entsprechung jeder Fan von amerikanischen Krimiserien als »Deal mit dem Staatsanwalt« kennt:

Sie werde umdrehen, versprach Annie dem Richter, wenn er sie am Leben lasse.

Doch zurück zu den Läusen: Als die wackere Annie vor ihrem mehr als sieben Monate während Abenteuer noch in einer Missionsstation an der chinesisch-tibetischen Grenze tätig war, fiel ihr auf, dass die Tibeterinnen sogar stolz auf ihre kleinen Krabbler waren, denn diese galten als Glücksbringer. Wenn man zu viele hatte, konnte man sie sich auch als kleinen Imbiss einwerfen. Viele Bauern scheuten sich jedoch, Läuse zu töten, denn die hätten ja die Reinkarnation eines Vorfahren sein können.

Als Alexandra David-Néel 1924 verkleidet durch Tibet reiste, trug sie zu ihrem Schutz einen Revolver unter ihren Kleidern. Wenn sie die Waffe an eine andere Stelle schieben musste, damit die Ausbuchtung in ihrer Kleidung nicht auffiel, tat sie so, als würde sie sich kratzen und lausen – sie wusste, dass das keiner verdächtig fand.

Doch die ungewöhnlichste Läusegeschichte stammt von der Schweizerin Ella Maillart. Als sie und der britische Journalist Peter Fleming beschlossen, 1934 über Land von Peking nach Indien zu reisen, bestand Ella darauf, dass sie sich beide zuvor gegen Typhus impfen ließen. Das Serum wurde in einem Pekinger Laboratorium aus infizierten Läusen gewonnen, die man sezierte und deren Darm man dann aufkochte. Für eine Dosis Krankheitserreger brauchte man etwa zweihundert Läuse. Sie wurden auf freiwilligen menschlichen Trägern »gehalten«, auf deren Haut sie eine halbe Stunde am Tag »weiden« durften. Dabei handelte es sich oft um Bettler, die sich gern dafür bezahlen ließen, die Läuse zu füttern, die sie wahrscheinlich sowieso gehabt hätten.

Fernöstliche Speisen

Vor dem Aufbruch zu einer Japanreise in den Siebzigerjahren des 19. Jahrhunderts fiel Isabella Bird auf, dass man ihr, abgesehen von allgemeinen Einwänden gegen reisende Frauen, vor allem auch in der »Lebensmittelfrage« Ratschläge erteilte. Außenminister, Missionare, Kaufleute – alle hatten eine sehr genaue Vorstellung von dem, was sie essen, und dem, was sie auf keinen Fall essen sollte. Isabella ernährte sich schließlich von dem, was auch die Japaner aßen, für alle Fälle hatte sie jedoch einen Vorrat an Fleischextrakt, Rosinen, Schokolade und Brandy dabei.

Die »Ernährungsfrage« kommt in jedem Erdteil auf. Das Essen im Osten unterscheidet sich zwar vom westlichen, aber auch nicht mehr als afrikanisches Essen oder Inuit-Nahrung. Dennoch haben sich viele Reisende mit diesem faszinierenden Thema beschäftigt.

Wie holt man das meiste aus fernöstlichem Essen heraus?

Seien Sie vorsichtig, was Sie zum Frühstück zu sich nehmen, wenn Ihr Mann am Morgen ein schelmisches Grinsen im Gesicht hat.

Missis John Henry Gray war die Gattin eines anglikanischen Erzdiakons, der in den Siebzigerjahren des 19. Jahrhunderts in die chinesische Provinz Kanton geschickt wurde. Er war der Meinung, seine Angetraute solle auf jeden Fall landestypische Spezialitäten wie Hund, Katze, Ratte kosten. Dieser Meinung war sie nun ganz und gar nicht, und so schmuggelte er eines Morgens ein wenig Hundehack in ihr Frühstück. Danach gestand sie zu, dass es erstaunlich gut geschmeckt habe, vor allem mit Kartoffeln.

Gewöhnen Sie sich an Buttertee

Brechen Sie ein Stück von einem Ziegel gepressten Tees und geben Sie es in einen Topf mit kochendem Wasser. Lassen Sie den Tee zwanzig Minuten ziehen und geben Sie dann einen großen Stich ranzige oder auch frische Yak-Butter hinzu. Sie können den Tee so trinken oder, je nach Geschmack, Tsampa hinzugeben, geröstetes, grobes Gerstenmehl. Schlürfen Sie den Tee nun wie eine Suppe oder rühren Sie ausreichend Tsampa ein und formen einen Teigkloß daraus.

Buttertee war bei den meisten Fernostreisenden ein Thema. Er ist Grundnahrungsmittel und Hauptgetränk in Tibet, Nepal, der Mongolei und Teilen Chinas. Viele Reisende fanden allein die Vorstellung widerlich, wer aber offen für diese Erfahrung war, lernte Buttertee zu schätzen, vor allem bei kaltem Wetter.

Ella Maillarts Rezept für Nepal-Tee

Man breche ein Stück von einem Ziegel gepressten chinesischen Blatttees, koche ihn zwanzig Minuten zusammen mit Salz und Soda, gebe frische Butter hinzu und rühre um. Mit einer Handvoll Tsampa wird das Ganze zu einer herzhaften Mahlzeit.

Nina Mazuchellis Himalaja-Trunk – stärkend und belebend

Zwei Flaschen Bier zusammen mit Honig, einem guten Schuss Rum und Senfpulver erhitzen. Umrühren und fertig!

Nina Mazuchelli, die Frau eines britischen Militärgeistlichen, unternahm um 1870 mit ihrem Mann und einem einheimischen Prinzen eine der ersten europäischen Expeditionen an den Rand des Himalaja.

»Beschwipste Shrimps«, wie sie Missis John Henry Gray bei einer Reise durch Kanton serviert wurden
Man nehme Shrimps nach Belieben, tränke sie nach Belieben mit Wein, ohne sie jedoch zu ertränken. Man verzehre sie zur Gänze und am Stück – und lebend.

Essen Sie so viel Sie können
Für Ella Maillart war nur wichtig, dass es überhaupt etwas zu essen gab. Sie hatte schon auf so vielen Reisen Hunger geschoben, dass sie sich 1932 in Turkestan nach Kräften vollstopfte, sobald sie an Essen kam, denn sie wusste, dass es oft gar nichts geben würde. Ihre Freunde stichelten, sie esse für vier, aber das war ihr nicht peinlich. Ein Kamel säuft schließlich auch so viel es kann.

Saukalt

Viele der großen Entdeckungsfahrten, die jedoch mehr Wettrennen glichen, fanden in kalten Regionen statt. Forschungsreisende kämpften darum, Erster am Nord- und am Südpol, Erster auf den höchsten Gipfeln und Erster bei diversen Ausdauerleis-

tungen in der Luft und auf dem Meer zu sein. Es war eine andere Art von Entdeckertum, das die Reisenden häufig in unbewohnte Gebiete führte, wo ihre mentale Stärke und Willenskraft oft genauso wichtig waren wie ihre Physis und ihr Durchhaltevermögen.

Berge

Als ich das Grand Plateau erreichte, konnte ich nicht mehr weitergehen. Mir war ganz schwindlig, ich musste mich in den Schnee legen. Ich keuchte wie ein Huhn in der Hitze. Die anderen stützten mich zu beiden Seiten unter den Achseln und zogen mich weiter. Doch an den Rochers Rouges konnte ich nicht mehr, ich sagte zu ihnen: »Werft mich in eine Gletscherspalte und geht allein weiter.« – »Sie müssen den Gipfel bezwingen«, sagten die Bergführer. Sie packten, schleiften, stießen, schoben, trugen mich, und schließlich hatten wir es geschafft. Auf dem Gipfel bekam ich keine Luft, ich sah alles verschwommen, ich konnte nicht sprechen.

Maria Paradis, erste Frau auf dem Mont Blanc. Am Fuß des Berges betrieb sie einen Imbiss. Einheimische Bergführer überzeugten sie davon, dass sie durch eine Besteigung des höchsten Gipfels Europas berühmt werden und auch mehr Umsatz machen würde. Also stieg sie los – und ihre Umsätze stiegen auch.

Liest man Maria Paradis' Schilderung ihrer Erstbegehung des Mont Blanc durch eine Frau im Jahr 1809, kann man sich nur schwer vorstellen, wieso überhaupt jemand aufs Bergsteigen scharf sein sollte, ganz gleich ob Männlein oder Weiblein. Doch Ende des 19. Jahrhunderts war es als erster Risikosport überhaupt anerkannt.

Bergsteigen wurde anfangs als männlicher Sport angesehen und oft mit der Kriegsführung verglichen. Berge wurden von Männern »erobert«, »gestürmt«, »angegriffen«, während ihre Frauen zu Hause saßen und sich Sorgen machten. So jedenfalls stellte man sich das vor, in Wirklichkeit sah die Sache jedoch ein wenig anders aus. Schon in den frühen Tagen des Kletterns gab es viele begeisterte Bergsteigerinnen, obwohl sie sich Vorurteilen und mitunter auch offener Feindseligkeit vonseiten der Bergsteiger gegenübersahen. Einige Frauen aus viktorianischer Zeit verzeichneten beachtliche Rekorde, wenn sie auch selten Erstbegehungen machten.

Heute gibt es viele Frauen im Fels, manche – hauptsächlich Freeclimberinnen – klettern dieselben Schwierigkeitsgrade wie Männer, wenn nicht sogar höhere. Insofern passt es hervorragend, wenn ich dieses ganz besondere Dream-Team zusammenstelle ...

Schwestern am Kletterseil

Die Lady – Lucy Walker (1836–1916)

Kein Gletscher sie stoppt, kein Abgrund, kein Loch,
Kein Gipfel zu steil, so erhaben er sei.
Der kühnen Miss Walker ein dreifaches Hoch!
Denn die, die kann klettern, Jungs, mei mei mei mei!
Punch Magazine

Lucy Walker war die typische Bergsteigerin der viktorianischen Ära. Einundzwanzig Jahre lang war sie in den Alpen unterwegs und konnte verschiedene Erstbegehungen für sich verbuchen. Sie war sittsam, geistreich und äußerst exzentrisch. Üblicherweise kletterte sie in einem Kleid mit Blumenmuster, ihre bevorzugte Hochgebirgsbrotzeit bestand aus Biskuitkuchen und Champagner. Ein dreifaches Hoch auf Lucy!

Wie viele andere Frauen dieser Zeit bereiste sie die Alpen zum ersten Mal auf Familienurlaub. Ihr Vater und ihr jüngerer Bruder waren beide leidenschaftliche Bergsteiger und von Anfang an Mitglieder des Londoner *Alpine Club*. Lucy litt an Rheuma, und ihr Arzt riet ihr zu einer Kur in den Bergen. Nach ihrer ersten Überquerung eines Alpenpasses 1858 konnte sie nicht mehr von den Bergen lassen und auch nicht von ihrem Schweizer Lieblingsbergführer Melchior Anderegg. In den kommenden zwei Jahrzehnten machte sie insgesamt 98 Touren, fast alle mit Anderegg. Daran war jedoch nichts Anrüchiges, er war verheiratet, und sie durfte ohnehin immer nur in Begleitung klettern. Ihre berühmteste Besteigung ist die des Matterhorns 1871, das sie vor ihrer Rivalin, der Amerikanerin Meta Brevoort, erklomm. Als sie sich vom aktiven Bergsteigen zurückzog, trat sie 1909 dem neu gegründeten *Ladies' Alpine Club* bei und übernahm von 1913 bis 1915 den Vorsitz.

Die Kämpferin – Fanny Bullock Workman (1859–1925)

Wie Lucy Walker begab sich auch die Amerikanerin Fanny Bullock Workman, Tochter aus reichem Hause, aus gesundheitlichen Gründen auf Reisen, in ihrem Fall jedoch wegen der labilen Gesundheit ihres Mannes William Workman, eines erfolgreichen Arztes. Zusammen waren die beiden ein unschlagbares Team.

Anfangs waren sie lieber auf Rädern als mit Steigeisen unterwegs; sie strampelten auf dieser hochmodernen Erfindung, dem Fahrrad, durch die Weltgeschichte. Zwischen 1889 und 1902 be-

reisten sie auf diese Weise Nordafrika, Indien und Burma, um nur ein paar Ziele zu nennen. Dann fingen sie mit dem Bergsteigen an, und zwar mit noch größerer Begeisterung. Fanny und William verbrachten einen Großteil des ausgehenden 19. Jahrhunderts in unbekannten Regionen des Himalaja und des Karakorum, die sie erkundeten, vermaßen und kartografierten. Ihre Erlebnisse schilderten sie in ausführlichen Expeditionsberichten.

Fanny war eine kompromisslose Verfechterin der Frauenrechte. Auf einem Pass im Karakorum wurde sie mit einem Flugblatt fotografiert, auf dem das Wahlrecht für Frauen gefordert wurde.

Ähnlich resolut verhielt sie sich gegenüber Konkurrentinnen, die ihr die Krone der Königin der Berge streitig machen wollten. 1908 behauptete ihre Landsmännin Annie Smith Peck, mit der Besteigung des Huascarán in Peru einen neuen Höhenrekord aufgestellt zu haben – den Fanny seit 1906 für ihre Besteigung des fast 7000 Meter hohen Pinnacle Peak im Nun-Kun-Massiv, den höchsten Bergen Kaschmirs, hielt. Fanny bezichtigte Annie der Übertreibung und beauftragte ein Schweizer Geometerteam mit der Vermessung des Andenberges. Es stellte sich heraus, dass er nicht so hoch war, wie Annie behauptet hatte, und so hielt Fanny noch viele weitere Jahre den Höhenrekord.

Die Pionierin – Miriam O'Brien (1898–1976)

Auch diese Amerikanerin spielte eine entscheidende Rolle in der Geschichte des Bergsteigens. Ihr Revier waren die Alpen, ihre ruhmreiche Errungenschaft war die Erfindung des »man-less« climbing, der cordée féminine, wie es gleich viel eleganter auf Französisch heißt, der rein weiblichen Seilschaft also. Bis dahin waren alpine Klettertouren immer von lokalen Bergführern, zwangsläufig Männern, begleitet worden. Anfang des 20. Jahrhunderts kletterten erfahrene Bergsteiger zwar zunehmend auf eigene Faust, Bergsteigerinnen jedoch hatten bis in die späten Zwanzigerjahre Führer oder männliche Partner – bis Miriam O'Brien fand, dass es nun an der Zeit sei, dies zu ändern.

Ihr und der Französin Alice Damesme gelang 1929 toutes seules die schwierige Besteigung der Aiguille du Grépon im Mont-Blanc-Massiv. Der französische Bergsteiger Étienne Bruhl war über diesen Erfolg so erbost, dass er klagte, der Grépon sei verschwunden. Nun, da zwei Frauen dies geschafft hätten, könne kein Mann, der etwas auf sich halte, diesen Aufstieg je wieder unternehmen.

Miriam kletterte weiterhin, doch nachdem sie sich mit dem amerikanischen Bergsteiger Robert Underhill zusammengetan hatte, ging sie in der cordée mariée, der »Eheseilschaft«.

Die Gipfelstürmerin – Wanda Rutkiewicz (1943–1992)

»Ich habe die Bergsteigerei mit Frauen fast immer genossen.
Man hat viel Spaß dabei. Es geht übermütiger zu.
Frauen sind Verbündete.«

Die in Litauen geborene Polin war zweifellos eine der bedeutendsten Bergsteigerinnen ihrer Generation. Zwischen 1978 und 1991 bezwang sie acht Achttausender – ein Rekord, der erst 2006 eingestellt wurde. Sie begann mit achtzehn zu klettern, was sie als »innerliche Explosion« empfand, und die nächsten 31 Jahre ging das Feuerwerk weiter. Frostbeulen, Hirnhautentzündung, gebrochene Knöchel, zwei gescheiterte Ehen und die offene Feindseligkeit vieler männlicher Bergsteiger konnten sie nicht aufhalten.

In Interviews erklärte sie, dass sie im Grunde ein Stadtmensch sei, es sie aber einfach immer in die Berge ziehe. Die lange Liste ihrer Leistungen umfasst unter anderem ihre legendäre Durchsteigung der Eiger-Nordwand 1973 mit einer ausschließlich weiblichen Seilschaft und die Begehung des K2 1986, jeweils als erste Frau.

Wie viele andere polnische Bergsteiger musste auch sie für ihre ersten Touren in langen Überlandfahrten auf dem Laster durch Afghanistan in den Himalaja reisen. Sie war daran gewöhnt, mit einfacher Ausrüstung zu klettern, und bei ihrer Mont-Blanc-Besteigung 1967 hatte sie nicht einmal genügend Geld, um die Berggondel bis zum Routeneinstieg zu nehmen. So musste sie vom Tal aus den ganzen Weg mit schwerem Gepäck aufsteigen.

Wenn möglich kletterte sie mit anderen Frauen und setzte sich auch vehement für Frauenexpeditionen ein. Doch trotz ihrer Härte war sie verwundbar; sie war tief verletzt, als ihre Annapurnabegehung 1991 in der Fachpresse angezweifelt wurde. Im darauffolgenden Frühjahr verscholl sie am Kangchendzönga, während sie versuchte, ihren (unmöglichen) Traum zu verwirklichen, sechs Achttausender in weniger als zwei Jahren zu besteigen.

Die Thronanwärterin – Gerlinde Kaltenbrunner (*1970)

Man kann die Österreicherin und Wahlschwarzwälderin sicherlich als eine der beeindruckendsten und erfolgreichsten Höhenbergsteigerinnen unserer Zeit bezeichnen. Im Jahr 2009 hat sie fast das Ziel erreicht, das Wanda Rutkiewicz sich zwanzig Jahre zuvor gesetzt hatte: als erste Frau die 14 Achttausender zu bezwingen. Innerhalb von elf Jahren, zwischen 1998 und 2009, hat Gerlinde zwölf der höchsten Berge der Welt bestiegen, nun fehlten ihr nur noch der Mount Everest und der K2, damit ihr Traum Wirklichkeit wurde. Schon als Kind fing Gerlinde mit dem Klettern an, mit 23 überschritt sie die 8000-Meter-Grenze, als sie im Karakorum den Vorgipfel des Broad Peak erreichte. Zehn Jahre später gab sie ihren Beruf als Krankenschwester auf und widmete sich in Vollzeit dem Profibergsteigen.

Im Wettlauf um das Erklimmen aller Achttausender hatte sie jedoch ein paar Rivalinnen: 2009 stand auch die Spanierin Edurne Pasaban auf zwölf der höchsten Gipfel, die Italienerin Nives Meroi konnte elf Besteigungen für sich beanspruchen. Aus purem Zufall bezwangen Gerlinde und Edurne am 1. Mai 2008 gleichzeitig den Dhaulagiri (wie auch zuvor, am 12. Juli 2007, den Broad Peak) – was die Presse zum Anlass nahm, die beiden als erbitterte Rivalinnen darzustellen. Beide betonten jedoch, sie würden nicht gegeneinander anklettern.

Auch die Südkoreanerin Ko Mi Young nahm am Rennen um die Achttausender teil; vor ihrem tödlichen Absturz am Nanga Parbat im Juli 2009 hatte sie elf Gipfel bezwungen. Ihre Landsmännin Oh Eun Sun konnte Gerlinde schließlich zuvorkommen, sie galt erst spät als heißeste Anwärterin auf den Titel der ersten Frau auf allen Achttausendern: Innerhalb von nur zwei Jahren stand sie auf sieben davon, im September 2009 feierte sie ihren dreizehnten Gipfelsturm. Im Frühjahr 2010 erreichte sie den Gipfel der Annapurna und machte damit die Serie komplett.

Gerlinde hingegen wurde im Sommer 2010 bei ihrem dritten Besteigungsversuch des K2 unter dramatischen Umständen zur Umkehr gezwungen. Doch egal, wer am Ende den Rekord für sich verbuchen konnte – Gerlinde Kaltenbrunner genießt weltweit hohes Ansehen in Bergsteigerkreisen, denn im Gegensatz zu den anderen Frauen bezwang sie – wie auch Nives Meroi – alle ihre Gipfel im Alpinstil, also ohne zusätzlichen Sauerstoff, ohne Lastenträger, Fixseile und vorbereitete Hochlager.

Die Freeclimberin – Lynn Hill (*1961)

Die Amerikanerin ist ein Phänomen, sie gehört zu den besten Sport- und Freikletterern überhaupt. Jahrelang hielt sie einen Rekord, dem ein Mann nicht einmal nahekommen konnte: Sie stieg als Erste die *Nose*-Route der berühmten Bigwall El Capitan im Yosemite-Nationalpark frei und solo.

Wie bei vielen amerikanischen Bergsteigern ihrer Generation begann auch ihre Karriere im kalifornischen Yosemite Valley. In den Sechzigerjahren waren die meisten schwierigen Wände schon bezwungen, einige mithilfe von tragbaren Bohrern, die das Hakeneinschlagen erleichterten. Als Lynn mit dem Klettern anfing, kam dieser Stil – mit Seil und Haken als Hilfsmittel – langsam aus der Mode, was vielleicht nicht weiter verwunderlich ist.

Beim Freiklettern geht man zurück zu den Anfängen; man führt nur ein Minimum an Ausrüstung mit, und das nicht als Kletterhilfe, sondern lediglich zur Sicherung. Viele bekannte Kletterziele im Yosemite-Park sind nicht besonders hoch, sie sind jedoch technisch sehr anspruchsvoll und verlangen großes Können.

Als Jugendliche war Lynn Turnerin – klein, aber sehr stark und wendig. Sie war sich für nichts zu schade, um ihren Lebensunterhalt zu verdienen; sie kellnerte und war Stunt-Frau für Kletterszenen in Fernsehshows. Sie wurde die beste Freeclimberin Amerikas, bevor sie in den Achtzigerjahren nach Europa ging und dort neben der Französin Catherine Destivelle zum Star der neu entstandenen Indoor-Climbing-Szene wurde.

Wie kann eine Bergsteigerin beim amerikanischen Fernsehen richtig Kohle machen?

Ende der Siebzigerjahre bekam Lynn Hill für ihre Teilnahme an der Sendung »That's Incredible« des Kanals ABC einen Scheck über 4000 Dollar. Sie wurde aus Hubschraubern dabei gefilmt, wie sie in 2000 Metern Höhe den Korb eines Heißluftballons verließ und an einer wackligen Strickleiter Marke Eigenbau über die Außenhaut des Ballons auf dessen höchsten Punkt kletterte. Für alle Fälle hatte sie einen Fallschirm dabei …

Tipps von und für Bergsteigerinnen

Was man vermeiden sollte

Das Wasser halten

Viele Bergsteigerinnen haben über das Problem der Notdurft geschrieben. Julie Tullis wurde beim Aufstieg zum Nanga Parbat krank, nachdem sie wiederholt auf Pinkelpausen verzichtet hatte; es war ihr peinlich gewesen, im Beisein von Trägern zu urinieren. Je öfter sie auf große Expeditionen ging, desto mehr ließen ihre Hemmungen nach, doch kaum war sie wieder zu Hause, kamen ihre Empfindlichkeiten und ihre Zurückhaltung in Bezug auf Nacktheit und Körperfunktionen wieder hoch. Auf einer Expedition, schrieb sie, müsse man sich verhalten wie im Krankenhaus – man finde sich mit Dingen ab, die man normalerweise niemals tun würde. Zu Hause kehre jedoch die alte Züchtigkeit wieder zurück.

Sich als Mutter der Expedition abstempeln lassen

Bei gemischten Expeditionen wird von Frauen oft erwartet, dass sie die Rolle der Köchin und Krankenschwester übernehmen. Arlene Blum musste sich bei einer ihrer frühen Bewerbungen für eine Alaskaexpeditionen zum Mount McKinley sagen lassen, Frauen könnten nicht höher steigen als bis zum Basislager, dürften aber gerne als Köchinnen mitkommen. Auch als Wanda Rutkiewicz sich bereits einen Ruf als hervorragende Höhenkletterin erworben hatte, wurde sie auf Expeditionen öfter gebeten zu kochen als die Männer. Unnötig zu sagen, dass Wanda jeden Kerl, der auf diesem Punkt herumritt, kurz abfertigte.

Bekanntermaßen verrückte Partner

Bei einer ihrer vielen Expeditionen zum Huascarán erklärte sich Annie Smith Peck bereit, einen lokalen Führer anzuheuern, der den Spitznamen »El Loco« trug und angeblich verrückt war. Sie wollte sich aber auf ihn einlassen, denn er sprach Englisch und schien auch gar kein so übler Bursche zu sein … Bei der ersten Tour erwies er sich sowohl als schlechter Kletterer als auch als schlechter Teamplayer – er machte sich bereits vor dem offiziellen Ende der Expedition aus dem Staub. Seltsamerweise kratzte Annie das nicht – sie nahm ihn auch beim nächsten Anlauf mit, wo er sich noch unmöglicher verhielt. Er war nicht nur feige und faul, er verlor auch noch Annies wertvolles Barometer, redete den Trägern zu, Annie zu übervorteilen, ignorierte sie als Expeditionsleiterin und haute wieder ab, als der Aufstieg ihm zu anstrengend wurde. Später erfuhr sie, dass man El Loco in eine Anstalt gesteckt hatte. Annie hatte eben keine gute Menschenkenntnis.

Frauen und Höhe

Vor fünfzig Jahren noch war ein verbreitetes Argument gegen die Teilnahme von Frauen an Gebirgsexpeditionen, dass sie mit großen Höhen nicht so gut zurechtkämen wie Männer. Nachdem nun jährlich Tausende Frauen hohe Berge besteigen, ist dies eindeutig widerlegt. Doch wie schneiden sie im Vergleich mit Männern ab? Es gibt mittlerweile zwar einige Studien über die Auswirkungen großer Höhen auf beide Geschlechter, die Antwort ist jedoch noch immer etwas vage.

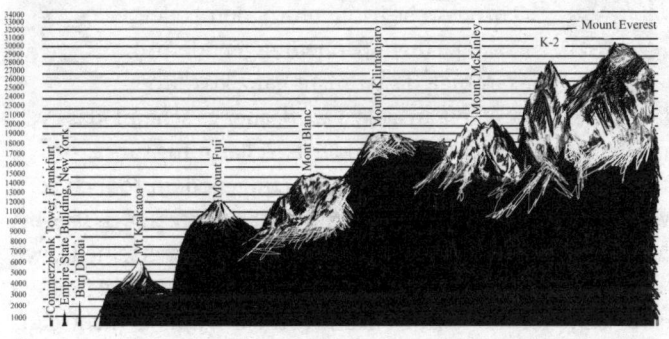

*

Langzeitstudien haben gezeigt, dass das Leben in großer Höhe die Lebenserwartung bei Frauen verringert und den Alterungsprozess beschleunigt. Auch auf die Schwangerschaft wirkt es sich aus: Kinder, die in großen Höhen geboren werden, sind im Allgemeinen kleiner als Kinder, die in Höhe des Meeresspiegels zur Welt kommen. Mit der Zeit schwächt sich dieser Effekt ab; neugeborene Kinder nativer Tibeter sind beispielsweise größer als die der eingewanderten Han-Chinesen, die erst seit ein paar Generationen in Tibet leben.

Ein kürzerer Aufenthalt in großer Höhe, wie es auf Expeditio-

* Höhenangabe in Fuß

nen der Fall ist, wirkt sich auf Männer und Frauen nur wenig unterschiedlich aus. Beide müssen mit demselben Grundproblem umgehen: Je höher man steigt, desto geringer sind der Luftdruck und der Sauerstoffanteil in der Atmosphäre. Sauerstoff ist für den Stoffwechsel des Menschen unverzichtbar, und Sauerstoffknappheit stellt ein ernsthaftes medizinisches Problem dar. Man kann eine gewisse Zeit lang in sauerstoffarmer Umgebung arbeiten, es kommt aber grundsätzlich zu einer Verschlechterung der körperlichen und geistigen Leistungsfähigkeit.

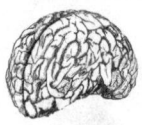 Die größte Gefahr für Höhenkletterer ist ein Ödem, bei dem sich entweder Flüssigkeit im Hirngewebe (Höhenhirnödem) oder in der Lunge (Höhenlungenödem) 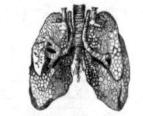 ansammelt. Es ist nicht ganz klar, wodurch diese Krankheit ausgelöst wird, aber es scheint, dass verminderter Luftdruck zu verminderter Zellatmung führt.

Jedenfalls kann ein Gehirn- oder Lungenödem tödlich sein, wenn es nicht behandelt wird. Studien haben gezeigt, dass es bei der Anfälligkeit für Gehirnödeme nur kleine Unterschiede zwischen Männern und Frauen gibt, Lungenödeme treten bei Frauen etwas seltener auf, dafür bekommen sie häufiger nicht ganz so gefährliche periphere Ödeme, zum Beispiel in der Retina.

Bei schwangeren Frauen steigt in großer Höhe das Risiko von Komplikationen bei der Niederkunft, und Frauen, die stark östrogenhaltige Kontrazeptiva einnehmen, bekommen leichter Thrombosen. Insgesamt aber weist wenig darauf hin, dass Bergsteigerinnen große Höhen im Allgemeinen schlechter aushalten, im Gegenteil, sie scheinen fast ein wenig besser damit zurechtzukommen. Viele Bergsteiger leiden unter der Höhe, aber zum Glück kommt es meist nicht zu ernsthaften Komplikationen. Wenn die Probleme früh erkannt werden, können sie schnell und einfach behoben werden, indem man einfach auf geringere Höhen absteigt.

Henriette d'Angevilles Garderobe
für den Aufstieg zum Mont Blanc 1838

Seidenstrümpfe
Wollstrümpfe
Schalkrawatte
flanellgefütterte Tweedhosen
verschiedene englische Flanellkleidungsstücke,
die direkt auf der Haut getragen werden
Jacke aus sechs Lagen Strick
pelzgefütterte Haube
Samtmaske und Schleier gegen die Sonne
grüne Augengläser
Tweedumschlagtuch
breitkrempiger Strohhut
pelzgefütterter Umhang
Nagelschuhe
Strickhandschuhe
Pelzhandschuhe
dicke Wollfäustlinge
eine Boa

Gut aussehen in großer Höhe

Was frau trägt und was nicht

Im 19. Jahrhundert war Frauenkleidung beim Bergsteigen ein
viel diskutiertes Thema. Es war immer klar, dass Hosen weitaus
geeigneter waren als Röcke, aber der soziale Druck auf die Frauen
war so groß, dass sie lieber Röcke und Kleider trugen. Exzentri-
kerinnen wie Henriette d'Angeville (1794–1871), die als zweite
Frau auf dem Mont Blanc stand und als die erste große Alpinis-
tin gilt, hatten kein Problem damit, die Welt mit Knickerbockern
aus Tweed zu schockieren, aber die meisten Frauen kleideten
sich anstandshalber schicklich. Selbst in amtlichen Bergsteiger-
büchern aus den Dreißigerjahren wurde Frauen noch zu Röcken
geraten; sie seien »eine Notwendigkeit in den Alpen«, erklärt

Geoffrey Winthrop Young in seinem Buch *Mountain Craft [Die Fertigkeit am Berge].*

Länge, Schnitt und Stoff des Rocks waren jedoch verhandelbar. 1859 riet Missis H. W. Cole – eine der ersten Alpinistinnen, deren Tourbericht gedruckt wurde – den Damen, sie sollten Kleidung aus Alpakawolle oder einem anderen schnell trocknenden Material tragen, das sich zum Bergsteigen eigne: »Nähen Sie Ringe an den Rocksaum und ziehen Sie eine Schnur hindurch, die man verknoten und damit den Rock kurzerhand auf die gewünschte Länge raffen kann.«

Einfacher ließ sich das Kleidungsproblem lösen, indem frau im Ort noch einen Rock trug und ihn dann am Fuß des Berges zugunsten der bereits darunter getragenen Hosen ablegte – obwohl das nicht ganz gefahrlos war. Aubrey Le Blond, erste Präsidentin des *Ladies' Alpine Club,* wollte das Zinalrothorn bei Zermatt besteigen. Sie schaffte es und war schon triumphierend auf dem Rückweg nach Chamonix, als sie merkte, dass sie ihren Rock oben am Einstieg vergessen hatte. Sie und ihr Führer stiegen lieber noch einmal hinauf und holten ihn, als sich der Schmach auszusetzen, ohne Rock im Ort aufzutauchen.

Von allen Bergpionierinnen gebührt Annie Smith Peck der

Preis für das exzentrischste Outfit: Für ihre Begehung des Huas-carán lieh sie sich vom *American Museum of Natural History* einen Eskimoanzug; dazu trug sie eine gestrickte Sturmhaube mit Schlitzen für Augen, Nase und Mund, und um dem Ganzen noch eins draufzusetzen, schminkte sie sich einen Oberlippen-bart auf.

Die Haut
Wie die meisten Forschungs- und Erkundungstätigkeiten ist auch das Bergsteigen gut für die Seele, nicht aber für die Haut. Henriette d'Angeville erwähnte in ihrem Reisebericht, dass sie einen Taschenspiegel im Necessaire hatte; den Lesern jedoch, die dies für einen Ausdruck von Eitelkeit halten mochten, teilte sie mit, dass sie ihn lediglich aus praktischen Gründen mitge-nommen habe. Es war nämlich ein wichtiges Werkzeug, das sie in die Lage versetzte, Gurkenpaste richtig auf ihre Gesichtshaut aufzutragen.

Täuschen Sie sich nicht: Ganz besonders das Bergsteigen ist schlecht für den Teint. Die Haut ist entweder großer Kälte oder starker Sonne ausgesetzt, sie wird vom Wind gepeitscht, vom Schnee wie mit Nadeln gepiekst, vom Regen getränkt, sie wird er-hitzt, trocknet aus und wird ihrer Nährstoffe beraubt. Als Aubrey Le Blond um 1870 in den Alpen mit dem Klettern begann, war ihre Großtante schrecklich ungehalten: »Gebietet ihr Einhalt! Sie sieht aus wie eine Rothaut, sie schockiert ganz London!«

Auch gegen Sonnenbrand wusste Geoffrey Winthrop Young in seinem einflussreichen Buch ein Heilmittel: Waschen Sie die betroffene Hautstelle sofort mit sehr heißem Wasser und fetten Sie sie ein. Das klingt so qualvoll, wie es unsinnig war. In ihrem Werk *Hints to Lady Travellers at Home and Abroad* emp-fahl Lillias Campbell Davidson Damen mit Sonnenbrand, über Nacht saure Sahne einwirken zu lassen. Dies mag nicht ganz so schmerzhaft gewesen sein wie heißes Wasser, war aber auch nicht wirksamer.

Wahrscheinlich achten Frauen auf Expeditionen wie auch im normalen Leben mehr auf ihr Äußeres als Männer, aber die Mär von der Bergsteigerin, die in müßigen Momenten Lippenstift aufträgt, ist ein Mythos. Dennoch ist er unverwüstlich.

Im Jahr 1955 unternahmen drei Mitglieder des *Scottish Ladies' Climbing Club* ihre erste rein weibliche Expedition in den Himalaja; die indischen Zeitungen waren voll mit Stories über Rucksäcke voller Schminkzeug und Lippenstifte, mit denen die Damen sich hoch oben schön machten. Die Realität sah anders aus. Auf dem Weg ins Gebirge wuschen die drei sich regelmäßig, am Berg aber fanden sie, sie seien in einer »sauberen« Welt und Waschen sei fürderhin unnötig. Als Schutz vor der Sonne und der hohen UV-Strahlung überzogen sie ihre Gesichtshaut mit »Gletschercreme«. Doch als sie die Creme versehentlich ableckten, bekamen sie einen schmerzhaften Sonnenbrand auf der Innenseite der Lippen.

Das Medieninteresse an den Schottinnen hatte auch sein Gutes: Nach der Rückkehr von der Expedition bekamen sie in Bombay in einem Schönheitssalon Gesichtsbehandlungen gratis, nachdem die Kosmetikerin in der Zeitung Fotos ihrer mitgenommenen Gesichter gesehen hatte – und wahrscheinlich Gratiswerbung für sich selbst machen wollte.

Die Polarregionen

1891
Josephine Peary begleitet ihren Mann Robert nach Grönland. Sie ist die erste Frau, die an einer Polarexpedition teilnimmt.

20. Februar 1935
Die Norwegerin Caroline Mikkelsen setzt als erste Frau ihren Fuß auf den antarktischen Kontinent.

1947
Edith Ronne und Jennie Darlington überwintern als erste Frauen in der Antarktis.

1955
Louise Arner Boyd überfliegt mit 68 Jahren als erste
Frau den Nordpol.

1970
Irene Peden überwintert als erste Amerikanerin am
Südpol.

1986
Ann Bancroft erreicht als Mitglied der Will-Steger-
Expedition als erste Frau den Nordpol.

1993
Ann Bancroft leitet die erste Frauenexpedition zum
Südpol.

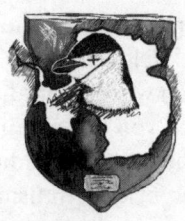

2002
Caroline Hamilton führt als erste Frau eine
Expedition sowohl zum Nordpol als auch zum
Südpol.

Bei dieser Chronologie fällt auf, wie lange es gebraucht hat, bis
Frauen an die Pole vordrangen. Der erste Mann in der Antarktis
war Jules Dumont d'Urville gewesen, ein Marineoffizier, der den
geografischen Südpol für Frankreich erobern sollte. Am 21. Januar 1840 erreichte er mit seiner Mannschaft 66° 40′ Süd, sie
hissten die Trikolore und nannten ihre Entdeckung »*Pointe Géologie*«. Dieser Punkt ist vom Pol zwar weit entfernt, war aber ein
wichtiger Meilenstein für die Antarktisforschung. Erst ein Jahrhundert später betrat die erste Frau die Antarktis. In der Zwischenzeit hatte Roald Amundsen den Pol entdeckt, Richard
Evelyn Byrd hatte ihn überflogen, man hatte Walfang- und Forschungsstationen eingerichtet.

Am Nordpol verlief die Geschichte ähnlich: Bis vor Kurzem
noch waren Inuit-Frauen die einzigen weiblichen Wesen, die in
der Arktis unterwegs waren.

Warum hielten sich Frauen also von den Polen fern? War es
ihnen einfach zu kalt? Wegen des höheren Fettanteils im Gewebe
können Frauen mit großer Kälte jedoch sehr viel besser umge-

hen als Männer. Oder war es ihnen im Polarwinter zu dunkel? Frauen sind zwar anfälliger für Winterdepressionen, aber auch das ist nicht der wahre Grund.

Es ist schlicht und einfach sehr teuer, die Pole zu bereisen, vor allen Dingen die Antarktis, und Geld spielte bei jeder Expedition eine Schlüsselrolle. Man mag Scott und Amundsen für ihre heldenhafte Ausdauer auf dem Weg zum Südpol bewundern, doch genauso heldenhaft hatten sie sich bemüht, Geld aufzutreiben und ihre Expeditionen überhaupt erst möglich zu machen.

Viele berühmte Polarforscher wurden von der Armee oder von wissenschaftlichen Institutionen unterstützt – Frauen waren von beiden Einrichtungen gleichermaßen ausgeschlossen. Die einzige Frau, die sich bis Mitte des letzten Jahrhunderts massiv in der Arktisforschung engagierte, war die Amerikanerin Louise Arner Boyd (1887–1972); allerdings war ihr das auch nur durch ihr großes Privatvermögen möglich. In den Fünfzigerjahren schickte die Sowjetunion Frauen auf die antarktischen Forschungsstationen, europäische und amerikanische Forscherinnen gelangten hingegen erst zehn Jahre später in die Antarktis.

In den letzten zwanzig Jahren hat sich das sehr verändert. Zeitgenössische Abenteurerinnen wie Ann Bancroft, Caroline Hamilton oder Pam Flowers haben gewagte Reisen in die Polarregionen unternommen, und die großen Forschungsstationen der Antarktis sind nun dicht mit Wissenschaftlerinnen besetzt.

Wegen des Frauenmangels an den Polen will ich statt des üblichen Dream-Teams zwei Pionierinnen vorstellen, die ihre Gatten an die Pole begleiteten und jeweils geraume Zeit in Arktis und Antarktis verbrachten.

Eine Hausfrau in der Arktis – Josephine Peary (1863–1955)

Josephine Cecilia Diebitsch Peary war eine außergewöhnliche Frau und eine genauso außergewöhnliche Gattin. Mit 25 heiratete sie Robert Peary, einen fast krankhaft ehrgeizigen amerika-

nischen Marineoffizier. Sie hatte sich Hals über Kopf in ihn verliebt, er hingegen war weniger romantisch veranlagt. Seinem Tagebuch vertraute er an, Josephine werde ihn weniger »behindern« als jede andere Frau, die er getroffen habe. Sein Weg zum Erfolg sollte eine Arktisexpedition sein: Wenn er als Erster den Nordpol erreichte, würde er Ruhm und Reichtum ernten.

In ihren ersten Ehejahren tat Josephine alles, um ihren Mann zu unterstützen. Sie schrieb Bücher, sammelte Geld bei den Reichen und Berühmten, wofür sie ein gutes Händchen hatte, und gelegentlich reiste sie auch selbst nordwärts. Die Tochter aus reichem und gebildetem Washingtoner Hause war am liebsten draußen in der Natur und ging gern auf die Jagd.

Ihre erste Expedition war lang und mühselig. 1891 brach sie von New York nach Grönland auf, sie hatte keine Ahnung, dass sie möglicherweise ihr Leben und ihr Glück für die Polarforschung opfern würde. Die Zeitungen berichteten schockiert, dass eine Frau sich einer Arktisexpedition anschließen wolle. Auch Josephine selbst hatte so ihre Zweifel, aber die Liebe und Treue zu ihrem Ehemann waren größer als alle Bedenken.

Robert Peary wollte in Grönland ein Basislager errichten und von dort Mannschaften zur Kartierung der Nordküste ausschicken. Zu dieser Zeit wusste man noch nicht sicher, ob Grönland tatsächlich eine Insel war, es war Terra incognita – ein großer weißer Fleck auf der Landkarte. Die Inuit sollten eine wichtige Rolle bei Pearys Projekt spielen. Anders als die britischen Nordfahrer war er überzeugt, dass er und seine Männer von den Einheimischen lernen konnten, in der Arktis zu arbeiten und zu leben, und er wollte sie in seine Mannschaft aufnehmen.

Seine Grönlandexpedition 1891/92 stand jedoch von Anfang an unter keinem guten Stern. Beim Entladen des Schiffes schwang unerwartet die Eisenpinne von Pearys Boot herum und schlug gegen sein Bein. Er wurde schwer verletzt, gab aber nicht auf. An Land schiente er sein Bein mit einem Brett. Josephine war drei Monate lang seine Krankenschwester und Beraterin, die sich um sein zerschmettertes Bein und sein angeschlagenes Ego kümmerte. Die Mannschaft schuftete derweilen, sie baute ein Haus, ging auf die Jagd und bereitete sich auf den langen Winter vor. Peary wusste, dass sie sich erst wieder im kommenden Frühjahr richtig an die Arbeit machen konnten, daher war es wichtig, dass bis dahin alles vorbereitet war.

Ihr Heim war »Redcliff House«, eine kleine, aber gemütliche Hütte samt Küche und Schlafräumen mit Kojen für den Großteil der Männer. Die Pearys hatten ein eigenes kleines Schlafzimmer. Josephine kleidete die Wände mit roten Decken aus und schmückte das Bett mit dem Sternenbanner.

Wie ihr Gatte gehofft hatte, kamen die Inuit auch schon bald, angelockt von Geschichten über diese eigenartigen *kabluna* – Weiße mit buschigen Augenbrauen –, die an ihren Gestaden gelandet waren. Bei ihrem ersten Zusammentreffen mit den Pearys waren die Inuit unsicher, welcher der beiden nun der Mann war. In guter, alter Eskimomanier stupsten und stießen sie die Fremden an und durchwühlten das Lager. In den kommenden zwölf Monaten waren die Einheimischen Josephines Hauptsorge.

Sie war von Reinlichkeit so besessen, wie die Inuit dieser abhold waren. Josephines Aufenthalt in der Arktis war ein ständiger Kampf gegen den Gestank und das Ungeziefer der Inuit. Sie beschrieb sie als die »wunderlichsten, schmutzigsten Kreaturen«, die sie je getroffen hatte. Sie konnte nicht verstehen, warum sie sich nicht wuschen, und von der traditionellen Nahrung brachte sie keinen Bissen hinunter. Sie musste die Inuit zwar in die Hütte lassen, damit diese die Fellkleidung für die Expedition ihres Mannes fertigen konnten, aber ihr Schlafzimmer war absolut tabu. Abends rieben sie und Robert sich mit Alkohol ab, um die Flöhe loszuwerden.

Gegen die Gerüche konnte sie allerdings weniger ausrichten. Ihr schlimmstes Erlebnis hatte sie im Frühjahr, als Roberts Bein geheilt war und sie zu zweit eine Schlittentour unternahmen. Eines Nachts waren sie gezwungen, in einem Iglu zu übernachten. Für Josephine war es die Hölle – der Raum hing voll mit schwarzem Rauch aus den Tranlampen, die meisten Inuit waren nackt, und der Gestank des Essens und all der Körper war ihr unerträglich. Heutzutage würde man über diese prüde Dame lachen, die von »so seltsamen, affengleichen Leuten« heimgesucht wurde, doch trotz aller Pedanterie kam sie erstaunlich gut zurecht. Es war ihre erste Expedition, sie musste sich noch immer an ihren Mann gewöhnen und führte nun mit 27 Jahren irgendwo am Ende der Welt, Tausende Kilometer von zu Hause entfernt, ein Leben, das sie sich nie hätte träumen lassen.

Aber sie war von den Inuit nicht nur angewidert, sie fand sie auch faszinierend und besaß genügend Einfühlungsvermögen, um sich zu fragen, wie sich, anders herum betrachtet, das Zusammentreffen mit Amerikanern auf das Leben der Einheimischen auswirkte. Zudem war sie ehrlich genug, ihre Fehler einzugestehen. In ihrem Buch *My Arctic Journal [Mein Tagebuch aus der Arktis]* schilderte sie, wie sie herauszufinden versuchte, warum die Inuit-Frau Klayuh in Tränen ausgebrochen und weggerannt war, als sie diese über ihre Familie ausgefragt hatte. Die anderen Inuit-Frauen erklärten Josephine, dass Klayuh ihr jüngstes Kind hatte töten müssen, nachdem ihr Mann gestorben war und sie mit drei Kindern zurückgelassen hatte. Sie wusste, dass sie mit so vielen Kindern keinen neuen Partner finden würde, und verkleinerte eben ihre Familie. Kindstötungen waren ein grausamer, trauriger, aber auch notwendiger Bestandteil der Inuit-Kultur. Josephine war tief beschämt, dass sie diese Frage gestellt hatte.

Frauenarbeit – Herstellung von Robbenleder
Schaben Sie möglichst viel Fett von der Innenseite der Haut, dehnen Sie die Haut so weit wie möglich und trocknen Sie sie. Lutschen und kauen Sie die getrocknete Haut, um das restliche Fett zu entfernen. Trocknen und schaben Sie die Haut immer wieder, um die Fasern zu brechen und das Leder geschmeidig zu machen.

Inuit-Frauen müssen traditionell nur zwei Häute pro Tag weichkauen, jeden zweiten Tag dürfen sie ihre Kiefer ausruhen.

Eine Hausfrau in der Antarktis – Jennie Darlington (*1925)

In die Arktis zu kommen ist schwierig – die Antarktis jedoch ist noch viel unzugänglicher. Auch heute noch ist dieser Kontinent im Winter praktisch für Monate von der Außenwelt abgeschnitten; man kann dort nicht mit dem Flugzeug landen, und mit dem Schiff kommt man auch nicht hin. Es herrscht das weltweit härteste Klima, im Winter fallen die Temperaturen bis zu minus 89 Grad Celsius, die Winde tosen mit einer Geschwindigkeit von über 300 Kilometer pro Stunde über das karge, eisige Land. Chile erhebt zwar den Anspruch, dass eine Tochter des Landes bereits 1901 in der Antarktis gewesen sei, doch die meisten Historiker sind sich einig, dass die Norwegerin Caroline Mikkelsen, die Frau eines Kapitäns, der eine Walfangexpedition leitete, 1935 die erste Frau war, die den Kontinent betreten hat. Doch kaum hatte sie einen Fuß in die Antarktis gesetzt, war sie auch schon wieder weg.

Zwölf Jahre später verbrachten eine Piloten- sowie eine Kapitänsgattin, die Amerikanerinnen Jennie Darlington und Edith »Jackie« Ronne, jedoch ein ganzes Jahr in der Antarktis. Edith und ihr Mann Finn waren damals schon sechs Jahre verheiratet, für Jennie und ihren Harry aber war diese Zeit gewissermaßen die Flitterwochen; später nannte Jennie ihr Buch dementsprechend auch *My Antarctic Honeymoon*.

Ihre Liebesgeschichte war wie ein Wirbelwind. 1946 lernte Jennie Harry kennen, wenige Monate später heirateten sie. Er war Pilot, gerade erst aus dem Krieg zurückgekehrt, und schon 1937 und 1941 einige Zeit auf Expedition in der Antarktis gewesen. Und nachdem er Jennie im Sturm erobert hatte, lud er sie auch gleich ein, ihm bei den Vorbereitungen der für 1947 geplanten »Ronne-Antarktisexpedition« zu helfen. Sie war das private Projekt des norwegisch-amerikanischen Forschers Finn Ronne, der in der Antarktis wissenschaftliche Versuche durchführen und die Küsten des Weddellmeeres kartografieren wollte.

Ursprünglich sollte Jennie ihren Harry nur bis Panama begleiten, sie blieb dann aber bis Valparaiso in Chile an Bord – und am Ende die ganze Zeit … Harry war anfangs nicht so begeistert von dieser Idee, denn er hielt die Antarktis nicht für einen geeigneten Ort für Frauen, schon gar nicht für seine frisch Angetraute. Als Finn dann aber ankündigte, dass er seine eigene Frau mit-

nehmen wolle, konnte sich Harry dem nicht mehr entgegenstellen. Einige Mannschaftsmitglieder drohten, auf ihre Teilnahme zu verzichten, wenn Jackie mitkäme, sie nahmen ihre Drohung aber unter der Bedingung zurück, dass Jennie auch mitfuhr. Es ging ihnen einfach darum, dass die eine Frau mit der jeweils anderen Gesellschaft hatte und ihnen nicht zwischen den Beinen herumwuselte.

Und so landete Jennie Darlington in der Antarktis – fünfzig Jahre nachdem Josephine Peary nach Norden gesegelt war, um ihren Mann zu begleiten. Jennie rutschte auch gleich auf dem Eis aus und fiel auf die Nase. Im Gepäck hatte sie zusätzliche Armeekleidung, ein Seidennegligé, Lippenstift, einen Tiegel Lanolin und einen Flakon *Chanel No 5*. Während Jackie Ronne als Berichterstatterin der Expedition fungierte, war Jennies Aufgabe nie so ganz klar definiert. Schließlich wusch sie die Wäsche, kochte hin und wieder und assistierte dem Fotografen.

Viele Expeditionsmitglieder waren am Anfang noch immer skeptisch. Frauen waren bei Expeditionen nicht gern gesehen, weil sie angeblich »das Gleichgewicht durcheinanderbringen«, sie galten, in Jennies eigenen Worten, »als das schwächste Glied«. In Bezug auf die körperliche Leistungskraft könne eine Frau es nicht mit einem Mann aufnehmen, hieß es, also müssten sich die Männer ständig um die Frauen kümmern. Das war aber nur in der Theorie so. Jennie kam mit den Männern recht gut aus, mit einigen freundete sie sich sogar an, andere hielten Distanz, aber keiner wurde ausfällig. Sie machte die Erfahrung, dass die Männer sie »wie ein Dame« behandelten und mit ihr warm wurden, wenn sie sich im Hintergrund hielt und sich benahm wie alle anderen Teammitglieder auch. Jennie war bei allen beliebt – außer bei dem Expeditionsleiter und seiner Frau.

Denn die Ronne-Expedition war kein glückliches Unterfangen. Als Chefpilot sollte Harry Darlington eigentlich fliegen, aber er war nicht so ein Draufgänger wie Finn Ronne, und die beiden stritten sich oft über Ziele und Termine der Expedition. Auf dem Weg in die Antarktis verloren sie etwa die Hälfte der Hunde, somit stand ihr Schlittenprojekt infrage. Finn wollte sich von seinen Plänen nicht abbringen lassen, aber Harry riet zur Umsicht. Als der Streit zwischen den Männern offen ausbrach, standen Jennie und Jackie zwischen den Fronten. Das Zerwürfnis war so tief, dass die beiden in den letzten Monaten der Expedition kein Wort mehr miteinander wechselten aus Angst, ihrem jeweiligen Gatten in den Rücken zu fallen. Im offiziellen Expeditionsbericht wurde dies mit keinem Wort erwähnt, Jennie hingegen war da später sehr viel freimütiger.

Der Streit zwischen Finn und Harry zeigt, welche Spannungen auf einer langen Polarexpedition auftreten können, und Jennie erwies sich dabei als hervorragende Beobachterin. Ihre Erfahrungen in der Antarktis umfassten auch Hundeschlittenfahrten, bei denen sie sich durch Schneestürme kämpfen musste, und sie hatte die Entbehrungen eines ganzen antarktischen Winters zu ertragen. Doch die interessantesten Begegnungen fanden für sie nicht mit dem Klima und der Landschaft statt, sondern mit den Männern, die den Kontinent erkundeten.

In Bezug auf ihren Gatten äußerte sie sich immer sehr überschwänglich, aber sie konnte in ihrer Analyse auch sehr scharf sein. Für sie war Harry ein typischer Exsoldat, der mit seinen uneingeschränkten Freiheiten in Friedenszeiten nicht gut klarkam; nach Jennies Meinung war die Expedition für ihn eine Möglichkeit, zu einem geordneteren Leben zurückzukehren, in dem er sich selbst wieder »finden« konnte. Seiner »Squaw« gegenüber scherzte Harry, bei Expeditionen stehe man vor den gleichen Herausforderungen wie im Krieg, nur ohne all die Toten. Viele der 23 anderen Männer im Team schienen derselben Meinung zu sein, und diejenigen, die sich noch nicht in einem richtigen Krieg hatten beweisen können, betrachteten die Expedition als einen alternativen Weg zum Ruhm.

Doch in der überfüllten Hütte, die sie ein Jahr lang teilten, gab es wenig Rühmliches, der »Wir sitzen alle im selben Boot«-Geist verflog schnell. Die Männer stahlen sich gegenseitig Essen und zogen abends übereinander her. Auf dem Höhepunkt des Krieges zwischen Harry und Finn spaltete sich die Gruppe in zwei Fraktionen, die sich am gemeinsamen Tisch verfeindet gegenübersaßen.

Es ist nicht überraschend, dass die Männer viel über Frauen nachdachten. Manche wandten sich wegen ihrer Freundinnen Rat suchend an Jennie, andere besuchten die Krankenstation, nur um in medizinischen Büchern weibliche Körper zu betrachten. Einige Männer litten so unter dem Alleinsein, dass sie sich nicht einmal mehr Filme mit bestimmten Schauspielerinnen ansahen, weil diese sie an ihre Lieblinge zu Hause erinnerten.

Trotz aller Spannungen und allen Zanks hatte Jennie Freude an diesem Erlebnis. Wie das alte Sprichwort sagt, erkennt man den wahren Charakter eines Menschen, wenn er unter Druck ist. Und Jennie fand heraus, dass ihr Harry trotz all seiner Unreife ein guter Mann war. Da sie mit ihm in einem acht Quadratmeter großen Raum zusammengepfercht war, lernte sie seine Schwächen und Fehler schnell kennen, und obwohl Harry eher der »ruhige Typ« war, entwickelten die beiden ein tiefes Vertrauensverhältnis zueinander.

So vertraulich, dass Jennie sechs Monate später schwanger war. Es war das erste Baby, das in der Antarktis gezeugt wurde, doch Jennie wollte ihrem Mann erst nichts sagen, weil er so in den Streit mit Finn verstrickt war. Als sie schließlich den Mut dazu fand, war Harry überglücklich. In den ersten Monaten der Expedition hatte Jennie ein paar Kilo verloren und konnte die Schwangerschaft vor den anderen zunächst geheim halten, sie erzählte es nur ihren engsten Freunden – nun ja, nicht direkt; aber sie wussten, was los war, als sie sahen, wie sie ein ganzes Glas Essiggurken vertilgte …

Nach ein paar besonders bangen Wochen am Schluss der Expedition legten Eisbrecher eine Rinne frei, und die Mannschaft konnte die Antarktis auf ihrem Schiff wieder verlassen. Jennie kehrte mit philosophischer Gelassenheit nach Amerika zurück:

Antarktisches Wörterbuch

Nach dem Zweiten Weltkrieg errichteten einige Länder feste Forschungs-stationen in der Antarktis. Wie in allen geschlossenen Gesellschaften hat sich auch unter den Antarktisforschern ein eigener Jargon herausgebildet. Die meisten der unten aufgeführten Begriffe sind in allen der englischsprachi-gen Stationen geläufig, einige davon werden aber auch nur in bestimmten Sektoren verwendet.

Antarctic »10« Ein Mann oder eine Frau, der/die überall sonst auf der Welt nur mit einer Fünf auf der Attraktivitätsskala bewertet werden würde.
Jafa Unbeliebter Wissenschaftler; *»just another fucking academic«*.
Finjy Neuling; *FNG, »fucking new guy/girl«*.
Going for an oatie Neuseeländischer Slang für »austreten«.
Hollywood Shower Eine Dusche, die länger als die zwei erlaubten Minuten dauert.
Ice Shock Wieder ins wirkliche Leben zurückkommen und es noch schlimmer finden als die Antarktis.
To have a monk-on Schlechte Laune haben, sich abkapseln.
Nutty Süßigkeiten
Pit Koje
Poppy Whisky oder ein anderes hochprozentiges Getränk auf antarktischem Eis, in dem durch Jahrtausende währenden Druck Luftblasen eingeschlossen sind, die nun im Mund frei werden und prickeln.
Toast/going toasty Winterdepression mit Reizbarkeit, Konzentrations-schwäche und Gedächtnislücken. Befällt meist Leute, die in der Antarktis überwintern.

Sie hätte auf diese Erfahrung um nichts in der Welt verzichten wollen, aber sie bezweifelte, ob Frauen sich für das Leben in der Antarktis eigneten, auf gemischten Expeditionen sowieso. Doch sie fand, die Antarktis selbst sei wie eine Frau: launisch, wetterwendisch, aber auch ungeheuer kraftvoll und beeindruckend.

Wie man sich warm hält

Denken Sie sich warm
Die französische Mystikerin und Forschungsreisende Alexandra David-Néel, die, wie wir wissen, als erste westliche Frau in die tibetische Hauptstadt Lhasa kam, war eine wichtige Vertreterin der alten Kunst des *Tumo*, einer geheimnisvollen Atem- und Visualisierungstechnik, bei der sich die Körpertemperatur stark erhöht. Ein nützliches Talent in Tibet, wo es so eisig ist, dass die Menschen sich damals bei Totenverbrennungen an den Schei-

terhaufen wärmten, wie Alexandra feststellte. In ihrer Schrift *Heilige und Hexer* betont sie, dass *Tumo* eine geheime buddhistische Lehre sei, die von den Lamas nur an deren Schüler weitergegeben werde, doch sie enthüllt die Basics:

1. Man begibt sich »an einen völlig weltfernen, hochgelegenen Ort«.
2. Man macht »die Nasenlöcher für den Luftdurchzug frei«.
3. »Mittels des Ausatmens [werden] Stolz, Zorn, Hass, Gier, Faulheit und Dummheit aus dem Inneren ausgestoßen.«
4. »Der Geist Buddhas […] wird durch das Einatmen eingesogen.«
5. »Langsame, tiefe Atemzüge wirken nun blasebalgartig« […] an der Stelle, »wo der Nabel sich befindet«, und fachen das Feuer an, das man sich dorthin denkt.

Weiter schreibt sie, dass Einsiedlermönche, um die Technik zu erlernen, nackt in eine nasse Decke gewickelt, die ganze Nacht im Schnee an einem zugefrorenen Bergsee oder Fluss sitzen und sich durch ihre Atmung so stark wärmen mussten, dass die Decke trocknete.

Auf ihrer Tibetreise 1924 kam Alexandra mit ihrem Gefährten und Adoptivsohn, dem Lama Yongden, in ein kaltes, klammes Gebirge, wo sie so ohne Weiteres kein Feuer machen konnten. Mit *Tumo* aber schaffte Alexandra es, eine Handvoll Moos, Feuerstein und Stahl dicht an ihrer Haut zu trocknen und dann das Feuer zu entzünden.

Kleiden Sie sich warm
Die exzentrische britische Krankenschwester Kate Marsden (1859–1931), die sich schon im Russisch-Türkischen Krieg einen Namen gemacht hatte, brach 1890 zu einer gewagten und für viele doch recht verblüffenden Expedition nach Sibirien auf. Anfangs erklärte sie, dass sie ein geheimnisvolles Heilkraut finden wolle, das angeblich in Jakutien wuchs und bei der Behandlung von Lepra sehr wirkungsvoll sein sollte. Doch im Verlauf der Reise verschwand dieses konkrete Ziel zugunsten einer breiteren und etwas verworreneren Untersuchung des Lebens russischer Leprakranker aus Kates Fokus.

Auf einem weitschweifigen Weg über Jerusalem und Konstantinopel kam sie nach Moskau und reiste dann 500 Kilometer weiter nach Osten. Wie ihre Kleiderliste verrät, wollte sie bei der Kälte kein Risiko eingehen:

eine ganze Ausstattung von wollenen Untergewändern
des deutschen Reformkleidungsherstellers *Jäger*
eine lose Taille, mit Flanell gefüttert
ein dick wattierter Eiderdaun-Ulster mit Pelzkragen,
der Kopf und Gesicht verhüllte
ein Schafspelz, der bis zu den Füßen reichte
ein Rock aus Rentierfell
lange, aus Haaren gewobene Strümpfe von *Jäger*
dicke Herren-Jagdstrümpfe
ein Paar kniehohe Filzstiefel mit Sohle
braune knöchelhohe Filzstiefelchen ohne Sohle
ein Fußsack
eine pelzgefütterte Mütze
verschiedene Schals, Tücher und Decken

In Slatust, im mittleren Ural, stieg sie aus der Eisenbahn und wollte mit dem Schlitten weiterfahren. Doch da sie als »Reise-Anzug« alle ihre Kleidungsstücke trug, war sie so voluminös, dass sie nicht selbst auf den Schlitten steigen konnte. Es brauchte die vereinte Hilfe von drei russischen Polizeidienern, um sie hinaufzuhieven.

Futtern Sie sich warm
Schon immer war Essen die wichtigste Strategie, um sich auf einer Expedition warm zu halten. In kalten Klimazonen muss man mehr Kalorien zu sich nehmen. Für Frauen werden bei normalen Bedingungen im Schnitt 1500 bis 2000 Kalorien täglich empfohlen, bei Polarexpeditionen wesentlich mehr. Das britische Frauenteam, das im Jahr 2000 zum Südpol wanderte, er-

nährte sich jeweils von 5200 Kalorien pro Tag, abgepackt in Rationen, die über ein Kilo wogen. Sie hatten für siebzig Tage 350 Rationen dabei, eine Ration pro Frau und Tag. Es gab auch Schleckereien wie Nüsse, Kuchen und Schokolinsen. Doch Vorsicht, werte Polarforscher: Am allerersten Tag im Eis brach sich die Expeditionsleiterin Caroline Hamilton an einem gefrorenen Schokoriegel einen Zahn ab und hatte ernsthafte Bedenken, ob sie überhaupt weitermarschieren könne.

In der Antarktis sollte man Schokolade immer nah am Körper tragen – und Tampons.

Max Factor · Hollywood   Doctor Earle Haas Tampons

Wie man in der Antarktis auf den Lokus geht

Das gewohnte Prozedere ist bei gewaltigen Minusgraden gar nicht so leicht durchzuführen. Man muss den Gang aufs Töpfchen mit sehr viel Köpfchen angehen.

Nutzen Sie die Diele
Als die 34-jährige Catharine Hartley zum Südpol unterwegs war, den sie am 4. Januar 2000 als erste Britin erreichen sollte, gewöhnte ihr gemischtes Team es sich an, jeden Morgen nach dem Frühstück eine Toilettenpause einzulegen. Sie gruben im kleinen Eingangsbereich zu ihrem Zelt ein Loch, und während einer die letzten Ausrüstungsgegenstände zusammenpackte, gingen die anderen ihren Bedürfnissen nach. Weil das Team die Nacht in unmittelbarer Nähe verbracht hatte, war das Eis im Zeltzugang um das entscheidende Quäntchen wärmer, sodass sich dort gut graben ließ.

Setzen Sie die Wahrheit sparsam ein

Während ihrer Frauenexpedition zum Südpol, die ebenfalls im Januar 2000 erfolgreich ihr Ziel erreichte, wurde Caroline Hamilton von *BBC Radio* interviewt. Als der Reporter wissen wollte, ob es schwierig sei, auszutreten, reagierte Caroline gelassen und meinte, das sei kein Problem. In Wirklichkeit war jede Pinkelpause die reinste Qual und musste generalstabsmäßig im Voraus geplant und dann mit militärischer Präzision durchgeführt werden. Abgesehen von dem klitzekleinen Problem, das die brüllenden Winde und die klirrende Kälte darstellten, war es regelmäßig vonnöten, diverse Reiß- und Klettverschlüsse zu öffnen. Beseelt von echtem Teamgeist, gelangten die Frauen zu wahrer Meisterschaft, wenn es darum ging, einander rasch beim Auspacken zu helfen, um den Kälteschock auf ein Minimum zu beschränken.

Vertrauen Sie der Technik

Als die Reiseschriftstellerin Sara Wheeler 1995 sieben Monate in der Antarktis verbrachte, erfuhr sie, dass das Kloproblem in verschiedenen Forschungsstationen ganz unterschiedlich gelöst wurde. Manche verfügten über Toiletten, deren Inhalt mit Propangas verbrannt wurde; man nannte sie liebevoll »Kackraketen«, weil sie gelegentlich das Feuer erwiderten. Andere Stationen waren mit den nicht minder berüchtigten *Incinolet*-WCs ausgestattet, deren Elektropower nur dafür konstruiert war, feste Stoffe in Asche zu verwandeln. Plätscherte hingegen wie auch immer geartete Flüssigkeit in die Schüssel, zeigten sie sich anfällig für Kurzschlüsse und verpassten dem Besucher Stromschläge. Kein Wunder, dass Verstopfung ein weitverbreitetes Problem darstellte.

Auf See

Eine Dame, die Gitarre spielen kann und diese auch noch mit auf die Reise
nimmt, ist für sich selbst und ihre Gefährten auf jeden Fall eine gute Unter-
haltung. In vielen ruhigen Sommernächten, wenn die Jacht sanft auf den
mondbeschienenen Wellen schaukelt oder vor Anker liegt, während die
Lichter der Stadt gegenüber funkeln wie ein Schwarm Glühwürmchen in
einem Silberband, ist ihre Musik eine der vergnüglichsten Erlebnisse einer
faszinierenden Reise.

> Lillias Campbell Davidson, *Hints to Lady Travellers at Home and*
> *Abroad* 1889

1492
Christoph Columbus überquert den Atlantik von den Kanaren aus in gerade
mal gut fünf Wochen.

1876
Alfred Johnson gelingt die erste Solo-Atlantiküberquerung von West nach Ost
in 66 Tagen.

1952/53
Ann Davison segelt als erste Frau einhand über den Atlantik. Sie braucht von
Plymouth bis zu den Kanarischen Inseln von Mai 1952 an gemächliche sechs
Monate; 65 Tage später trifft sie dann in der Karibik ein, doch in Miami kommt
sie erst im August 1953 an.

1971
Nicolette Milnes-Walker gelingt als erster Frau die erste Nonstop-Einhand-
überquerung des Atlantiks. Sie braucht 45 Tage.

2004
Ellen MacArthur stellt mit ihrer Atlantiküberquerung in sieben Tagen,
drei Stunden und 49 Minuten einen neuen Weltrekord für Frauen auf.

2005
Ellen MacArthur legt eine Einhandweltumseglung in 71 Tagen hin.

Segeln ist beileibe keine Aktivität, die nur bei kaltem Wetter aus-
geübt wird. Die Tausende Frauen, die alljährlich auf Jachten
durchs Mittelmeer und vor den Westindischen Inseln kreuzen,
können das bestätigen. Doch jeder, der sich einer Weltumseglung stellt, muss in der Lage sein, die Minusgrade im Antarktischen Ozean auszuhalten. Traditionell war die Seefahrt eine
Männerdomäne, und abgesehen von der einen oder anderen Pi-
ratenkönigin oder Kapitänsgattin, stachen nur wenige Damen
in See. Heute sind Frauen sowohl beruflich als auch hobbymäßig
auf den Meeren unterwegs. Die Erfolge moderner Seglerinnen
wie der Britin Ellen MacArthur (*1976) oder der Australierin
Kay Cottee (*1954) sind zum Teil das Ergebnis der Pionierleis-
tungen der ersten Generation von Seglerinnen, die bewiesen,
dass Frauen den Männern auf dem Wasser mehr als das Wasser
reichen können. Wie das folgende nautische Dream-Team be-
weist ...

Die Crew der Seglerinnen

Die Galionsfigur – Ann Davison (1914–1992)

Es ist immer ein bisschen schwierig, die Erste bei etwas zu sein.
Ann Davison hätte ihr Antlitz bestimmt nicht gern in einen
Schiffsbug geschnitzt gesehen, aber sie nimmt in der Geschichte
der weiblichen Seefahrt einen herausragenden Rang ein: Die
Britin war die erste Frau, die allein den Atlantik überquert hat. In
den Dreißigerjahren arbeitete sie zunächst als Pilotin und lernte
dabei ihren künftigen Gatten Frank Davison kennen. Nach dem
Krieg begann das Paar zu segeln. Frank hatte den ehrgeizigen

Traum, in die Karibik zu segeln und dort ein neues Leben zu beginnen. Doch leider sollte es nicht so sein: 1949 setzten sie in Liverpool Segel, gerieten aber in so schwere See, dass das Boot kenterte und Frank ertrank. Ann wurde an Land gespült.

Sie war am Boden zerstört. Doch sie wusste, dass sie nur zur Ruhe käme, wenn sie die gleiche Reise allein unternahm. Sie kaufte ein neues Boot, die *Felicity Ann,* nahm Unterricht in Navigation und stach im Mai 1952 nach einigen Probefahrten zur Atlantiküberquerung in See. Der erste Abschnitt der Reise von England nach Las Palmas dauerte lang und war relativ entspannt. Ann war ein sehr geselliger Mensch, in jedem Hafen fand sie gute Freunde. Im Zeitplan zu bleiben sei schwierig, schrieb sie lakonisch.

Der nächste Abschnitt von den Kanarischen Inseln zur westlichen Atlantikküste verlief um einiges anstrengender. Ann wollte die Überquerung in dreißig Tagen beenden, nahm aber Proviant für sechzig mit. Am Ende brauchte sie 65 Tage.

Auf der Fahrt litt sie sehr unter Hexenschuss, Appetitlosigkeit und auch Depressionen, weil das Wetter es nicht sehr gut mit ihr meinte. Sie weinte am Ofen, schrie in den Wind und hielt sich mit Amphetaminen und billigem Rum über Wasser. Sie hatte an ihre Reise hohe Erwartungen gehabt und gehofft, der Törn sei für sie eine Läuterung, doch das Segeln war so mühselig, dass sie auf der zweiten Etappe die meiste Zeit nur verzweifelt darauf wartete, dass es endlich vorbei war.

Nachdem sie schließlich in der Prince Rupert Bay auf Dominica, einer Insel der Kleinen Antillen, an Land gegangen war, setzte sie ihre Reise etwas entspannter und langsamer nach Miami und schließlich nach New York fort, wo sie ihre Jacht auf der Bootsmesse ausstellte. Abends ging sie in die Halle und betrachtete die *Felicity Ann* wie jeder andere Messebesucher auch, sie vergaß all die Mühsal, die sie hatte ertragen müssen, und wünschte sich, an Bord zu sein. Da sprach jemand sie an und warnte sie – es sei Irrsinn, mit so einem kleinen Boot den Atlantik überqueren zu wollen.

Die Skipperin – Clare Francis (*1946)

Mitte der Siebzigerjahre gab es zwar einige bekannte Einhandseglerinnen, dass Frauen aber auf großen Jachten das Kommando innehatten, war immer noch die Ausnahme. Die britische Seglerin Clare Francis schaffte das nie Dagewesene: 1977/78 nahm sie als Bootsführerin am *Whitbread Round the World Race* teil und beendete damit ihre Karriere.

Im Jahr zuvor war sie mit ihrer Atlantik-Einhandüberquerung berühmt geworden. Danach schwor sie sich, es nie wieder zu tun, sie wollte das Segeln aufgeben und in einem kleinen Cottage leben. Doch als sie das Angebot bekam, um die Welt zu segeln, sagte sie schnell und laut vernehmlich: »Ja!«

Sie stellte ihre Crew sehr sorgfältig zusammen. Darunter waren zwei weitere Frauen, die Köchin Bumple Ogilvy-Wedderburn und die erfahrene Seglerin Eve Bonham, doch Clare wollte sie nicht dabeihaben, weil sie Frauen waren – die Emanzipationsbewegung war ihr ein Gräuel. Sie fand den Charakter wichtiger als das Geschlecht, und dass ihre Gruppe gut miteinander auskam, hatte für sie Vorrang.

Sie teilte die Mannschaft in zwei Wachen, traf die navigatorischen Entscheidungen, und als das Boot ausgelaufen war, mischte sie sich nicht mehr oft ein und trat schon gar nicht als Boss auf.

Wenn es Konflikte gab oder jemand reizbar wurde, reagierte Clare üblicherweise damit, die entsprechende Person einer anderen Wache zuteilen zu wollen, aber allein die Erwähnung eines Tausches löste meist das Problem. Wenn gar nichts half, rief sie die Leute sofort zusammen, nachdem etwas schiefgelaufen war, um den Fehler zu analysieren und daraus zu lernen.

Richtigen Streit bekam sie nur mit John Tanner, einem sehr erfahrenen, talentierten Segler. Sie hatte ihn als Navigator mitgenommen, aber in bestimmten Punkten hatte er andere Vorstellungen vom Segeln als Clare. Im Antarktischen Ozean spitzte sich die Lage zu, als auf seiner Wache der wichtige Spinnaker schwer beschädigt wurde. Clare war der Meinung, dass John dieses bauchige Vorsegel falsch getrimmt hatte, und bat ihn, als Wachführer zurückzutreten. Das tat er bereitwillig, und von da an gab es keinen Streit mehr.

Bei fünfzehn teilnehmenden Booten wurde Clare Fünfte, ein sehr befriedigendes Ergebnis. Doch letzten Endes hatte sie das Gefühl, dass die Regatta für sie als Frau schwieriger gewesen war, denn verschiedenen Aufgaben war sie einfach körperlich nicht gewachsen gewesen und hatte immer Hilfe gebraucht. Eine eigenartige Ansicht für jemanden, der den Atlantik solo überquert hatte. Aber als Skipperin wollte sie nun einmal Vorbild sein und ihre Crew auf diese Weise führen.

Die Psychologin – Nicolette Milnes-Walker (*1943)

Im Juni 1971 setzte Nicolette im südwalisischen Dale die Segel ihrer Dreißig-Fuß-Jacht. Sie wollte Ann Davisons transatlantische Reise wiederholen, aber ohne Zwischenstopps. Doch es ging ihr nicht darum, einen Rekord aufzustellen – als Psychologin wollte sie herausfinden, wie es ihr allein auf einer langen Reise erging.

Die Überquerung verlief relativ glatt, doch am Ende kam auch Nicolette wie Ann in schwere See. Einmal war es so schlimm, dass sie sich ausrechnete, wieder schneller zurück in England zu sein, als weiterhin Kurs auf Rhode Island zu nehmen. Sie segelte weiter.

Ihr Törn ins Ich endete nicht mit einer Krise, aber sie erfuhr unterwegs viel über sich selbst.

Die Erkenntnisse einer Langstrecken-Einhandseglerin:

1. Segler sehen gern der Gefahr ins Auge. Vor ihrer Atlantiküberquerung war Nicolette nur selten solo gesegelt. Ihr längster Einhandtörn war über acht Meilen gegangen, fünfzehn Kilometer.
2. Weinen hilft beim Abbau von Spannungen, Frauen können das sehr gut. Nach den ersten schwierigen Tagen weinte Nicolette eine Weile, dann segelte sie erfrischt weiter.
3. Ein Tupfer Parfüm kann einen mitunter aufheitern; dass man es nur selbst riecht, spielt keine Rolle.
4. Je länger die Fahrt dauerte, desto spontaner wurde Nicolette in kleinen Dingen, bei wichtigeren Fragen wurde sie jedoch besonnener. Da man auf See grundsätzlich viel Zeit zum Nachdenken hat, ergehen sich Männer wie Frauen gern in der Nabelschau.

5. Nach ihrer Rückkehr nach England hatte Nicolette den Ein-
    druck, mehr Selbstvertrauen zu haben und gegenüber neuen
    Ideen offener zu sein, doch sie war sich ganz sicher, dass sie
    nie wieder solo reisen wollte. Die Einsamkeit an sich hatte ihr
    gar nicht so sehr zugesetzt, aber sie fand, dass es sehr viel
    mehr Spaß gemacht hätte, wenn sie das Erlebnis mit jeman-
    dem hätte teilen können.

Der Smutje – Beryl Smeeton (1905–1979)

Wir sind Beryl in diesem Buch schon zweimal begegnet, in
Asien und der Sowjetunion. Wegen ihrer kulinarischen Ver-
dienste (s. S. 119) bekommt sie nun die Rolle des Schiffskochs zu-
gewiesen. Sie war zudem eine außergewöhnliche Globetrotterin
und eine hervorragende Seglerin – genau die Richtige, die man
an Bord haben möchte, wenn es Probleme gibt.

Beryl hatte jung geheiratet, sie hatte in Indien gelebt und sich
scheiden lassen, bevor sie in Miles Smeeton ihren Seelenbruder
fand. Die beiden bauten eine Farm in Kanada auf, dann aber beschlossen sie, »von Land zu gehen«, und investierten einen
Großteil ihres Geldes in ihre chinesische Ketsch *Tzu Hang*.

Das größte und gefährlichste Abenteuer bestanden die Smeetons Anfang 1957, als sie Kap Hoorn umrunden wollten. Am
48. Tag ihrer Reise über den einsamen Südpazifik, zu der sie im
Dezember 1956 von Australien aus aufgebrochen waren, kamen
sie in schwere, stürmische See. Als Beryl Wache hatte, wurde die
Tzu Hang von einer riesigen Welle gepeitscht, beide Masten brachen, beide Dingis, Anker und Pinne wurden über Bord gespült.
Auch Beryl fiel in das eiskalte Wasser in einen fast sicheren Tod.

Miles und ihr Reisegefährte John Guzzwell kamen schnell an
Deck und sahen Beryl dreißig Meter entfernt im Wasser treiben.
Sie wussten erst nicht, was sie tun sollten, und meinten, Beryl
würde wohl kaum überleben. Doch sie war eine hervorragende
Schwimmerin und schaffte es trotz einer klaffenden Wunde und
einer ausgekugelten Schulter zurück zum Boot.

Kleidung zu See

Naomi James' Garderobe für ihre Weltumseglung 1977

100 Papierschlüpfer
20 Baumwollschlüpfer
3 BHs
1 Bikini
4 Shorts
6 Paar Jeans
1 Lederhose
2 Polaroveralls
20 Blusen und T-Shirts
10 Pullover
2 Trainingsanzüge
2 Garnituren Ölzeug
1 Windjacke
28 Paar Socken
5 Wollmützen
1 Sturmhaube
6 Paar Schuhe
2 Paar Gummistiefel

Segler haben sich um die Kleidung nie so sehr gesorgt wie Bergsteiger und Polarforscher. Wichtig für die Seglerin ist in erster Linie vernünftiges Ölzeug und ausreichend Kleidung zum Wechseln, wenn man durchnässt wird. Doch die Wahl des richtigen Ölzeugs kann so schwierig sein wie die des amtlichen Polar-Outfits. Dennoch scheinen Segler weniger Theater darum zu machen als andere Abenteurer.

Doch so leger ging es nicht immer zu. Als Lillias Campbell Davidson 1889 ihr ultimatives Reisehandbuch für Weltenbummlerinnen verfasste, betonte sie, ein attraktiver Segeldress sei ein Muss. Sie riet Damen zu folgender Garderobe:

Segelschuhe
ein großer, zuverlässiger Sonnenschirm (bevorzugt rot)
ein Badekostüm
ein Strohhut
ein maßgeschneidertes langes Segelkleid

Dieses unerlässliche Kleidungsstück, so fügte die Autorin hinzu, solle am besten aus blauem Serge (also heutigem Jeansstoff) genäht sein, damit es der schädlichen Einwirkungen von Sonne und Meer widerstehe. Bei guter Pflege könne man es in Reisepausen auch auf Gartenpartys tragen.

Die nächsten zwölf Stunden lang schöpften die drei Wasser und reparierten das Boot so weit wie möglich. Irgendwie schafften sie es, sich das Meer vom Leib zu halten und einen improvisierten Mast zu setzen. Siebenunddreißig Tage später lief die *Tzu Hang* mit Schlagseite in Chile im Hafen ein. Doch Beryl und Miles ließen sich nicht unterkriegen. Sobald ihr Boot wieder seetüchtig war, fuhren sie ein zweites Mal nach Süden, wieder kamen sie in einen Sturm, wieder brachen die Masten. Diesmal dümpelten sie zurück nach Valparaiso, denn sie waren so vorsichtig gewesen, eine Versicherung abzuschließen. Für einige Zeit stellten sie ihre Versuche ein, das Kap zu umsegeln, doch 1967 brachen sie erneut auf, und dieses Mal hatten sie Erfolg.

»Schnelles Curry« nach Beryl Smeeton
Zwei Dosen Katzenfutter aufwärmen, Gewürze hinzugeben, servieren – und unter allen Umständen neugierige Fragen übergehen!
Beryl war als hartgesottene Weltumseglerin und Forschungsreisende berühmt, als Köchin jedoch war sie für ihre allzu pragmatische Herangehensweise eher berüchtigt.

Eine kurze Geschichte des Papierschlüpfers
Am Ende ihrer zweiten transatlantischen Fahrt nach Amerika kam Clare Francis in einem weiten Papierschlüpfer, den ihre Mutter ihr besorgt hatte, in den Staaten an. Sie hatte so viel abgenommen, dass ihr die Hosen nicht mehr passten. Grundsätzlich sind Papierslips auf Reisen sehr praktisch, vor allem aber auf Törns, denn Seglern ist Süßwasser meist zu kostbar, um damit Wäsche zu waschen.

Papierslips wurden in den Sechzigerjahren erfunden; damals war Einwegkleidung kurze Zeit in Mode. In Krankenhäusern fanden sie aus verständlichen Gründen gleich reißenden Absatz. Doch in den Siebzigern kamen sie wieder außer Mode, und man konnte sie fast nur noch im Fachhandel finden.

Gar nichts anzuziehen ist eine Alternative zu einem Stapel Papierslips. Nacktheit ist bei Seglern und Seglerinnen selbstverständlich, doch sie hat auch ihre Tücken. Nicolette Milnes-Walker segelte 1971 auf dem Weg nach Amerika oft nackt; sie war so daran gewöhnt, dass sie einmal aufstand und einem Schiff zuwinkte, das plötzlich am Horizont auftauchte, ohne daran zu denken, dass sie gar nichts anhatte…

Nautisches Miniaturlexikon

Roaring Forties Das stürmische, tosende Meer zwischen dem 40. und 50. Breitengrad Süd: ein Albtraum für jeden Segler.

Rossbreiten Die unberechenbare See zwischen 30° und 35° nördlicher und südlicher Breite, ein subtropisches Hochdruckgebiet mit wenigen windigen Tagen, ansonsten herrscht Flaute. Laut Seemannsgarn stammt der Name daher, dass sich spanische Seeleute, die Pferde nach Amerika brachten, in diesen Breiten gern der mitgeführten Tiere entledigten, wenn man bei Windstille festsaß, denn sie waren die größten Frischwasserkonsumenten an Bord.

Kalmengürtel Eine Tiefdruckrinne im Bereich des Äquators, wo Hurrikane entstehen, doch vor allem deshalb gefürchtet, weil die meiste Zeit Windstille herrscht und man unter Segeln nicht vorankommt.

Passat Die vorherrschenden Winde, die auf der Nordhalbkugel aus Nordost und auf der Südhalbkugel aus Südost Richtung Äquator wehen, sorgen für relativ vorhersagbares Wetter; sie werden von Seeleuten oft gesucht.

Kap Hoorn Die Südspitze Südamerikas, benannt nach der Stadt Hoorn in den Niederlanden, dem Geburtsort seines Entdeckers.

Kap der Guten Hoffnung Ein wegen seiner Klippen gefürchtetes Kap etwa 180 Kilometer nordwestlich der eigentlichen Südspitze Afrikas, des Kap Agulhas, und eine größere psychologische Barriere für Segler, die vom Atlantik in den Indischen Ozean fahren.

Südostkap, Südwestkap Jeweils die südlichsten Punkte Australiens und Neuseelands.

In der Luft

Nach den Pionierflügen der Brüder Wright um das Jahr 1900 wurden die Rekordmarken immer weiter und immer schneller gesetzt. Der Franzose Louis Blériot flog 1909 als Erster über den Ärmelkanal, Charles Lindbergh überflog 1927 den Atlantik – beide waren Männer, aber in der Geschichte des Fliegens fällt auf, dass Frauen den Männern hinsichtlich der Leistung kaum nachstanden. Die Amerikanerin Harriet Quimby startete 1912, nur drei Jahre nach Blériot, zu ihrem historischen Flug. Ihre Landsmännin Amelia Earhart überflog gleich zweimal den Atlantik, 1928 als Passagierin, 1932 dann im Alleinflug. Als Jean Batten 1936 ihren legendären Flug von England nach Neuseeland unternahm, folgten die Pilotinnen den Piloten nicht nur auf den

1909
Baroness de Laroche macht als erste Frau der Welt einen Pilotenschein und unternimmt auch als erste Frau einen Alleinflug.

1912
Harriet Quimby überfliegt den Ärmelkanal.

1928
Lady Heath fliegt von England nach Kapstadt.
Lady Bailey fliegt von England nach Kapstadt und zurück.

1928 und **1932**
Amelia Earhart überfliegt den Atlantik.

Fersen, sie gingen sogar in Führung. Ganze 41 Jahre lang hielt Jean Batten den Flugzeitrekord für die Strecke England-Australien-Neuseeland in nur elf Tagen.

Wie bei den Seglerinnen besteht auch unser fliegendes Dream-Team aus sehr selbstständigen Frauen, die oft alleine unterwegs waren. Und wie das Segeln ist auch Fliegen nicht zwangsläufig eine kalte Angelegenheit. Im Durchschnitt sinkt die Temperatur jede tausend Fuß, also pro 300 Meter, um anderthalb bis drei Grad Celsius. Bevor Beryl Markham sich 1936 zu ihrer Atlantiküberquerung aufmachte, hatte sie die Wahl zwischen zusätzlichen warmen Kleidern und einer Schwimmweste – sie entschied sich für Erstere.

Tollkühne Frauen in fliegenden Kisten

Die Staffelführerin – Amelia Earhart (1897–1937)

Die Amerikanerin zog als erste Pilotin die Aufmerksamkeit der großen Öffentlichkeit auf sich – sie starb als eine der bekanntesten Fliegerinnen der Welt. Nachdem sie ein paar Stunts gesehen hatte, verliebte sie sich in die Fliegerei. 1921 machte sie den Flugschein, sechs Monate später hatte sie ein eigenes Flugzeug und stellte Rekorde auf.

Im Jahr 1928 wurde sie zu einer Atlantiküberquerung eingeladen und war somit die erste Frau auf einem Transatlantikflug. Sie war zwar nur Passagierin, dennoch war der Flug eine Sensation und verschaffte Amelia unmittelbar danach Berühmtheit. Vier Jahre später verdoppelte sie ihren Ruhm mit ihrem eigenen gewagten Flug über den Atlantik. Für die Öffentlichkeit war sie jetzt das Gesicht der Fliegerin schlechthin, die Pilotin, an der alle anderen gemessen wurden. Doch ihr selbst lag nichts am Ruhm, vor allem verabscheute sie den Druck, ständig Neues leisten zu müssen.

Im März 1937 brach Amelia zu ihrem nächsten großen Abenteuer auf, einem Alleinflug um die Welt. Ihr erster Versuch scheiterte, doch sie wollte nicht aufgeben. Im Mai startete sie erneut in Miami. Nach einem Monat hatten sie und ihr Navigator Fred Noonan 35 000 der geplanten 47 000 Kilometer zurückgelegt. Anfang Juli flogen sie die Howland-Insel im Nordpazifik an, doch dort kamen sie nie an. Trotz einer groß angelegten Suchaktion und zahlloser Spekulationen wurden weder Amelias noch Noonans Leichnam je gefunden. Der Mythos Amelia Earhart ist zum einen in ihren Leistungen begründet, zum anderen in ihrer androgynen Schönheit und auch in der einfachen Tatsache, dass sie wie viele andere »Legenden« des 20. Jahrhunderts jung starb.

Großbritanniens Hoffnung – Amy Johnson (1903–1941)

Englands Antwort auf Amelia Earhart, das »kleine, hübsche Mädchen aus Yorkshire«, wie die Presse gern titelte, eroberte mit dem ersten Soloflug nach Australien die Herzen der Briten. Doch

in Wahrheit war Amy Johnson eine sehr starke, getriebene Frau, eine ausgezeichnete Pilotin und mithin die erste Frau, die eine Ausbildung zur Flugzeugmechanikerin absolvierte.

Im Jahr 1928 begann sie mit dem Fliegen und bekam nach nur sechzehn Flugstunden ihren Schein. Kaum zwei Jahre später stieg sie in ihre »Gypsy Moth« und startete nach Australien durch. Zuvor hatte sie kaum mehr als 300 Kilometer am Stück zurückgelegt, sie hatte noch nicht einmal den Ärmelkanal überflogen. Anfangs war sich die Presse nicht sicher, ob man diese unbekannte Frau ernst nehmen könne, doch am Tag vier war sie auf dem besten Weg, den damaligen Geschwindigkeitsrekord im Alleinflug zu unterbieten, und fand in allen Zeitungen Erwähnung.

Aber je weiter sie sich von England entfernte, desto unberechenbarer wurden die Landebahnen. Bei ihrer Landung in Rangun stürzte sie in einen Graben und musste die Tragflächen mit Stoffstreifen von Leinenhemden reparieren, die die Männer ihr

gaben. Auch in der schwierigen Wetterzone von Java hatte sie eine sehr schwierige Landung. Sie musste die Tragflächen buchstäblich mit Heftpflaster bandagieren. Dennoch brauchte Amy nur neunzehn Tage nach Australien, damit verfehlte sie zwar knapp den Rekord, gewann aber die große Zuneigung der Öffentlichkeit.

Die Rennfahrerin – Mildred Bruce (1895–1990)

Missis Victor Bruce, geborene Mildred Mary Petre, war ein Phänomen. Mit fünfzehn raste sie als erstes Mädchen in Großbritannien mit einem Motorrad über öffentliche Straßen, ein Dreivierteljahr später stand sie als erstes Mädchen wegen eines Verkehrsdelikts vor Gericht. In den Zwanzigerjahren war sie eine der erfolgreichsten britischen Rennfahrerinnen, dann verlegte sie sich auf Motorbootrennen und in den Dreißigern schließlich aufs Fliegen.

Es ging alles ganz leicht und schnell: Sie sah in einem Londoner Schaufenster ein Flugzeug, kaufte es, lernte fliegen und kaum zwei Monate, nachdem sie ihren Pilotenschein gemacht hatte, startete sie zum Alleinflug um die Welt.

Eine ereignisreiche Reise, um das Mindeste zu sagen: Sie überlebte eine Bruchlandung am Persischen Golf, einen Taifun in Indochina, ein Erdbeben in Japan und den Partygag eines Polizeichefs aus Los Angeles, der ihre Nerven auf die Probe stellen und die Asche von ihrer Zigarette schießen wollte. Beim ersten Versuch verfehlte er sein Ziel, dann durfte sie eine Zigarettenspitze benutzen, damit die Kugel nicht so nah an ihrem Kopf vorbeiflog. Zum Glück traf der Schütze, und es gab kein drittes Mal.

Von Los Angeles flog Mildred nach New York, wo sie das Empire State Building und die Freiheitsstatue umkreiste. Sie bekam dafür einen Rüffel, aber wie immer kam sie ungeschoren davon. Dann lud sie ihr Flugzeug auf ein französisches Schiff, überquerte den Atlantik und flog die letzte Etappe von Frankreich nach London. Bei der Landung war ihr Flugzeug mit über zwei-

tausend Unterschriften von Freunden und Gratulanten geschmückt, die sie auf dem Weg getroffen hatte.

Missis Bruce war berühmt, aber sie hatte keine Lust, sich auf ihren Lorbeeren auszuruhen. In den folgenden zehn Jahren tüftelte sie an einem System, Flugzeuge in der Luft aufzutanken, schloss sich einer Schaufliegerstaffel an und gründete ein erfolgreiches Frachtunternehmen. Nach dem Zweiten Weltkrieg kümmerte sie sich hauptsächlich um ihre Geschäfte und wurde Millionärin. Kaum erstaunlich, dass sie ihre Autobiografie *Nine Lives Plus [Mehr als sieben Leben]* nannte.

Die Buschpilotin – Beryl Markham (1902 – 1986)

Das Leben dieser ungewöhnlichen Frau war so »bunt« (also skandalumwittert), wie es auch abenteuerlich war. Sie wurde in England geboren und wuchs in Kenia auf, heiratete dort in jungen Jahren und kehrte nach England zurück. Ihre Ehe scheiterte, danach hatte sie eine Affäre mit einem Mitglied des Königshauses. Nachdem sie mehrere Jahre erfolgreich als Pferdetrainerin tätig gewesen war, brachte der bekannte Großwildjäger und Playboy Denys Finch Hutton, ein Liebhaber der dänischen Schriftstellerin Karen Blixen, Beryl zum Fliegen.

Einige Jahre lang arbeitete sie als Buschpilotin in Ostafrika, dann ging sie nach England zurück. 1936 machte sie sich auf, um als erster Mensch nonstop in Ostwestrichtung von England nach Amerika zu fliegen, also gegen die vorherrschenden Winde. Ihr Hauptproblem war die Betankung. Ihr Flugzeug hatte eine normale Reichweite von 1060 Kilometern, sie aber musste 5800 Kilometer zurücklegen, und mehr als die Hälfte der Strecke führte übers Meer. Deshalb hatte sie ihre »Vega Gull« mit Zusatztanks ausgerüstet, die sie manuell einschalten konnte, nur so war der Flug möglich.

Als sie sich der Küste Nordamerikas näherte, fror die Leitung ihres letzten Tanks ein. Der Motor spotzte und versagte schließlich. Beryl stürzte in ein Torfmoor und wurde von einem Fischer gefunden, der die verletzte und schlammüberzogene Pilotin rettete. Sie hatte Glück gehabt. Aber sie hatte es geschafft und bekam in New York einen Heldenempfang.

Im Jahr 1942 schrieb sie über ihr Leben in Afrika und über ihren legendären Flug das faszinierende Buch *Westwärts mit der Nacht*. Hemingway fand es »verdammt wunderbar«, aber die Leser sprangen nicht darauf an. Erst als man es Anfang der Achtzigerjahre wieder auflegte, wurde es zum Bestseller. Dennoch hatte der Flug Beryl Berühmtheit eingebracht – und einen neuen Mann, einen Amerikaner, mit dem sie bis 1952 in den USA lebte. Dann ging sie zurück nach Kenia, gab das Fliegen auf und verschrieb sich wieder ganz ihrer ersten Leidenschaft: dem Bereiten von Rennpferden.

Die Garbo der Lüfte – Jean Batten (1909–1982)

Die Neuseeländerin war die letzte berühmte Langstreckenfliegerin der Zwischenkriegsjahre. 1930 ging sie nach England, um

fliegen zu lernen. Ihr Vater war dagegen, doch sie hörte nicht auf ihn, sondern verkaufte ihren Flügel, um die Überfahrt zu bezahlen.

Sie hatte es eilig, sich einen Namen zu machen, und wusste, dass sie dazu am besten einen Langstreckenflug unternehmen musste. Nachdem Amy Johnson mit ihrem Australienflug berühmt geworden war, wollte Jean deren Rekord brechen. Aber ihre ersten beiden Versuche endeten mit Bruchlandungen in Rom und Karatschi. Doch im Mai 1934 hatte sie Erfolg, sie schaffte es in fünfzehn Tagen nach Australien und schlug Amy um vier Tage.

Danach unternahm sie von England aus weitere Rekordflüge nach Südamerika. 1936 gelang ihr die größte Leistung: der Flug von England in ihre Heimat Neuseeland in elf Tagen; beim Rückflug setzte sie eine neue Weltrekordmarke für Männer und Frauen.

Jean Batten war tapfer, cool und sehr entschlossen. Die Presse wurde trotz ihrer auffallenden Schönheit nie mit ihr warm. Sie war zu unnahbar und zu reserviert. Wie sie selbst schrieb, war mit den Dreißigerjahren auch die Zeit der großen, spektakulären Leistungen in der Fliegerei vorüber. Das Flugzeug war kein Novum mehr, und der Zweite Weltkrieg verlieh ihm dazu ein zweifelhaftes Ansehen. Jean zog sich aus dem Rampenlicht nach Jamaika zurück, wo sie bis zu deren Tod mit der wohl einflussreichsten Person ihres Lebens zusammen war: ihrer Mutter.

Die Naturgewalt – Jacqueline »Jackie« Cochran (1906–1980)
Die Amerikanerin stellte mehr Rekorde auf als jeder andere Flieger, Mann oder Frau. Und diese Leistung ist noch viel beachtlicher, wenn man ihre Biografie kennt.

Angeblich war Jackie ein Findelkind und bettelarm, in ihrer Kindheit hatte sie keine Schuhe und trug Kleider aus Sackleinen. Sie wuchs bei Pflegeeltern auf und wählte, nach eigenen Angaben, den Namen »Cochran« aus dem Telefonbuch aus. Doch

Jean Battens Route auf ihrem ersten Australienflug im Mai 1934

Schon heute kann man per Jet mit nur einem Zwischenstopp von England nach Australien kommen, in der Zukunft wird sogar ein Nonstop-Flug möglich sein. Aber in den Dreißigerjahren des zurückliegenden Jahrhunderts war ein solcher Flug wegen der begrenzten Tankkapazitäten eine große Herausforderung. Jeans Streckenführung für ihren Rekordflug war extrem kompliziert und führte über zahlreiche Stopps:

London – Marseille
Marseille – Rom
Rom – Brindisi
Brindisi – Athen
Athen – Nikosia
Nikosia – Damaskus
Damaskus – Bagdad
Bagdad – Basra
Basra – Buschehr
Buschehr – Yazd
Yazd – Karatschi
Karatschi – Jodhpur
Jodhpur – Allahabad
Allahabad – Kalkutta
Kalkutta – Rangun
Rangun – Victoria Point
Victoria Point – Alor Setar
Alor Setar – Seletar
Seletar – Batavia
Batavia – Surabaya
Surabaya – Rambang
Rambang – Flores
Flores – Kupang
Kupang – Darwin

Jean Batten landete am 23. Mai 1934 nach einer Flugzeit von insgesamt 14 Tagen, 22 Stunden und 30 Minuten für eine Strecke von 16 000 Kilometern.

Jackie machte ihren Weg, im eigentlichen wie auch im übertragenen Sinn.

In den Zwanzigerjahren war sie eine erfolgreiche Kosmetikerin und Frisörin. Nachdem ein Freund sie zu einem Flug eingeladen und gesagt hatte, wenn sie fliegen könne, käme sie in

Amerika schneller voran, buchte sie Flugstunden und hatte zwei Wochen später ihren Schein in der Tasche. Bald flog sie hauptberuflich, der Schönheitssalon trat in den Hintergrund, doch sie blieb ihr Leben lang eine erfolgreiche Geschäftsfrau.

Im Jahr 1938 gewann sie als erste Frau das prestigeträchtige *Bendix Transcontinental Air Race*. Im Krieg überführte sie Bomber von Kanada nach Großbritannien, danach startete sie eine Karriere als Testpilotin und flog an der Seite von Männern wie Chuck Yeager, der als erster Mensch die Schallmauer geknackt hatte, neu entwickelte Düsenflugzeuge. 1953 durchbrach sie selbst als erste Frau die Schallmauer und stellte auch in den folgenden Jahren noch einige Geschwindigkeitsrekorde auf, zum Beispiel mit einem Lockheed-Starfighter. Doch sie war alles andere als leichtsinnig; sie war sehr gut organisiert und wollte alles unter Kontrolle haben. Sie war aber auch sehr wagemutig: Ein Leben ohne Risiko sei gleichbedeutend mit dem Tod, sagte sie.

Jackie Cochrans Ausspruch erinnert an das Zitat einer Fliegerkameradin, deren Weg sie allerdings nie kreuzte: »Der Flug ist das Leben wert.« So lautet die selbst gewählte Grabinschrift einer jungen Pilotin, die ihr Motto bis in die letzte Konsequenz hinein mit der eigenen Existenz verband. Marga von Etzdorf ist eine von zwei deutschen Fliegerinnen, die in meinem Dream-Team der Lüfte nicht fehlen dürfen.

Die Glücklose – Marga von Etzdorf (1907–1933)
Die Tochter eines königlich-preußischen Hauptmanns kam nach dem Unfalltod der Eltern als Vierjährige auf das Gut des Großvaters mütterlicherseits, eines königlich-preußischen Generals. Mit zwanzig war die amazonenhafte, der Leibesertüchtigung überaus zugetane Marga gerade mal die zweite Frau, die nach dem Ersten Weltkrieg die A2-Fluglizenz erhielt. Und die erste überhaupt, die als Copilotin bei der Lufthansa eingestellt wurde. Die dort erflogenen 15 000 Kilometer qualifizierten sie für den Erwerb des B2-Scheins; da Frauen der Weg an die Deut-

sche Verkehrsfliegerschule jedoch verwehrt war, bereitete sie sich als Einzelkämpferin auf das Examen vor.

Mithilfe ihrer Großeltern erwarb sie 1930 eine Junkers Junior, die sie nicht ohne Hintersinn *Kiek in die Welt* taufte: Erste Langstreckenflüge hatten Istanbul und die Kanaren zum Ziel. Auf dem Rückflug von letzterem streifte *Kiek* jedoch beim Start von einer regennassen sizilianischen Wiese eine Mauer und musste schwer beschädigt mit dem Zug in die Junkers-Werke transportiert werden.

Das nächste Abenteuer war ebenfalls nur ein halber Triumph: Als erste alleinfliegende Frau erreichte Marga Ende August 1931 nach zwölf Tagen Japan. Der Rückflug verlief desaströs: schwere Unruhen in China, dann ein durch Motorprobleme bedingter Absturz beim Start in Bangkok. *Kiek* hatte Totalschaden, Marga selbst war haarscharf am gleichen Schicksal vorbeigeschrammt. Es dauerte Monate, bis ihre schweren Verletzungen auskuriert waren und sie in einer Verkehrsmaschine nach Berlin zurückkehren konnte.

Neues Flugzeug, neues Glück? Am 27. Mai 1933 startete Marga in einer Klemm gen Australien. Schon am nächsten Tag ein katastrophaler Pilotenfehler: Gegen den Wind landete sie im syrischen Aleppo und machte Bruch, schon wieder. In einer Kurzschlussreaktion sah sie sich wohl am Ende ihrer Fliegerinnenkarriere. Sie erbat sich einen Raum, um sich ein halbes Stündchen zurückzuziehen – und tat, was sie als Spross einer preußischen Offiziersfamilie offenbar tun zu müssen glaubte. Die öffentliche Anteilnahme war immens; es gab feierliche Aufbahrungen in Hamburg und Berlin. Die neuen Machthaber ließen sich die Gelegenheit nicht entgehen: Stramme SA-Burschen flankierten den in einem Blumenmeer versinkenden Sarg.

Die Flugverrückte – Elly Beinhorn (1907–2007)

Was macht in den goldenen, wilden Zwanzigern ein von Abenteuerlust und Fernweh geplagter Backfisch aus dem nicht ganz so goldenen, wilden Hannover, um sich seine Träume zu erfüllen? Das junge Fräulein bewirbt sich beim Zirkus Hagenbeck um eine Stelle als Tierfängerin – und wartet bis zum Sankt-Nimmerleins-Tag auf eine Antwort.

Wenige Jahre später aber gab es kein Halten mehr: Die nach einem Vortrag des Atlantikfliegers Hermann Köhl mit schwerer Fliegeritis infizierte 21-Jährige trotzte, auf ihre Volljährigkeit pochend, dem daraus resultierenden Drama im Elternhaus, den altväterlichen Bedenken der »Luftfahrtmänner« und der außergewöhnlichen Eiseskälte des reichsdeutschen Winters 1928/29: Nach dem Ende ihrer Pilotenausbildung erwarb sie umgehend den Kunstflugschein, um sich mit Luftakrobatik und Reklameflügen zu finanzieren, während sie auf eine Langstreckenchance hoffte. Diese kam in Gestalt des namhaften österreichischen Ethnologen Hugo Bernatzik, der kein Problem damit hatte, auf einer Westafrikaexpedition für Luftaufnahmen eine *Pilotin* einzusetzen. Für die Öffentlichkeit in der Heimat war die »Afrikafliegerin Beinhorn« ein gefundenes Fressen, und Mitte März 1931 wurde das Sahnehäubchen serviert: Auf dem Rückflug sah sich Elly am Südrand der Sahara, im Überschwemmungsgebiet des Niger, zu einer Notlandung gezwungen und schlug sich mithilfe von Wüstenbewohnern bis Timbuktu durch. Natürlich eine Riesenstory. Eine Berliner Zeitung schickte Elly sogar eine Ersatzmaschine samt Sonderberichterstatter entgegen.

Nun ging es Schlag auf Schlag: in acht Monaten über Indien nach Australien (als erste deutsche Fliegerin) und weiter nach Südamerika; Berlin–Kapstadt; Mittelamerika und USA (inklusive Treffen mit Amelia Earhart); Eintagesrekordflüge nach Kleinasien beziehungsweise Nordafrika und zurück. Mitte der Dreißigerjahre galt Elly als berühmteste Frau Deutschlands. Die Nation stand Kopf, als der ebenfalls umjubelte Rennfahrer Bernd Rosemeyer diese, so Freunde, »völlig verrückte Person« 1936 heiratete. Doch die Ehe währte nur kurz; nach dem Unfalltod ihres Mannes suchte die junge Witwe Abstand und Trost in einem weiteren Abenteuer; so war die Asienreise 1939 in zweierlei Hinsicht ein »Distanzflug«.

Anders als manche Kollegin blieb Elly Zivilistin und am Boden, als die Welt in Flammen aufging. Mit ihren beiden Kindern floh sie schließlich aus dem zerbombten Berlin nach Ostpreußen und von dort vor der Roten Armee auf die Baar. Da die Sieger den Besiegten das Fliegen zunächst untersagten, dauerte es, bis Elly nach Kriegsende von dieser Hochfläche zwischen Schwarzwald und Schwäbischer Alb aus wieder starten konnte – in ein neues Leben, in dem sie unter anderem als Pressepilotin und Moderatorin in Funk und Fernsehen tätig war. Mit 72 gab sie aus freien Stücken die Fluglizenz zurück, und an ihrem hundertsten Geburtstag erhob sie sich ein letztes Mal in die Lüfte – als Passagierin auf einem geschenkten Rundflug.

Die heimlichen Vorteile des Fliegens

Fliegen bringt Ruhm und Reichtum, zumindest kommt man schnell vorwärts. Aber es hat auch noch andere versteckte Vorteile, die von den Pionierfliegerinnen aufgedeckt wurden:

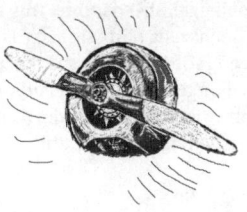

Fliegen macht größer

Jean Batten stellte fest, dass sie nach ihren Flugstunden ein paar Zentimeter zugelegt hatte, weil der Pilot sich so strecken musste, um den Propeller in Gang zu setzen.

Fliegen macht schlank

Jackie Cochran fand die *Bendix Transcontinental Air Races* so gefährlich und anstrengend, dass sie dabei immer zwei, drei Kilo abnahm.

Fliegen macht schöner

Die erfolgreichen Pilotinnen der Dreißigerjahre waren immer gut für eine Schlagzeile auf der Titelseite und berühmt wie Filmstars. Amy Johnson investierte viel Zeit und Geld, um sich Schönheitsbehandlungen zu unterziehen – was an ihrem mangelnden Selbstwertgefühl gelegen haben mag. Denn sie fühlte sich entstellt, weil sie als Teenager beim Crickett ein paar Vorderzähne verloren hatte und danach Zahnersatz trug. Doch Fotos zeigen sie mit strahlendem Lächeln, und 1937 befand eine Zeitung, sie habe »in hervorragendem Maß an Glamour gewonnen«.

Die Garderobe für die erfolgreiche Pilotin

Amelia Earhart war bestrebt, sich beim Fliegen immer leger zu kleiden, weil sie den Eindruck vermitteln wollte, sich in die Lüfte zu schwingen sei gar nichts Besonderes. Andere Frauen waren sehr viel wählerischer in ihrer Garderobe. Jean Batten ließ sich für ihre Transatlantikflüge einen blütenweißen Overall schneidern, um beim Touchdown Eindruck zu machen. Jackie Cochran war der Schnitt ihrer Fliegerkombis egal, aber darunter trug sie immer etwas Nettes, Schminkzeug hatte sie auch dabei. Wenn sie aus dem Flugzeug stieg, sah sie also immer hervorragend aus. Doch die extravaganteste Pilotin war zweifellos Harriet Quimby. Die Überfliegung des Ärmelkanals gelang ihr 1912 in einem tadellosen Outfit:

Rosa Bloomer-Kostüm aus Satin
Rosa Bluse mit Stehkragen
Haube
Sonnenbrille
Stulpenhandschuhe
Ledermantel

Reisen Frauen zur Venus und Männer zum Mars?

Gibt es in Sachen Forscherdrang und Entdeckertum unverwechselbare männliche und weibliche Vor- und Herangehensweisen? Sind Männer zielorientierter als Frauen? Interessieren sich diese mehr für die Menschen und die Kerle eher für die Landschaft? Oder sind Forscher und Entdecker eine so eigenwillige Spezies, dass man gar nichts verallgemeinern kann?

In diesem Kapitel werden fünf Paare vorgestellt, jeweils ein Mann und eine Frau, die die gleichen oder aber vergleichbare Reisen unternommen haben. Lassen Sie uns ihre Erfahrungen und Reisephilosophien einander gegenüberstellen!

Ella Maillart und Peter Fleming –
ein ungleiches Paar

Die Schweizer Reisejournalistin Ella Maillart bereiste 1934/35 im Auftrag der französischen Tageszeitung *Le Petit Parisien* China. Drei Jahre zuvor hatte sie Sowjet-Turkestan durchwandert, die wilden Weiten im Osten der UdSSR, teils mit russischen Freunden, meist aber allein. Nun wollte sie die andere Hälfte dieser riesigen Region kennenlernen, Chinesisch-Turkestan, eine wenig bekannte und noch schwerer zugängliche Gegend im Westen Chinas, zwischen der Sowjetunion, Tibet und dem britischen Indien gelegen. Das Gebiet war politisch instabil und so unwegsam, dass ihr jeder davon abriet – jeder außer Peter Fleming.

Der Brite war ein junger *Times*-Journalist, er berichtete aus China, das damals im Krieg mit Japan stand. Nun wollte er über den Landweg von Peking durch Turkestan nach Indien und von dort zurück nach Europa reisen und bot Ella gnädig an, mit *ihm* zu kommen. Aber Ella bestand darauf, dass dies zuerst ihre Idee gewesen sei, und bot ihm gütigerweise an, mit *ihr* zu kommen … Anfangs beäugten sich die beiden misstrauisch, doch schließ-

lich schlossen sie sich zusammen und machten eine außergewöhnliche Reise, die sie in sieben Monaten über eine Strecke
von 5600 Kilometer führte. Peter veröffentlichte seinen Reisebericht *Tataren-Nachrichten* (*News from Tartary,* 1936) wenige
Monate vor Ellas Buch *Verbotene Reise* (*Oasis Interdites,* 1937). Es
ist faszinierend, beide Versionen derselben Reise zu lesen, denn
es gibt, wenn überhaupt, nur sehr wenige Männer und Frauen,
die ein solches Abenteuer bestanden und dann auch noch beide
ein Buch darüber geschrieben haben.

Ella Maillart, »Kini«	**Peter Fleming,** »The Galloper«
Alter: 32	**Alter:** 28
Familienstand:	**Familienstand:**
Ledig	Verlobt
Kindheit und Jugend:	**Kindheit und Jugend:**
Geb. 1907 als Tochter eines wohlhabenden Genfer Pelzhändlers und einer sportbegeisterten Mutter	Geb. 1907 als ältester Sohn eines Staatsanwalts und Parlamentsabgeordneten, besuchte Eton und Oxford. Sein jüngerer Bruder Ian ist der zukünftige Autor der James-Bond-Romane.
Sprachen: u. a. Russisch	**Sprachen:** u. a. Chinesisch
Beruf: Sonderkorrespondentin beim *Petit Parisien*	**Beruf:** *Times*-Korrespondent
Vorige Jobs:	**Vorige Jobs:**
Mitglied der Schweizer Ski-Nationalmannschaft und des Segelteams bei den Olympischen Spielen 1924. Feldhockeyspielerin beim ersten Schweizer Frauenteam	Handelsbankier, Theaterkritiker
Vorige Expeditionen:	**Vorige Expeditionen:**
Reise durchs Ionische Meer auf Odysseus' Spuren; legendäre Reise durch Zentralasien mit Bergbesteigungen und Aufenthalten in Kolchosen	Eine frustrierende Expedition nach Lateinamerika auf der Suche nach dem verschollenen Forscher Percy Fawcett; ausgedehnte Reisen durch China und Japan für die *Times*

In vielerlei Hinsicht waren sich Ella und Peter sehr ähnlich. Beide waren ausgesprochen ehrgeizige und eigenwillige Individualisten, sie waren gebildet und weltläufig, sie interessierten sich für alles, ob es nun Politik oder Lyrik war, vor allem China und der Ferne Osten hatten es ihnen angetan. Sie waren erfahrene Globetrotter, gelassen und fatalistisch, sie waren mit Ausdauer gesegnet und ließen sich von den Härten monatelanger Reisen nicht abschrecken.

Zufällig trafen sie sich ein halbes Jahr vor ihrem gemeinsamen Trip in London. Peter erklärte mit typisch britischem Understatement, er möge sie und sie habe »Wirkung«. Von Ella ist nicht bekannt, was sie von ihm hielt, aber sie fragte ihn über China aus. Keiner der beiden ahnte damals, dass sie bald Partner auf einer abenteuerlichen Expedition sein würden.

In Peking trafen sie sich Monate später wieder und reisten zur Berichterstattung in die japanisch besetzte Mandschurei. Als die Idee der gemeinsamen Überlandreise von China nach Indien aufkam, waren beide erst skeptisch: Könnte Peter die falsch singende und eher schlecht als recht kochende Ella ertragen? Könnte sie mit seinem affektierten Getue und seiner Jagdleidenschaft umgehen? Mit seiner Pfeife, seinen Waffen und seinem Leinenanzug, den er im Gepäck hatte, um bei der triumphierenden Rückkehr tadellos gekleidet zu sein, kam Peter daher wie der Bilderbuchengländer. Ella war leicht reizbar, sie konnte egoistisch sein und Dummköpfe nicht ausstehen. In erster Linie waren beide starke Persönlichkeiten, die ihren Kopf durchsetzen wollten. Peters voriges Buch hieß *Mit mir allein,* Ellas Titel war genauso egozentrisch: *Turkestan Solo.*

Während sie nun Experten um Rat fragten, versuchten, Führer zu finden und Passierscheine zu bekommen, merkten sie so langsam, dass sie mehr Aussichten auf Erfolg hätten, wenn sie zusammen reisten. Sie könnten die Kosten teilen und als Paar das Misstrauen der überall präsenten chinesischen Behörden wenigstens zum Teil zerstreuen. Wer allein war, geriet in den

Verdacht, ein Spion zu sein, und zusammen wären sie eben nur exzentrische Europäer auf einem »yi-li«, wie der Chinese für eine Reise in fremde Gefilde sagt.

In den Briefen an seinen besten Freund in England beschrieb Peter Ella als eine Frau mit einem Wolfsgesicht und erklärte, er finde sie so unattraktiv wie ein Yak, doch hinter seinem Maulheldentum stand eine sexuelle Spannung, die sich beide auch eingestanden. Zu Hause, in England, wartete die bekannte Schauspielerin Celia Johnson auf ihren Verlobten und hatte keine Ahnung, dass er mit der Schweizerin unterwegs war. Mehr als ein gelegentliches Prickeln zwischen Ella und Peter entwickelte sich aber nicht, und beide scherzten in ihren Büchern, dass sie wohl dabei versagt hätten, sich an das übliche Drehbuch für einen Liebesfilm zu halten.

Körperlich war es eine anstrengende und mühselige Reise, zu der sie im Februar 1935 aufbrachen. Ihr Weg führte sie durch Wüsten, über Berge und einsame Hochebenen. Anfangs fuhren sie mit der Bahn und in Lastwagen, später aber ritten sie meist oder gingen zu Fuß. In gegenseitigem Einverständnis nahmen sie so wenig Proviant wie möglich mit und aßen nur das, was sie sich durch Kauf oder Jagd beschaffen konnten. Peter schrieb, man müsse sich auf einer solchen Reise entscheiden, ob man alle Vorkehrungen treffe oder gar keine. Sie entschieden sich für Letzteres und lebten von dem, was ihnen das Land an Speisen und Wasser schenkte. Doch der wirkliche Feind war das Land selbst. Die Regierung sah es gar nicht gern, wenn Ausländer die Regionen im äußersten Westen Chinas besuchten, schon gar nicht Brennpunkte wie Turkestan. Jahrzehntelang hatte dort ein erbitterter Bürgerkrieg gewütet, in dem verschiedene ethnische Gruppen gegen die Chinesen, die Sowjets sowie die Reste der alten zaristischen Truppen gekämpft hatten. Der letzte Fremde war einige Jahre zuvor von Peking nach Indien gereist, danach war jeder, der es versucht hatte, festgenommen, zurückgeschickt, entführt oder getötet worden.

Weder Ella noch Peter waren versessen darauf, mit ihrer Reise Schlagzeilen zu machen, und am Ende lief auch alles relativ glatt. Keiner wurde getötet oder verletzt, es gab keine Unfälle, auch wurde keiner ernsthaft krank. Mitunter mussten sie hungrig zu Bett gehen, doch die meiste Zeit kamen sie mit den kleinen Rationen klar, die sie gelegentlich auftreiben konnten. Trotzdem waren sie reichlich angespannt. Auf der ganzen Reise waren sie bis zum Ende der Gnade lokaler Beamter ausgeliefert, die sie oft tagelang festsitzen und warten ließen, bis sie ihnen die Genehmigung zur Weiterreise erteilten. Und je näher sie Indien kamen, desto größer fielen die Bestechungsgelder aus. Peter und Ella wussten, dass sie jederzeit festgenommen und eingesperrt werden konnten, und mussten sehr umsichtig sein. Auf halbem Weg trafen sie auf einen einsamen Europäer zu Pferde, der von chinesischen Wachen eskortiert wurde. »Kaputt!«, rief er ihnen zu. Später erfuhren sie, dass er Tscheche war und versucht hatte, ohne Erlaubnis durchs Land zu kommen. Er war wegen Spionage verhaftet und neun Monate lang inhaftiert worden.

Trotz aller Hindernisse erreichten sie Ende August die indische Grenze. In Kaschmir beendeten sie ihre Expedition mit einem lang ersehnten, doch am Ende enttäuschenden Festmahl in einem erstklassigen Kolonialhotel, in dem sie sich vorkamen wie in einer Theaterkulisse. Beide hatten etwas erreicht, was ihnen internationales Ansehen und große innere Befriedigung einbrachte.

Und doch war es für Ella in vielen Punkten eine frustrierende Erfahrung gewesen. Peter war ein Gentleman, er war charmant, vielschichtig und feinsinnig, aber er war doch eher ein Anführer als ein Partner. Am Anfang witzelten sie noch darüber, wer denn das Sagen habe, doch dann wurde klar, dass die Expedition – oder »diese Eskapade«, wie Peter die Reise nannte – eher nach seinen Bedingungen verlief als nach Ellas. Auch ihre Rollenverteilung war überraschend konventionell: Er war für die Jagd, schwere Arbeiten und die Verhandlungen mit den Behörden zuständig, sie kochte, nähte, wusch, kümmerte sich um ihre und Peters Gesundheit sowie um die der mitgeführten Tiere. In gewisser Weise war es auch unvermeidlich, dass er als Expeditionsleiter auftrat. Ella sprach zwar Russisch, aber Peters Chinesisch war sehr viel besser, und so übernahm er eben die Behördengänge. Er fühlte sich auch als Expeditionsleiter: Ella schrieb, dass er die regionale Turksprache schneller lernte als sie, weil er dazu neigte, für sie beide zu sprechen.

Doch am frustrierendsten fand sie, und das räumen auch beide ein, dass Peter eine grundlegend andere Einstellung zum Reisen und zur Umgebung hatte. Für ihn bestand das Vergnügen darin, von A nach B zu kommen, Ella aber fand Spaß am Weg, nicht am Ziel. Für sie war Reisen eine Möglichkeit, neue Erfahrungen zu machen, indem sie andere Völker und andere Lebensweisen kennenlernte, sie ging in sich und hinterfragte ihre eigenen Werte und Lebensphilosophien, doch dieses Thema interessierte Peter nicht sonderlich. Wenn die Behörden sie schmoren ließen, schlug er die Zeit tot, indem er Patiencen legte, während Ella durch Städte und Dörfer streifte.

Peter war kein totaler Banause, natürlich interessierte er sich auch für die politischen Verhältnisse in den Regionen, die sie durchquerten. Oft genoss er es auch, sich mit den chinesischen Beamten zu unterhalten, mit denen sie es ständig zu tun hatten – und sich mit ihnen zu messen. Doch Ellas Begeisterung für die östlichen Kulturen teilte er nicht. Für sie war Europa so weit weg, dass es ihr »wie gestorben« erschien, Peter hingegen freute sich auf zu Hause und nahm jede Gelegenheit wahr, eine Zeitung aus Europa zu bekommen. Beide sprachen viel übers Essen und konnten gemeinsam phantasieren, dass plötzlich in der Wildnis ein Ober auftauchte und ihnen einen Berg Rührei mit Würstchen servierte – in Peters Phantasie hatte der Ober immer auch eine *Times* unterm Arm. Ella hingegen hasste den Gedanken, dass das Abendland in ihr kleines Stück Asien einfallen könnte.

Sosehr sie Peter auch mochte und so gern sie in seiner Gesellschaft war, sosehr empfand sie ihn auch als Hemmschuh, weil er sie um das »eigentliche Entdecker-Hochgefühl« brachte und sie die Reise nicht richtig genießen konnte. Immerzu begleitete sie in seiner Person »ein Stück Europa« und hinderte sie daran, richtig in die lokale Kultur einzutauchen. Peter erwähnt nicht, dass Ella seine Reise beeinträchtigt habe, sie dagegen macht in ihrem Bericht oft Andeutungen über ihre Frustration; besonders störte sie, dass sie nur ganz selten Entscheidungen treffen und Verantwortung übernehmen konnte. Peter war schwer beeindruckt, wie bereitwillig sie die oft aufreibende Aufgabe übernahm, sich um die Expeditionstiere zu kümmern – er wusste nicht, dass sie nicht nur aus Tierliebe die Maden aus den Wunden der Esel und Kamele zog, sondern weil es sie erfüllte. Endlich konnte sie sich mal nützlich machen.

Zu Ellas großem Frust trug auch die Reisegeschwindigkeit bei. Peters Spitzname war »Galloper«, Ella hätte man »Bummelantin« nennen können. Er fand, dass sie, wenn sie Glück hatten und alles gut lief, immer in Bewegung bleiben und weitere Verzögerungen vermeiden sollten, denn wenn es schlecht lief, würde es die ohnehin geben. Ihm war vollkommen klar, dass man sie jederzeit zurückschicken konnte, und es war ihm zu riskant, irgendwo zu verweilen, um die Gegend zu erkunden. Ella sträubte sich dagegen, sie war der Ansicht, dass sie sich mit ihrem irren Tempo die Gelegenheit entgehen ließen, Land und Leute kennenzulernen. Wenn Ella auf ihrer vorhergehenden Wanderung durchs sowjetische Zentralasien Lust bekommen hatte, ihre Pläne zu ändern und eine andere Route zu nehmen, hatte sie dies auch getan. Doch obwohl sie nun mit Peter stritt, hielt sie mit ihm Schritt.

Und so war und blieb es für Ella eben eine *Verbotene Reise*. Die Chinesen konnten sie zwar nicht aufhalten, aber Peter hinderte sie daran, das Unterwegssein nach *ihren* Vorstellungen zu gestalten.

Doch das ist ein zu strenges Urteil: Sie machten die Reise zusammen und bauten sich gegenseitig wieder auf, wenn sie deprimiert waren. Als Peter sich auf einer Jagdpartie verirrte, ritt Ella ihm nach und suchte ihn. Und während er die Beamten, von denen sie abhängig waren, beschwatzte, umschmeichelte und schmierte, »fraternisierte« Ella mit den Einheimischen, was ihre Reise sehr viel interessanter und bequemer machte. Peter erkannte an, dass Ella in vieler Hinsicht die bessere Reisende war und nannte sie oft den »besseren Mann«. Schwer zu sagen, wie Ella mit diesen Komplimenten umging, jedenfalls war es trotz all ihrer Vorbehalte eine ganz außergewöhnliche Reise, von der sie schrieb, dass sie »immer ohnegleichen in meiner Erfahrung sein« werde.

Und was taten sie danach?
Ella Maillart arbeitete weiterhin als Korrespondentin für den *Petit Parisien;* sie schrieb Berichte über ihre Reisen nach Indien und den Nahen Osten. 1939 brach sie in einem klapprigen Ford zu einer ungewöhnlichen Fahrt nach Kabul auf – mit ihrer drogensüchtigen Schweizer Freundin, der ebenfalls viel reisenden Schriftstellerin und Journalistin Annemarie Schwarzenbach, die Ella von ihrer Abhängigkeit kurieren wollte. Das klappte nicht, und sie trennte sich von Annemarie in der afghanischen Hauptstadt. Die nächsten fünf Jahre verbrachte Ella in Indien, die meiste Zeit in einem Ashram in Kerala. Nach dem Krieg war sie weiterhin an der hinduistischen Spiritualität interessiert, doch ein Leben als sesshafte Schülerin lag ihr nicht, und so zog sie wieder los, diesmal als Reiseführerin in abgelegene Teile Asiens. Sie starb 1997 mit 94 Jahren im Wallis. Mit Peter Fleming verband sie eine lebenslange Freundschaft; immer wenn sie in London war, trafen sie sich zum Lunch.

Peter schrieb weiterhin für die *Times* und den *Spectator*, seine Priorität nach seiner Rückkehr war jedoch die Hochzeit mit Celia. Im Zweiten Weltkrieg diente er unter anderem in Norwegen und

Griechenland, leitete aber vor allem ab 1942 drei Jahre lang Verschleierungsoperationen in Südostasien, zu denen auch psychologische Kriegsführung zählte. Er wurde als Oberstleutnant aus der Armee entlassen und nahm als *High Sheriff* von Oxfordshire Polizeiaufgaben wahr. Sein Interesse am Osten war ungebrochen, er schrieb historische Werke über den Boxeraufstand und die britische Invasion in Tibet 1904. Im Alter von 64 Jahren starb er 1971 bei der Birkhuhnjagd im schottischen Glencoe.

Freya Stark und Wilfred Thesiger – eine Liebesgeschichte mit der Wüste

Freya Stark und Wilfred Thesiger waren zwei der berühmtesten Forschungsreisenden des 20. Jahrhunderts. Mit seinem länglichen Gesicht und den breiten Schultern sah *er* auch genauso aus. Klein und ein wenig mollig, war *sie* ganz das Gegenteil. Dennoch verkörperte Freya für viele die Entdeckungsreisende schlechthin. Beide machten sich zwar bei der Erkundung des Nahen Ostens einen Namen, aber ihre Herangehensweisen unterschieden sich grundlegend.

Wilfred Thesiger	Freya Stark
1910–2003	1893–1993
Kindheit und Jugend:	**Kindheit und Jugend:**
Sohn des britischen Gesandten im damaligen Abessinien; mit neun Jahren nach England zur Ausbildung in Eton und Oxford geschickt	Tochter eines englischen Malers und einer Italienerin deutsch-polnischer Abstammung; lebte lange Jahre in Italien, wo sie im Ersten Weltkrieg als Kranken-schwester arbeitete. Studierte Geschichte und lernte Arabisch und Persisch
Familienstand:	**Familienstand:**
Immer unverheiratet	Kurze Ehe mit einem homosexuellen Diplomaten
Hobbys: Großwildjagd	**Hobbys:** Mode
Berufliche Laufbahn:	**Berufliche Laufbahn:**
Diplomatischer Dienst, Wildhüter in Kenia	Krankenschwester, Journalistin, Reiseschriftstellerin
Expeditionen:	**Expeditionen:**
Ausgedehnte Reisen vor allem in den Irak, Iran, nach Afgha-nistan und Pakistan	In den Dreißigerjahren berühmte Reisen von Bagdad nach Persien, nach dem Krieg in den Nahen Osten und nach Asien
Bekannteste Leistungen:	**Bekannteste Leistungen:**
Erste Durchquerung des »Leeren Viertels« in Südarabien; Leben bei den Marsch-Arabern am Schatt-el-Arab	Expeditionen ins Tal der Assassinen und nach Luristan; Erkundung Südarabiens

Freya Stark wurde mit einer abenteuerlichen Reise auf der Suche nach dem Legenden umwobenen Tal der Assassinen in der nordpersischen Provinz Mazandaran bekannt. Die Assassi-nen waren eine mittelalterliche, religiös und politisch moti-vierte islamische Sekte, die missliebige Gegner mit dem Dolch um die Ecke brachte, wobei die Attentäter selbst keine Todes-furcht kannten. Zunächst gehörten sie den Ismailiten an, einer großen schiitischen Glaubensgemeinschaft, doch mit der Zeit entwickelten sie sich zu einer Art Geheimtruppe eines Despo-ten, des »Alten vom Berge«. Angeblich soll er seinen Anhängern als Teil eines komplexen Initiationsritus Haschisch gegeben haben, bevor sie zu ihren todbringenden Missionen aufbrachen, daher der Name »*haschischiyyin*«, der dann aufgrund der Berichte der Kreuzfahrer in Europa zu »Assassinen«, also »Meuchelmörder«, verballhornt wurde.

Viele mag die Vorstellung, eine beschwerliche Reise zur Heimstatt einer notorischen Mörderbande zu machen, eher verwundern, für Freya Stark jedoch war es die normalste Sache der Welt. Sie war eine geborene Reisende, ein weltläufiger, offener Geist, und pendelte in ihrer Jugend zwischen dem südwestenglischen Devon und dem norditalienischen Asolo. Sie war absolut sprachbegabt, beherrschte fließend Englisch, Französisch, Italienisch und Deutsch. Mitte der Zwanzigerjahre erweiterte sie ihr Repertoire um Arabisch und setzte ihre Studien im Nahen Osten fort. Freya kam nicht aus besonders reichem Hause, aber in den frühen Zwanzigern machte sie mit Fortune am Aktienmarkt ausreichend Geld, um ihre Wanderlust zu finanzieren.

Im Jahr 1929 kam sie nach Bagdad. Sie mietete sich im Haus eines syrischen Schuhmachers ein, fand einen älteren Arabischlehrer und pflegte Freundschaften mit Einheimischen und Landsleuten aus der Heimat. In der britischen Kolonie missbilligten viele diese »Verbrüderung«, doch Freya ignorierte solcherart Kritik und war charmant genug, dass man es ihr nachsah.

Im April 1930 brach sie ins Tal von Alamut auf, dem ehemaligen Land der Assassinen. Sie hatte über deren Geschichte gelesen, vor allem Marco Polos Bericht über seine Reise durch deren Territorium hatte sie begeistert. Im Vorwort ihrer Reiseerzählung betont sie, dass Abenteuerlust der vornehmliche Grund ihrer Tour gewesen sei, aber sie trachtete sicherlich auch danach, sich einen Namen zu machen. Könnte sie womöglich den »geheimen Garten« finden, in dem die Assassinen angeblich nach ihren Drogenräuschen erwacht waren?

Sie reiste mit leichtem Gepäck. Ihr Budget war mager und

wurde noch kärglicher, als eine Geldanweisung nicht zugestellt wurde. Nach einer langen Busfahrt zusammen mit Irakis kam sie in die Provinz Qazvin. Sie hatte das Glück, dort einen Arzt zu treffen, dessen Bruder der Felsen von Alamut gehörte, auf dem die Burg der Assassinen einst gestanden hatte. Er vermietete ihr Mulis und stellte ihr seine Männer zur Verfügung. Und so bekam Freya ihre kleine Karawane schnell zusammen: den Maultiertreiber Aziz sowie dessen Helfer Ismail und den Burschen mit dem klingenden Namen »Der bei Allah Zuflucht Nehmende«. Freya mochte die Männer, und die Männer mochten sie.

Nachts schlief sie in ihrer Mitte, und die drei betteten ihre Häupter auf die Satteltaschen, damit nichts gestohlen wurde. Sie schlugen sich durch Hügel und Berge; währenddessen kartografierte Freya die Strecke, sie vermaß Höhen und benannte Landmarken. Manch Einheimischer war nicht gerade froh darüber, sein Heim mit einer Ungläubigen teilen zu müssen, aber meistens waren die Leute äußerst gastfreundlich, auch wenn sie sehr arm waren. Wenn Freya nicht bei Einheimischen übernachten konnte, kampierte sie. Manchmal aß sie selbst zubereitete Speisen, manchmal wurde sie eingeladen. Sie war anpassungsfähig und unkompliziert, scheute sich nicht vor Unannehmlichkeiten, aber sie vergaß nie, Nachtcreme aufzutragen.

Vor allen Dingen war Freya hingerissen von ihrer Wanderung durch die Geschichte. Sie ging in den Fußstapfen chinesischer und indischer Kaufleute, Marco Polos und der Assassinen selbst. Das Land war für sie »sprechende« Geschichte, und oft war sie erstaunt, dass die lokalen Bauern diese historische Kontinuität genauso empfanden. Sie schrieb, dass Perser sich nie wunderten, wenn man sie auf historische Personen oder Ereignisse ansprach, die Jahrhunderte früher gelebt oder stattgefunden hatten.

Den legendären Garten fand Freya zwar nicht, aber sie besuchte Alamut und entdeckte eine zweite Burgruine. Bei ihrer Rückkehr hatte sie eine sehr viel genauere Karte angefertigt als die, mit der sie aufgebrochen war, und konnte nun einige vormalige Zweifler in Bagdad für sich gewinnen. Ihr Reisebericht, den sie 1936 veröffentlichte, war ebenfalls ein großer Erfolg.

Wie Freya Stark war auch Wilfred Thesiger der geborene Nomade. Er war sehr belesen und sprachbegabt, teilte aber Freyas große Begeisterung für die Geschichte und die verschiedenen Sprachen nicht. Ihn faszinierte vielmehr das einfache Leben der einheimischen, alten Völker, dabei schreckte auch er vor keinerlei Unbilden zurück und schlief, wenn nötig, auf der Erde unter freiem Himmel und ernährte sich von minimalen Rationen. 1956 kam es in einem Tal in Afghanistan unverhofft zu dem legendären Zusammentreffen zwischen Thesiger und dem ehrgeizigen britischen Reiseschriftsteller Eric Newby. Unter den verächtlichen Blicken Thesigers bliesen Newby und dessen Gefährte ihre Luftmatratzen auf. Thesiger, dem an modernem Komfort nicht gelegen war, meinte schließlich: »Mein Gott, was seid ihr nur für Weicheier!«

Ihm war keine Bettstatt zu hart, kein Mahl zu karg. Seine erste große Expedition führte ihn in die abessinische Danakil-Wüste, wo junge Krieger der Afar-Nomaden die Hoden ihrer bezwungenen Feinde stolz an einem Hüftlederband durch die Gegend trugen. Thesiger hatte eine Militäreskorte dabei. Die Soldaten waren bis an die Zähne bewaffnet, aber er wusste, dass die paar Hansel rein gar nichts ausrichten könnten, wenn es wirklich hart auf hart käme. Später schrieb er, Gefahren hielten einen wach und machten das ganze »Spiel« noch interessanter.

Ihn lockten vor allem die entbehrungsreichen Härten der Wüste. Sie war für ihn ein Ort, wo man geläutert wurde; man konnte ein selbstgenügsames Leben führen und sich mit anderen zusammentun, die eine spartanische Existenz auch liebten. Thesiger genoss die Gesellschaft von Männern, die sich durch die raue Landschaft kämpften. Er war kein Frauenhasser, aber für eine Beziehung hatte er keine Zeit. Durch eine Heirat wäre er gebunden gewesen, und das kam gar nicht infrage. Er liebte seine

Mutter sehr, viele andere Frauen gab es in seinem Leben nicht. Er gab zu, sich von jungen, androgynen Männern angezogen zu fühlen, betonte aber immer, er sei nicht homosexuell.

Freya Stark und Wilfred Thesiger waren sich ähnlich in ihrem drängenden Bedürfnis, die Menschen und die Kultur in den Landstrichen kennenzulernen, die sie bereisten, ihre Ziele unterschieden sich jedoch grundlegend. Freya sah Reisen als eine Möglichkeit an, Geschichte zum Leben zu erwecken. Ihre Expedition nach Alamut und auch spätere Entdeckertouren wie ihre Suche nach der biblischen Stadt Kana hatten immer einen historischen Schwerpunkt. Auch Thesiger interessierte sich für Geschichte, anstatt jedoch in der Vergangenheit zu graben, wollte er sie in der Gemeinschaft mit Menschen erfahren, deren Leben sich im Lauf der Jahrhunderte nur wenig verändert hatte.

Thesigers Vorgehensweise war und ist noch immer für viele Forscher ein attraktives Vorbild. In seinen Schriften kommt er manchmal als ein typischer Masochist daher, der sich nichts Schöneres vorstellen kann, als wochenlang nur von ein paar Datteln zu leben, um sich zu beweisen, dass er genauso genügsam ist wie die Einheimischen. Aber vielleicht brauchen manche Männer das ja! Jedenfalls kann man all die TV-Dschungelhelden und Survival-Experten, die darauf spezialisiert sind, sich mitten in der Wildnis abzuquälen und authentischer als die Einheimischen zu sein, durchaus als seine modernen Nachfolger bezeichnen.

Von körperlichen Strapazen allein ließ sich Freya Stark nie von einer Reise abhalten, aber sie suchte sie auch nicht um ihrer selbst willen. Wenn ihr ein warmes Bad in einem örtlichen Harem angeboten wurde, nahm sie dankend an. Sie war eine große Forscherin, weil sie sowohl zielorientiert reiste – traditionell ein männlicher Charakterzug –, als auch flexibel war – eine eher weibliche Qualität. Diese Eigenschaften in Verbindung mit einer großen Portion Charme führten Freya zu großem Erfolg.

Und danach?

Freya Stark bereiste weiterhin den Nahen Osten. Im Zweiten Weltkrieg ging sie nach Kairo und arbeitete für den britischen Geheimdienst. Sie baute ein Netzwerk von probritischen Ägyptern auf, die als fünfte Kolonne hätten agieren sollen, falls das Land von den Achsenmächten erobert worden wäre. Nach einem kurzen Indienaufenthalt kehrte Freya 1946 nach Italien zurück und nahm ihre Tätigkeit als herausragende Reiseschriftstellerin wieder auf. Sie unternahm ausgedehnte Reisen durch die Türkei und schrieb einige Reiseführer, am bekanntesten wurde ihr Reisebericht auf den Spuren Alexanders des Großen in Kleinasien. Sie reiste bis ins hohe Alter, ritt auf einem Esel durch Nepal und fuhr auf einem Floß den Euphrat hinunter. Sie starb 1993 im Alter von hundert Jahren.

Wie Freya diente Thesiger im Zweiten Weltkrieg bei der britischen Armee und setzte danach seine Expeditionen im Nahen Osten und in Asien fort. Auch er war ein bedeutender Reiseschriftsteller, anders als Freya aber hatte er keine literarischen oder philosophischen Ambitionen. Sein erstes Buch, *Die Brunnen der Wüste (Arabian Sands)*, über seine Wanderungen mit den Beduinen durchs Leere Viertel 1946 bis 1950 erschien 1956. Nachdem er sich in Kenia niedergelassen hatte, war er ehrenamtlich als Wildhüter tätig. Im Alter wurde er hinfällig, 2003 starb er mit 93 Jahren.

Edmund Hillary und Junko Tabei –
die Gipfelstürmer

1921
Eine britische Mannschaft unternimmt die allererste Expedition zum Mount Everest.

1953
Edmund Hillary und Tenzing Norgay bezwingen den Everest.

1970
Setsuko Watanabe nimmt als erste Frau an einer Everestexpedition teil und stellt mit 8000 Metern den Frauen-Höhenrekord auf.

1975
Junko Tabei ist die erste Frau auf dem Gipfel des Everest.

1979
Hannelore Schmatz ist die vierte Frau auf dem Everest und die erste, die am Berg (beim Abstieg vor Erschöpfung) stirbt.

1995
Alison Hargreaves gelingt als erster Frau nicht nur die Solobegehung des Everest, sondern auch eine Begehung ohne Flaschensauerstoff.

2002
Tame Watanabe ist mit 63 Jahren die älteste Frau, die den Everest besteigt.

2003
Die fünfzehnjährige Sherpani Mina Kipa ist die Jüngste, die den Everest bezwingt.

2006
Kit DesLauriers fährt als erste Frau mit Skiern am Everest ab.

Edmund Hillary	Junko Tabei
1919–2008	*1939
Kindheit und Jugend:	**Kindheit und Jugend:**
Sohn eines neuseeländischen Journalisten/Hobbyimkers und einer Lehrerin, kletterte schon als Kind. 1939 bestieg er den Mount Ollivier in den Neuseeländischen Alpen, den ersten wichtigen Gipfel	Erste Klettererfahrung mit zehn Jahren auf einem Schulausflug. Bergsteigen wird mit Anfang zwanzig zu ihrer Passion
Alter am Mount Everest:	**Alter am Mount Everest:**
33	36
Größe:	**Größe:**
1,90 m	1,50 m
Beruf:	**Beruf:**
Imker	Hausfrau und Mutter
Familienstand:	**Familienstand:**
Heirat mit seiner Jugendfreundin Louise nach der Rückkehr vom Everest, drei Kinder	Verheiratet, ein Kind (ein damals zweieinhalbjähriges Mädchen)
Vorige Erfahrungen:	**Vorige Erfahrungen:**
Klettern in den Neuseeländischen Alpen auf der Südinsel; 1951 Erkundungsexpedition zum Everest; Trainingsexpedition zum Cho Oyu 1952	Vom zwanzigsten Lebensjahr an intensives Klettern in Japan; Annapurna-III-Expedition 1970

Am 29. Mai 1953 erreichten Edmund Hillary und der Sherpa Tenzing Norgay als erste Menschen den Gipfel des Mount Everest, des mit 8848 Metern höchsten Berges der Welt. Damit machten sie weltweit Schlagzeilen. In London traf die Nachricht am Morgen der Krönung Elizabeths II. ein, was für noch helleren Glanz sorgte. Zweiundzwanzig Jahre später stand Junko Tabei, Ko-Leiterin einer Frauenexpedition zum Everest, mit dem Sherpa Ang Tschering auf demselben Gipfel. Sie war der 39. Mensch, der den Berg bezwungen hatte, deshalb hatte ihre Tour nicht den gleichen Stellenwert in den Nachrichten, aber in Japan wurde sie als Nationalheldin gefeiert, und als erste Frau auf dem Everest sicherte sie sich einen Platz in der Geschichte des Bergsteigens.

Von der Statur her hätten Hillary und Junko zum Zeitpunkt ihres Triumphs unterschiedlicher nicht sein können. Er war groß, sie war selbst für japanische Maßstäbe klein. Doch in anderen Punkten hatten sie vieles gemeinsam. Beide waren in ihrer Jugend keine großen Sportskanonen gewesen, aber in den Bergen hatten sie sich »selbst gefunden« und ihre natürliche Begabung fürs Klettern entdeckt. Sie waren ruhige, bescheidene, aber sehr entschlossene Menschen, sie gingen in ihrer Familie auf und engagierten sich nach ihrer Ruhmestat im Naturschutz. Der größte Unterschied zwischen ihnen bestand nicht in ihren Charaktereigenschaften, sondern in den Rahmenbedingungen ihrer Leistung.

Als Edmund Hillary 1952 zur britischen Expedition an den Mount Everest eingeladen wurde, war an eine Frau als Mitglied überhaupt nicht zu denken – nicht weil man sie willentlich davon ausgeschlossen hätte, sondern weil es damals in Großbritannien keine Bergsteigerinnen mit nennenswerter Himalajaerfahrung gab; selbst wenn – es ist fraglich, ob man sie zur Teilnahme aufgefordert hätte. Einige Bergsteiger waren nicht von der Meinung abzubringen, dass Frauen in großen Höhen nicht klarkämen, andere fanden, dass Frauen bei einer vorherrschend männlichen Expedition nur störten. Und die meisten Männer betrachteten Kletterinnen den Kletterern sowieso nicht als ebenbürtig.

Im Frühjahr 1953 erreichte das Expeditionsteam Nepal, die Männer heuerten Sherpas an und machten sich in der Hoffnung, Mitte Mai den Gipfel angreifen zu können, auf den Weg zum Everest. Wie bei allen Touren im Expeditionsstil – Errichten von Hochlagern und Präparieren der Route mit Fixseilen –, die eher einer Belagerung des Berges gleichen, kam die heiße Phase, als der Leiter John Hunt die Gipfelmannschaft zusammenstellen musste. Es gab zwar einige mögliche Kandidaten, doch Hillary und der Hauptsherpa Tenzing Norgay hatten sich als die besten Kletterer erwiesen, und so fiel Hunt die Wahl leicht. Hillary und

Tenzing stapften auf den Gipfel und hissten die Flaggen Großbritanniens, Indiens und Nepals. Dann stiegen sie wieder ab,
hinab zu Ruhm und Reichtum. Doch in der indischen und nepalesischen Presse gab es daraufhin eine ziemlich unnötige wo-
chenlange Kontroverse um die Frage, wer den Gipfel denn nun
als Erster erreicht habe. Trotz Tenzings Stärken gibt es aber kaum
einen Zweifel, dass Hillary, der die Seilschaft auf der Gipfeletappe anführte, der Erste war.

Zu Junko Tabeis Zeiten lagen die Dinge schon anders, wenn
auch nicht sehr. Es hatte bereits Frauenexpeditionen in den
Himalaja gegeben, auf den Achttausendern waren Frauen aber
noch immer in der Minderheit. Setsuka Watanabe hatte 1970
an einer japanischen Everestexpedition teilgenommen, die
Schweizerin Yvette Vacher hatte im Jahr darauf einen weiteren
Vorstoß unternommen, aber keine Frau war Teil der Gipfelmannschaft gewesen.

Junko war beim Aufstieg auf den Everest mit 36 drei Jahre
älter als Hillary damals. Er war relativ unbekannt gewesen, sie
aber zählte zu den besten Bergsteigerinnen Japans. Zusammen
mit ihrem Mann Masunobu hatte sie fast zwei Jahrzehnte lang
viel Erfahrung gesammelt. Auch er war ein begeisterter Bergsteiger, der die Risiken des Kletterns kannte, nachdem ihm in den
Alpen vier Zehen erfroren waren und er sie verloren hatte. Er
unterstützte Junko in allem, bat sie aber, ihm erst ein Kind zu
schenken, bevor sie den Everest in Angriff nahm. Das tat sie auch.
Im vierten Schwangerschaftsmonat reichte sie die Anmeldung
der Expedition bei den nepalesischen Behörden ein, dann
brachte sie ihre Tochter Noriko zur Welt.

Junko hatte erst eine Erfahrung in großen Höhen gemacht,
1970 als Mitglied einer japanischen Frauenexpedition zur Annapurna III. Sie kletterte zwar gern mit ihrem Mann, bevorzugte
aber Frauen als Partner, weil sie es körperlich leichter mit ihnen
aufnehmen konnte. Die Annapurnaexpedition war eine frustrierende Angelegenheit; einige Frauen wurden krank, und es

gab viel Zank um die Frage, wer denn nun zum Gipfelteam gehören solle. Junko wurde ausgewählt. Am 19. Mai 1970 stand sie mit Hiroko Hirakawa und zwei Sherpas auf der Annapurna III.

Dies festigte ihren Status in der Bergsteigerwelt, doch eine Expedition zum Everest erforderte eine sehr viel umfassendere Organisation. Es befeuerte aber auch Junkos Ehrgeiz. Die Annapurnabesteigung hatten die Frauen selbst finanziert, aus Erspartem oder indem sie Schulden machten, doch eine Expedition zum Everest war sehr viel teurer. Die Kosten wurden auf 86 000 Pfund veranschlagt – weniger als die Hälfte des Etats einer japanischen Männerexpedition zum Everest 1974 –, aber Junko und ihre Ko-Teamleiterin hatten große Probleme, Sponsoren zu finden. Wirtschaftsunternehmen waren daran nicht interessiert, und die Expedition kam nur zustande, weil in letzter Minute eine Zeitung und ein Fernsehsender einsprangen. Hillary hatte 1953 weder mit der Organisation noch mit der Geldbeschaffung zu tun gehabt, doch Junko musste drei Jahre lang viel und hart arbeiten, bevor sie nach Nepal aufbrechen konnte.

Es war zwar eine »rein« weibliche Expedition, doch wurden 23 Sherpa-Männer angeheuert, die in der Höhe helfen und auch Seilschaften anführen sollten. Es gab mittlerweile einige Sherpas mit großer Höhenerfahrung; zu Hillarys Zeiten konnten nur wenige klettern, und die Routen wurden von den Briten vorgegangen.

Die Japanerinnen folgten Hillarys Weg über den Südostgrat. Für die Briten war es damals eine Plackerei und oft auch eine Reise ins Unbekannte gewesen, doch die Frauen konnten nun einer gut erkundeten, wenngleich auch weiterhin beschwerlichen Route folgen. John Hunt hatte Hillary und Tenzing bis zur Gipfeletappe geschont, Junko Tabei übernahm von Anfang an die Führung. Und während Hillary einen relativ »ereignislosen« Aufstieg gehabt hatte, kam Junko fast ums Leben, bevor sie den Gipfel überhaupt in Angriff nehmen konnte.

Der Vorfall ereignete sich nach einigen Wochen, als Junko und eine Kameradin sich zur Erholung in einem tiefer gelegenen Lager aufhielten. Auf einmal hörten sie im Zelt ein ohrenbetäubendes Grollen und wurden von einer riesigen Lawine verschluckt. Junko verlor das Bewusstsein, nachdem sie noch Bilder ihrer Tochter vor ihrem geistigen Auge hatte aufblitzen sehen. Sie meinte schon, ihr letztes Stündlein habe geschlagen, doch ein paar Minuten später kam sie wieder zu sich und sah, dass sie draußen im Schnee lag. Sherpas hatten sie freigegraben, an den Beinen aus der Wächte gezogen und ihr das Leben gerettet. Drei Tage lag sie im Schlafsack und konnte sich kaum bewegen. Auch eine Menge Ausrüstung war in der Lawine verloren gegangen, und es sah fast danach aus, dass die Expedition abgebrochen werden müsste. Doch mit Verbissenheit und einer schier unglaublichen Willenskraft erholte sich Junko und konnte wieder klettern. Diese Leistung war so bestechend, dass sie abermals fürs Gipfelteam ausgewählt wurde.

Die letzte Etappe war die schwierigste. Der Gipfelgrat war tief verschneit, Junko und ihr Partner Ang Tschering hatten große Probleme. Der »Hillary Step« – eine gefährliche Steilstufe im Grat, die Hillary als Erster überwunden hatte – war für Junko das größte Hindernis. Ang musste den ganzen Weg führen und sie zum Teil auch an der Hand mitziehen. Als sie schließlich den Gipfel bezwungen hatten, war Junko viel zu erschöpft und besorgt, um sich am Augenblick zu erfreuen. Später gestand sie ein, dass sie entsetzliche Angst vor dem Abstieg gehabt hatte.

Man muss sagen, dass Hillarys Aufstieg bergsteigerisch die größere Leistung war. Er führte die letzten Etappen, und es ist psychisch sehr viel anstrengender, unbekanntes Terrain zu betreten, als einer bereits begangenen Route zu folgen. Ohne Tenzings Leistung bei der britischen Expedition schmälern zu wollen, ist klar, dass Ang eine sehr viel wichtigere Rolle spielte, indem er Junko auf den Gipfel half. Dafür hatte sie all den organisatorischen Pflichten nachkommen müssen und große Mühe gehabt, die Expedition überhaupt erst auf die Beine zu stellen.

Zudem machte sie sich zwei Wochen nachdem sie mit geprellten Hüften und Blutergüssen am ganzen Leib eine Lawine überlebt hatte, an den Gipfelaufstieg.

Nach ihrer Expedition spielte Junko nur ungern die Heldin, sie mochte den Rummel und die Publicity nicht und neckte Interviewer gern, indem sie sagte, sie wisse gar nicht, wieso alle so ein Theater um die Sache machten. Der Everest sei schließlich ein Berg wie jeder andere. Auch Hillary war genervt von all der Aufmerksamkeit, die ihm zuteil wurde. Die Bemerkung, die er gegenüber seinem Kameraden George Lowe am Tag nach der Begehung machte, ist typisch für seine Bodenhaftung: »Wir haben den Dreckskerl drangekriegt!«

Für Hillary wie für Junko Tabei hatte die Besteigung des Everest eine große symbolische Bedeutung. Der Neuseeländer bewies, dass es überhaupt möglich war, und die Japanerin strafte alle Lügen, die behaupteten, Frauen hätten im Hochgebirge nichts verloren. Doch Junko sah sich nie als Sprachrohr der Frauenbewegung, sie kletterte und klettert immer noch aus Liebe zu den Bergen und zur Natur überhaupt.

Letzten Endes waren sich Hillary und Junko trotz aller äußeren Unterschiede viel ähnlicher als Ella Maillart und Peter Fleming oder Wilfred Thesiger und Freya Stark. Sie waren beide hart im Nehmen, ehrgeizig und bescheiden. Sie kletterten aus Leidenschaft und waren willens, hohe Risiken einzugehen, um ihr Ziel zu erreichen. Das bestimmende Merkmal von Hillary und Junko war ihre Liebe zum Bergsteigen, nicht ihr Geschlecht.

Danach:
Junko Tabei ist noch immer eine passionierte Bergsteigerin. 1992 war sie die erste Frau, die die *Seven Summits*, den jeweils höchsten Berg der sieben Kontinente, bezwungen hatte. Noch mit über sechzig machte sie einige Touren pro Jahr. Wie vielen anderen Bergsteigern ist auch ihr sehr am Naturschutz gelegen. Sie wurde Vorsitzende der eigenständigen japanischen Sektion

des *Himalayan Adventure Trust,* einer Organisation, die sich unter anderem um die Beseitigung des zurückgelassenen Zivilisationsmülls im Himalaja kümmert.

Edmund Hillary wollte nach seinem Everestabenteuer weiter klettern, doch nach einem Unfall 1954 am Makalu begann er an schwerer Höhenkrankheit zu leiden, sodass ernsthaftes Höhenbergsteigen künftig nicht mehr möglich war. Seine Abenteuerlust war jedoch ungebrochen. 1958 leitete er im Rahmen der Commonwealth Trans-Antarktis-Expedition das neuseeländische Team. Er investierte viel Zeit, Energie und Schweiß, um Geld für eine Stiftung zu sammeln, die auch heute noch in Nepal Schulen und Krankenhäuser baut. Tragischerweise verlor er seine Frau und eine seiner Töchter 1975 bei einem Flugzeugabsturz in der Nähe von Kathmandu. Im selben Jahrzehnt begab er sich in seiner Heimat in die Politik. In den Achtzigerjahren war Hillary Botschafter Neuseelands in Indien, Bangladesch und Nepal. Er starb 2008 mit 88 Jahren.

Wally und Marie Herbert – eine Familie an den Polen

Im August 1971 brach Marie Herbert mit einem zehn Monate alten Baby zu einer abgelegenen Insel in der Arktis auf. Zwei Jahre später kehrte sie mit einem zweisprachigen Kleinkind und einem Schatz unglaublicher Erinnerungen zurück.

Marie hatte noch nie sehr konventionell gelebt, war viel herumgekommen, was sie aber in ihrer Ehe mit Wally erleben sollte, darauf hatte sie niemand vorbereitet. Sie hatte eine Schauspielschule besucht und war PR-Frau gewesen, als sie den bekannten britischen Polarforscher Wally Herbert kennenlernte. Kurz nach der Rückkehr von seiner legendären Transarktisexpedition heirateten sie. Zunächst rechnete Marie damit, das

Marie Herbert	Wally Herbert
*1941 (Dublin)	1934 (York, England) – 2007 (Inverness, Schottland)

Ab 1969 miteinander verheiratet

Kindheit und Jugend:	**Kindheit und Jugend:**
Aufgewachsen in Sri Lanka; Schulbesuch in Südindien	Sohn eines Soldaten; aufgewachsen in Ägypten und Südafrika
Alter bei der ersten größeren Expedition:	**Alter bei der ersten größeren Expedition:**
30	Begann mit 21, in der Antarktis für den *Falkland Islands Dependencies Survey* zu arbeiten
Vorige Tätigkeiten:	**Vorige Tätigkeiten:**
Schauspielschule, PR-Arbeit	Geometer, Polarforscher
Expeditionen:	**Expeditionen:**
Grönland	Reisen in die Arktis und die Antarktis; leitete 1969 die Britische Transarktisexpedition von Alaska nach Spitzbergen

Leben einer normalen Forschergattin zu führen, nämlich monatelang zu Hause zu sitzen und zu warten, im Geiste mit dem Herrn Gemahl mitzureisen und wahrscheinlich irgendwann völlig frustriert zu sein. Doch es kam ganz anders. 1971 lud Wally Marie ein, ihn nach Grönland zu begleiten – und sie sagte Ja.

Ihr Bericht über das Leben bei den Inuit auf Herbert Island (der Name ist purer Zufall) unterscheidet sich völlig von anderen Büchern über das Leben in der Arktis, in denen es meist um die einheimischen Männer und ihre bewundernswerten Begabungen als Wanderer, Jäger und Iglubauer geht. Marie hingegen konzentrierte sich auf das Leben der Frauen in einem kleinen Gemeinwesen, sie erzählt von deren Freuden und Leidenschaften, Sorgen und Nöten und beschreibt sehr offen und ehrlich diese karge Existenz, die mitunter erdrückend und öde sein kann. Die Minusgrade, die lange Dunkelheit der Polarnacht, die Isolation und Gefühle des Eingeengtseins in solch einer kleinen Siedlung – all das ist vor allem auch für den Fremden von außen höchst belastend.

Für Wally allerdings war das quasi Routine. Er war ein unbezähmbarer Abenteurer und sah sich in der Tradition der großen europäischen Entdecker. Seine Helden waren Shackleton und Amundsen, und in gewisser Weise war er der »letzte große weiße Entdecker«. Als Geometer hatte er aus erster Hand das Leben in der Eiswelt kennengelernt, das er 1962 in *The World of Men* beschreibt – die Welt eines bestimmten Typus Mann, für den er selbst wohl das beste Beispiel war: einer, der freiwillig in fast mönchischer Abgeschiedenheit mit gleich gesinnten Freigeistern lebt. Eine sehr romantische Vorstellung, aber unter seinem bärbeißigen Äußeren war Wally einfach ein Romantiker.

Nach einigen Jahren in der Antarktis und einer Expedition auf den Spuren des amerikanischen Polarforschers Frederick Cook leitete er eine britische Arktisdurchquerung über den zugefrorenen Pol. Sie dauerte zwei Jahre und sicherte ihm einen Platz in der Geschichte, doch sie brachte ihm nicht die Anerkennung ein, die er sich gewünscht hätte. Hauptmotiv für seine Grönlandreise mit Marie war nun ein Dokumentarfilm über die Thule-Eskimos, die traditionellste Kulturgemeinschaft der Arktis.

Wally interessierte sich für sie wegen ihrer herausragenden Fähigkeiten bei der Jagd und bei der Fortbewegung. Sie waren praktisch der letzte Eskimostamm, der die traditionelle Lebensweise aufrechterhielt, seinen Unterhalt durch die Jagd der Männer auf Robben und andere Tiere sicherte. Aber Wally spürte auch, dass er auf eine Kultur traf, für die in der modernen Welt kein Raum mehr war und die wahrscheinlich nicht mehr lange bestehen würde. Er bewunderte sie, erkannte aber auch die große Kluft, die ihn als weißen Forscher von den Einheimischen trennte. Aus der Tatsache, dass die Inuit-Kultur so lange überleben konnte, hatte Wally den Schluss gezogen, dass dies an dem übergroßen Stolz dieser Menschen lag. Ein Inuit-Jäger wird nicht dazu erzogen, seinen Mitmenschen sein Herz zu öffnen. Er ist der starke, ruhige Typ, der nur in körperlicher Arbeit und in einem unbändigen Humor emotionale Erfüllung findet. Gern lachten die Eskimos also über die Fremden, die auf dem Eis so viele Fehler machten ... Wally fand das nicht so lustig, aber er konnte verstehen, dass der Glaube der Einheimischen an ihre Überlegenheit grundlegend für ihr Überleben war.

Während Wally filmte oder dies zumindest möglich zu machen versuchte, war Marie mit den Alltagsarbeiten beschäftigt, sie kümmerte sich um ihren Mann und ihre Tochter Kari. Manchmal begleitete sie Wally auf eine Tour, meist jedoch blieb sie im Dorf, wenn er aufbrach. Auch Marie spürte den Graben zwischen sich selbst und den einheimischen Frauen, konnte ihn mit der Zeit aber überbrücken. Das Leben der Inuit war streng nach Geschlechterrollen abgegrenzt. Die Männer jagten, die Frauen kümmerten sich um das Haus und die Kinder, sie kochten, nähten und flickten die Pelzkleidung ihrer Männer. Das konnte sehr langweilig sein, denn wenn die Männer unterwegs waren, hatten die Frauen nicht viel, worüber sie sprechen konnten. Sie besuchten sich zwar gegenseitig und tratschten, aber ihr Leben wurde schnell monoton.

Mit einigen Frauen konnte sich Marie eng anfreunden, und sie bekam einen faszinierenden Einblick in deren Vorstellungen von Freundschaft und Beziehungen. Über die Überlebenstechniken der Inuit wurde schon viel geschrieben, aber nur wenige Arktisreisende tauchten so tief in die Kultur ein, dass sie die grundlegenden zwischenmenschlichen Strukturen untersuchen konnten.

Marie stellte fest, dass viele Frauen gar keine Freundinnen hatten. Trotz der Härten und der geteilten Eintönigkeit ihres Lebens und trotz der kurzen Wege zwischen den Häusern hatten die meisten, wenn überhaupt, nur eine Freundin. Wenn Marie ihnen von ihrer besten Freundin zu Hause erzählte, lauschten sie ihr voller Neid. Der Gedanke, neben dem Gatten noch jemanden zu haben, mit dem man das Leben teilte, bei dem man sich aussprechen und seinen Gefühlen freien Lauf lassen konnte, dem man auch mal die Meinung sagen konnte, ohne dass er einen gleich aufgab – das war ihnen fremd. Zu Maries großem Erstaunen wollten sich die Frauen noch nicht einmal abwechselnd um die Kinder kümmern, damit die eine oder andere mit ihrem Mann reisen oder auch mal allein sein konnte. Marie fand heraus, dass sich die Frauen durchaus nach Vertraulichkeit sehnten; viele hatten eine schwierige Beziehung zu ihrem Mann oder Partner, dennoch hinderte sie etwas daran, Freundschaft mit anderen Frauen zu schließen.

Wally begeisterte sich nicht so sehr für die intimen Details des Eskimolebens, zumindest damals nicht. Sein Buch *The Eskimos (Jäger des hohen Nordens. Die Eskimo)* erschien zwei Jahre nach der Grönlandreise und ist ein Versuch, die Geschichte und Kultur der Inuit zu verstehen. Stellenweise ist das Buch sehr tiefgründig, poetisch und leidenschaftlich, aber es ist auch ganz merkwürdig abstrakt. Es gibt keinerlei Einführung, und Wally erwähnt kaum einmal, dass er persönlichen Kontakt zu den Menschen hatte.

Maries Buch *The Snow People [Das Schneevolk]*, der Bericht ihrer eigenen Erfahrungen, ist sehr viel persönlicher und an manchen Stellen schonungslos ehrlich. Sie schildert zum Beispiel eine Konfrontation, die sie mit Maria hatte, der Frau des

Jägers Avatak, der Wally begleitete. Die beiden lebten in nächster Nachbarschaft zu den Herberts, und im Lauf der Monate wurden sie gute Freunde. Wenn Marie mit Wally auf Tour ging, kümmerten sich Maria und Avatak um Kari. Nachdem die Herberts bereits viele Monate in der Siedlung lebten, kam Maria auf einmal beleidigt an und verkündete, die ganze Gemeinde sei schockiert über die mangelnde Dankbarkeit der Herberts für die Weihnachtsgeschenke. Das mag trivial erscheinen, aber in einer Siedlung, in der die meisten Geschenke selbst gemacht waren, bedeutete dies eine große Beleidigung. Dabei waren Marie und Wally gar nicht undankbar, sie waren im Gegenteil überwältigt von der Herzlichkeit, mit der sie aufgenommen worden waren, nur zeigten sie es nicht; vielleicht war es einfach bloß die übliche britische Zurückhaltung. Als Marie sich darüber klar wurde, wie tief verletzt Maria war, weinte sie sich die Augen aus.

Dieser persönliche, sehr emotionale Umgang mit den Menschen einer anderen Kultur macht Marie Herberts Erfahrungen in der Arktis so einzigartig und hebt sie so stark von den üblichen Erlebnissen männlicher Polarforscher ab. Bei ihrer Ankunft war sie gespannt gewesen, hatte aber auch Angst gehabt. Würde sie diese Abgeschiedenheit aushalten? Was, wenn sie im Winter von der Außenwelt abgeschnitten wären? Wie würde ihre kleine Tochter mit allem zurechtkommen? Als sie die Arktis wieder verließ, hatte sie die meisten Ängste überwunden, doch ihre am tiefsten gehenden Erfahrungen hatten nicht mit der Landschaft oder dem Klima zu tun, sondern mit den Menschen, bei denen sie gelebt hatte. Ihre Reise hatte sie über die Weiten des Meeres und des Eises geführt, aber die wichtigsten Entdeckungen hatte sie in kleinen, rauchverhangenen Räumen im Gespräch mit den Inuit-Frauen gemacht.

Und danach:

Marie Herbert kehrte in den darauffolgenden Jahren verschiedentlich nach Grönland zurück. Sie unternahm weite Reisen und schrieb ein weiteres Buch über ihre Erfahrungen bei den nomadischen Samen, die sie auf ihrer jährlichen Wanderung begleitet hatte. In jüngerer Zeit interessierte sie sich zunehmend für Spiritualität und Heilkunst, heute leitet sie Seminare zur Persönlichkeitsentwicklung und über Passageriten in der Natur.

Wally Herbert erkundete weiterhin Grönland und die Arktis, er drehte weitere Dokumentarfilme und schrieb Bücher über historische Entdeckungsfahrten sowie die Inuit-Kultur. In seinen späten Jahren begann er zu malen, vor allem arktische Szenen. Er starb 2007.

Naomi James und Robin Knox-Johnston – in Hunderten Tagen um die Welt

Am 8. Juni 1978 lief Naomi James nach 272 Tagen auf einer legendären Weltumseglung in den Hafen von Dartmouth ein. Damals wusste sie noch nicht, dass sie als erste Einhand-Weltumseglerin ganz knapp von der Polin Krystyna Chojnowska-Liskiewicz geschlagen worden war, die es zwei Monate zuvor um die Welt geschafft hatte. Dennoch hatte Naomi eine enorme Leistung

Naomi James	Robin Knox-Johnston
*1949 Neuseeland	*1939 England
Kindheit und Jugend:	**Kindheit und Jugend:**
Farmerstochter, Lehre, Reisen nach und durch Europa	Ging 1957 zur Handelsmarine
Beruf:	**Beruf:**
Frisörin	Seemann
Familienstand:	**Familienstand:**
Bei ihrer Weltumseglung 1977/78 verheiratet mit dem Segler Rob James	Schon vor seiner Weltumseglung 1968/69 getrennt lebend
Erste Expeditionen:	**Erste Expeditionen:**
Die Weltumseglung war ihr erster großer Törn überhaupt	Segelte 1965 mit der Jacht *Suhaili* von Bombay nach England

vollbracht, sie hatte den Geschwindigkeitsrekord gebrochen und war 129 Tage schneller gewesen als Krystyna. Am erstaunlichsten aber war, dass sie zu diesem Törn aufgebrochen war, nachdem sie gerade zwei Jahre zuvor, mit 26, zum ersten Mal in einem Boot gesessen hatte. Im Segelsport, einst eine männliche Domäne, gab es nun nicht nur eine, sondern gleich zwei Frauen, die die Welt umsegelt hatten.

Ein paar Stunden westlich von Dartmouth liegt der größere Hafen Falmouth. Zehn Jahre zuvor begann und endete dort die Rekordreise des englischen Seemanns Robin Knox-Johnston. Im April 1969 hatte er als erster Mensch die Welt nonstop und solo umsegelt, dabei einige größere Jachten geschlagen und das *Sunday Times Golden Globe Race* gewonnen.

Im Vergleich der beiden saß in einem Boot eine Frau, die kaum Segelerfahrung hatte, dafür aber ein ungeheures Selbstvertrauen. Was ihr an Erfahrung fehlte, machte sie an Charakter wieder wett. Naomi war das weibliche Pendant des starken, ruhigen, sehr distanzierten, aber wild entschlossenen Mannes. Im anderen Boot saß ein erfahrener Seebär, der aus dem Holz der heldenhaften britischen Seefahrer und Entdecker geschnitzt

war. Beide hatten sich dieser immensen Herausforderung gestellt und sie bestanden. Doch ihre Geschichten darüber sind ganz unterschiedlich.

Naomi James wuchs auf einer Schaffarm in Neuseeland auf, ein schüchternes, einsames Mädchen, das überhaupt nicht wissbegierig war. Sie ging früh von der Schule ab und machte eine Frisörlehre, konnte aber den endlosen Klatsch und Tratsch im Salon nicht ertragen. Sie ging nach Europa, schlug sich mit Gelegenheitsjobs durch und reiste. Im Hafen von Saint-Malo lernte sie durch puren Zufall ihren künftigen Mann Rob James kennen, einen Segler. Sie verstanden sich auf Anhieb. Schon nach wenigen Wochen war sie Teil seiner Crew, zwei Jahre später waren sie verheiratet.

Die Idee für die Weltumseglung kam ihr nach der Lektüre eines Presseberichts über eine junge Französin, die allein um die Welt segeln wollte. Obwohl Naomi kaum Erfahrung hatte, beschloss sie, dies auch zu tun. Zuerst klang es wie eine Schnapsidee, doch als sie es Rob erzählte, war er erstaunlicherweise gleich Feuer und Flamme. Die Würfel waren gefallen. Nach Naomis privatem Kodex musste sie eine Idee ausführen, wenn sie in der Öffentlichkeit darüber gesprochen hatte. Trotz ihrer mangelnden Erfahrung fiel es ihr außerordentlich leicht, die Expedition zu planen. Es gab natürlich das übliche Geldproblem, aber kein Hindernis war unüberwindlich. Robs Freund, der bekannte Segler Chay Blyth, lieh ihr ein Boot, und der *Daily Express* kam als Hauptsponsor mit an Bord. Im September 1977 setzte sie nervös die Segel ihrer großen Jacht, die bis unter die Planken beladen war.

Robin Knox-Johnston hatte als Seemann einen sehr viel konventionelleren Hintergrund. Mit achtzehn ging er zur Handelsmarine, acht Jahre später hatte er sein Kapitänspatent in der Tasche. In Bombay arbeitete er für die *British India Steam Navigation Company.* Er heiratete und kaufte sich zusammen mit Freunden die Hochseejacht *Suhaili.* Später zahlte er seine Freunde aus und segelte nach England.

Er wollte zurück zur Handelsmarine, doch sein Vater machte ihn auf einen Zeitungsartikel aufmerksam: Ein bekannter französischer Segler ließ sich eine Jacht bauen, mit der er vermutlich die Welt umsegeln wollte. Als guter Patriot fand Robin, dass Segelrekorde schlicht und einfach von Briten aufgestellt werden müssten, und meldete sich zum *Sunday Times Golden Globe Race* an in der Hoffnung, den Franzosen zu schlagen, Francis Chichesters Weltumseglungsrekord zu brechen und der erste Mensch zu sein, der nonstop und solo die Welt umrundete. Ein großer Anspruch. Aber nicht für einen Mann, dessen Vorbilder Helden wie Sir Francis Drake und Horatio Nelson waren!

Die Herausforderung hatte sowohl für Robin als auch für Naomi zwei Seiten. Sie mussten allein ein Boot über fast 30 000 Seemeilen, also gut 55 000 Kilometer, teils durch die schwierigsten Gewässer der Welt steuern, und sie mussten mit dem Alleinsein umgehen können, weil dies einfach zu dieser Reise gehörte. Robin verstand viel von der Seefahrt und von großen Schiffen, er betrachtete sich selbst aber nicht als klassischen Segler. Dennoch hatte er weitaus mehr Erfahrung als Naomi. Sie war nie weiter als bis zu den Kanarischen Inseln gekommen. Ihr Ziel war zwar nicht so hochgesteckt, denn sie hatte vor, Zwischenstopps einzulegen, doch für jemanden mit so wenig Segelerfahrung und überhaupt keiner Erfahrung als Einhandseglerin war es eine große Sache.

Glücklicherweise erwies sie sich bald als eine sehr gute Seglerin, denn sie lernte schnell. Sie konnte das Boot reparieren, wenn etwas schieflief, und lernte aus ihren teilweise schlimmen Fehlern. Einmal stellte sie fest, dass ihre navigatorischen Berechnungen falsch waren, weil sie geografische Längen und Breiten verwechselt hatte. Doch sie geriet nicht in Panik und fand zurück auf ihren Kurs. Den Fehler machte sie nie wieder.

Die Krise kam, als sie sich Kap Hoorn näherte – schon immer eine schwierige Stelle für die Seefahrt. Es war der 169. Tag ihrer Reise, und es lief nicht gut. Der Südpazifik wogte und toste, und sie war sich nicht sicher, ob das Boot der Situation gewachsen wäre. Ihre größte Angst war, dass der Hauptmast brechen könnte. Es kam auch fast so weit, doch sie konnte den Mast noch recht und schlecht in Position halten und der Katastrophe entgehen. Aber die See war so schwer, dass sie darüber nachdachte, nach Neuseeland zurückzukehren, das Boot reparieren zu lassen und einen erneuten Versuch durch den Panamakanal zu starten. Doch dann wurde der Sturm noch heftiger, und die *Express Crusader* kenterte.

Naomi lag dösend in ihrer Koje, als plötzlich alles mögliche Zeug quer durch die Kabine flog. Das Boot richtete sich selbst aber gleich wieder auf, und Naomi kämpfte sich an Deck. Sie rechnete mit dem Schlimmsten. Der Spinnaker war verschwunden, andere Segel wurden im Wasser mitgeschleift, und die Funkantenne war abgerissen …, aber der Mast war wundersamerweise unversehrt. Um sie herum tobten die Wellen, überspülten das Deck und drohten, das Boot zu zerschmettern. Es war die Hölle. Wenn Naomi nicht stundenlang an den Bilgenpumpen saß und Wasser schöpfte, damit die *Express Crusader* nicht unterging, versuchte sie, das Boot durch die Wellenberge zu steuern. Tanzend trieb es über die Wogen, und Naomi wusste, dass jeder Augenblick ihr letzter sein konnte.

Doch langsam klarte es auf, sie konnte ein wenig schlafen und die nötigsten Reparaturen vornehmen. Nachdem das Boot es überstanden hatte, in schwerer See im Südpazifik zu kentern, wurde ihr klar, dass es sie auch zurück nach Hause tragen würde. Allein die Furcht hatte die Umrundung von Kap Hoorn so unmöglich erscheinen lassen, doch diese Angst war zumindest für den Augenblick überwunden. Wenn du das hier überlebst, dachte Naomi, überlebst du alles. Am nächsten Tag überkam sie zwar wieder die Depression, doch sie segelte weiter und ließ das Kap hinter sich, ohne es überhaupt gesehen zu haben.

Auch für Robin war Kap Hoorn die Crux. Als er sich dem Kap näherte, war sein Boot ebenfalls in einem üblen Zustand. Die Selbststeuerungsanlage war kaputt, und er musste stundenlang selbst am Ruder stehen. Er hatte schwere See hinter sich und fürchtete, dass das noch längst nicht alles war. Normalerweise umrundet man Kap Hoorn von Osten nach Westen mit den vorherrschenden Winden im Segel, doch er versuchte es, von der anderen Seite kommend. Seine Moral war zwar ungebrochen, aber er war hundemüde und stellte sich immer nur die eine Frage: Warum nahm er das Ganze überhaupt auf sich?

Aber das Wetter blieb stabil, er konnte das Kap sogar sehen. Zur Feier des Tages wollte er einen Schluck Whisky trinken, doch er war so fertig, dass er die Flasche mit einer Flasche Paraffin verwechselte …

In Notsituationen riefen beide Segler höhere Mächte an. Für Robin war das Gott. Seiner Meinung nach waren Seeleute gottesfürchtig oder abergläubisch, wenn nicht beides. Sein Gott half jenen, die sich selbst zu helfen wussten, doch als letzten Ausweg konnte man die höhere Macht immerhin anrufen. Naomi war sich über die Existenz Gottes unsicher, doch am Ende hielt sie es wie Robin: So eine Reise konnte man nicht durchstehen, wenn man nicht an Gott glaubte. Sie war jedoch nicht im eigentlichen Sinn religiös, ihr Glaube basierte auf ihrem persönlichen Hintergrund – Familie, Freunde und vor allem ihrem Mann Rob. Sie hatte das Gefühl, dass sie immer bei ihr waren und ihr Kraft gaben, weiterzumachen, selbst wenn dies unmöglich erschien.

Rob war ein eminent wichtiger, wenn auch unsichtbarer Reisegefährte. Während Naomi an Bord der *Express Crusader* war, nahm er selbst an einer anderen Regatta um die Welt teil. Sie kommunizierten über Funk, so oft es ging, und sie fragte ihn um Rat, wenn sie in Schwierigkeiten war. Doch die meiste Zeit gab es keine Funkverbindung, und dann stellte sie sich vor, was ihr zweiter »unsichtbarer Mentor«, Chay Blyth, in solch einer Situation getan hätte. Solch einen Mentor erwähnen einige Frauen in ihren Expeditionsberichten. Im Hinterkopf hatten sie eine konkrete Person, die ihnen in der Vergangenheit konkrete Hilfe geleistet hatte. Und selbst wenn diese nun nicht direkt eingreifen konnte, so konnte man sie doch um imaginäre Unterstützung bitten.

Robin dachte an seine Vorbilder, hatte aber keine unsichtbaren Mentoren, und zu Hause wartete auch niemand, an den er sich hätte wenden können. Vor dem Antritt seiner Reise hatte er sich in einem schmerzhaften Prozess von seiner Frau und Sandkastenliebe Sue getrennt. Er spricht in seinem Logbuch nicht über sie, doch die Tatsache, dass er eingesteht, die vergangenen elf Weihnachtsfeste auf See verbracht zu haben, weist darauf hin, wie schwierig seine Ehe gewesen sein muss.

Konkurrenzdenken, vor allem mit patriotischem Hintergrund, war bei Robin eine wichtige Motivation. Er war überzeugt, dass aufgrund der Geschichte der britischen Seefahrt unbedingt ein Brite den Rekord für eine Einhandweltumseglung aufstellen müsse. Robins Hauptrivale war Bernard Moitessier – die Angst, dass der Franzose ihn schlagen könnte, trieb ihn an. Naomi hingegen schien sich nicht bewusst zu sein, dass sie eine polnische Konkurrentin hatte; sie erwähnte sie in ihrem Bericht nie.

Für beide Segler war die Einsamkeit eine ebenso große Prüfung wie das Segeln selbst. Naomi kam etwas besser damit zurecht, denn sie unterbrach ihren Törn in Südafrika und auf den Falkland-Inseln, außerdem hatte sie die Möglichkeit, mit ihrer Familie und ihrem Mann über Funk in Kontakt zu bleiben. Sie zäumte die Sache vom Schwanz auf und nutzte ihr erzwungenes Alleinsein an Bord, um sich über ihr Verhalten an Land Gedanken zu machen. Sie war ein sehr ruhiger, reservierter Mensch, der sich in Gesellschaft oft unwohl fühlte, es sei denn, sie war mit ihrer Familie und ihren engsten Freunden zusammen. Small Talk lag ihr nicht, und sie sorgte sich wegen der Verpflichtungen, denen sie nach ihrer Rückkehr in Großbritannien nachkommen müsste. Die vielen Monate auf See bewiesen ihr, dass sie niemanden brauchte, um durchzukommen, und obwohl sie sich nach Rob sehnte, fragte sie sich, ob die See ihr nicht eine wichtige Lektion erteilte. Sie wollte künftig zwar nicht als Einsiedlerin leben, aber sie wusste nun, dass es möglich war, aus der Gesellschaft auszusteigen und ein zurückgezogenes Leben zu führen.

Robin hatte sehr viel größere Probleme mit der Einsamkeit. Vor seiner Reise hatte er sich von einem Psychologen untersuchen lassen und die Bestätigung bekommen, dass er seelisch kerngesund war, dennoch machte er sich immer wieder Gedanken über seinen Zustand. Sein Funkgerät war zwar nicht so zuverlässig wie das von Naomi, aber immer wenn er sich mit anderen unterhielt, war er hinterher noch deprimierter. Er war von Natur aus ein geselliger Mensch und in den zehn Jahren zuvor immer mit Schiffscrews unterwegs gewesen. Wie Naomi hörte auch er viel Musik, verschlang Bücher und führte ein persönliches Tagebuch, aber in vieler Hinsicht war Robin ganz anders als Naomi. Im Gegensatz zu ihr interessierte er sich für das, was um ihn herum vorging, und war begierig auf Nachrichten aus aller Welt. Als Neuseeländerin in Großbritannien fühlte sich Naomi sowieso entfremdet, Robin aber dachte an seine Verwandten, Kameraden, Konkurrenten, Helfer und andere Leute zu Hause. Auch zu seinem Boot hatte er einen viel persönlicheren Bezug: *Suhaili* war eindeutig weiblich, doch das Großsegel, *The Big Fellow,* und die automatische Steuerung, die er *Admiral* nannte, waren Männer. Für Naomi war die *Express Crusader* einfach ein Mittel zum Zweck. Sie richtete ihre emotionale Energie auf Menschen, nicht auf technisches Gerät.

Wenn es ihr langweilig wurde, schnitzte sie Schachfiguren oder las Bücher über Antiquitäten. Robins Lektüre waren Klassiker der Weltliteratur und Bertrand Russells *Philosophie des Abendlandes*.

In gewisser Weise ist Langstrecken-Einhandsegeln – wie das Bergsteigen – eine so eigene Disziplin, dass es sich eigentlich verbietet, Verallgemeinerungen vorzunehmen, doch in bestimmter Hinsicht entsprachen Robin und Naomi charakteristischen Mustern. Sein beharrliches Selbstvertrauen und sein Konkurrenzdenken sind typische männliche Eigenschaften. Ihre mentale Zähigkeit und ihr ausgeprägter Überlebenswille finden sich häufig bei Seglerinnen. Beiden gemein war der mächtige Drang, ihr Ziel erreichen zu wollen, eine Eigenschaft, die alle großen Entdecker ausmacht.

Danach:
Naomi James wurde bei ihrer Rückkehr nach Großbritannien begeistert empfangen. Sie schrieb zwei Bücher über ihre Reise und segelte weiter, oft mit ihrem Mann. 1983 kam Rob bei einem tragischen Segelunfall ums Leben, nur wenige Wochen vor der Geburt ihrer gemeinsamen Tochter. Danach veränderte sich Naomis Leben drastisch. Sie schrieb sich an der Universität ein und studierte Philosophie. Das Segeln gab sie auf. Heute lebt sie in Irland.

Robin Knox-Johnston blieb auch nach seinem Rekordtörn ein leidenschaftlicher Segler. Er wurde dreimal *Yachtsman of the Year*. Noch als über Sechzigjähriger nahm er an Regatten teil. Als erfolgreicher Geschäftsmann baut er Jachthäfen und bekleidet verschiedene Posten in der Welt des Segelns.

Zwischenmenschliches

Viele Geschichten aus dem vorigen Kapitel scheinen die Ansicht zu bestätigen, dass Frauen mehr an der »menschlichen Seite« von Entdeckungsreisen interessiert sind als Männer. Auch dies ist natürlich eine Verallgemeinerung, und wie bei allen Verallgemeinerungen finden sich leicht Beispiele, die die Ausnahme von der Regel bilden. Aber im Großen und Ganzen scheint es doch so zu sein.

Obwohl zahlreiche Expeditionsberichte den Eindruck vermitteln, es habe sich um einen Kampf mit der Landschaft und den Elementen gehandelt, ist der zwischenmenschliche Aspekt beim Unterwegssein doch ebenso wichtig. Wer gut mit seinen Teamkollegen auskommt, dem wird es viel eher gelingen, diesen Berg zu erklimmen oder jenen Ozean zu überqueren. Und wenn Sie es verstehen, dass Menschen, die Sie neu kennenlernen, sich in Ihrer Gegenwart wohlfühlen, dann werden Ihre Reisen nicht nur sicherer, sondern auch lohnender ausfallen.

Reisegefährten I
Männer

Wir bestreiten zur Gänze die Fähigkeit von Frauen, zum wissenschaftlich-geografischen Wissen beizutragen. Durch Geschlecht und Erziehung eignen sie sich nicht für Entdeckungsreisen. Dass uns Amerika jüngst weibliche Globetrotter beschert hat, ist eine der grauenvollsten Entwicklungen des ausgehenden 19. Jahrhunderts.

Brief von George Curzon aus dem Jahr 1892 an die *Times*, in dem er sich gegen die Aufnahme von Frauen in die *Royal Geographical Society* ausspricht.

Historisch waren Entdeckungsreisen Männersache, und viele Männer wollten es auch so belassen. Man muss sich nur vorstellen, was es für einen Aufruhr gab, als es Frauen gestattet wurde, der *Royal Geographical Society* beizutreten. 1892 bestand die *RGS* seit sechzig Jahren und war die führende geografische Forschungseinrichtung der Welt. Zu jener Zeit hatten sich Frauen wie Isabella Bird, May French Sheldon oder Kate Marsden als unabhängige Forschungsreisende einen Namen gemacht, alle waren Britinnen oder lebten in Großbritannien (wie die Amerikanerin May French Sheldon), und so war es nur recht und billig, dass die *RGS* sie zum Beitritt einlud.

Recht und Billigkeit waren jedoch kein Thema für die alten Garden der *RGS*, schon gar nicht für die Mitglieder mit militärischem Hintergrund. Angeführt von dem berühmten Arktisforscher Sir Leopold McClintock, widersetzten sich die Brummbärte dem Beitritt von Frauen und gewannen die erste Schlacht. Die 22 Damen, die bereits Mitglieder waren, durften bleiben, weitere Frauen wurden jedoch nicht zugelassen.

Eine absurde Situation, die der Presse viel Munition lieferte, um gegen die *RGS* zu sticheln. 1913 überdachte der Vorstand noch einmal seine Haltung und öffnete die Türen wieder für Frauen (und deren Mitgliedsbeiträge).

Trotz des Meinungsumschwungs der *RGS* nahmen viele Männer Frauen als Forschungsreisende nach wie vor nicht ernst. Noch heute besteht ja das eine oder andere Vorurteil.

Nehmen wir zum Beispiel den Fall Arlene Blum. Als sich die Amerikanerin nach dem Studium Anfang der Siebzigerjahre schwerpunktmäßig dem Klettern zuwandte, war es für sie schwieriger, überhaupt einen Platz bei einer Expedition zu ergattern, als den Berg dann auch zu erklimmen.

Gründe für Absagen an Arlene:
Ihre erste Bewerbung für eine Himalajaexpedition wurde abgelehnt, weil sie »die Belegung der Zelte durcheinandergebracht« hätte.

Ihre Teilnahme an einer Expedition nach Afghanistan wurde abgelehnt, weil sie »die Kameradschaft am Berg zerstört« hätte.

Bei ihrem ersten Versuch, eine Expedition zum Mount McKinley zu unternehmen, wurde sie abgelehnt, weil Frauen »emotional nicht stabil genug sind«, um mit großen Höhen umzugehen.

Für eine Expedition in den sowjetischen Teil des Pamir wurde sie abgelehnt, weil sie »nicht ladylike« genug sei.

Von dem britischen Bergsteiger Doug Scott musste sie sich sagen lassen, dass Frauen niemals gute Höhenkletterer sein könnten, weil ihr Eifer nach Erfolg ihr »Urteilsvermögen« beeinträchtige.

Vielleicht ist es nicht weiter überraschend, dass Arlene Blum durch rein weibliche Expeditionen bekannt wurde …

Mit ihren Erfahrungen steht sie nicht allein, schon gar nicht in der rauen, harten Welt des Bergsteigens und der Polarforschung. Jede Frau, die diese traditionell männliche Bastion stürmen will, braucht ein dickes Fell und eine Menge Humor.

Tipps für Frauen, die mit schwierigen Männern reisen

Reiben Sie ihnen Ihre weiblichen Eigenheiten unter die Nase

Die britische Autorin Sara Wheeler verbrachte für ihr Buch über die Antarktis sieben Monate in verschiedenen Forschungsstationen. Sie stellte fest, dass sich die Männer je nach Nationalität Frauen gegenüber unterschiedlich verhielten. Australier und Neuseeländer waren sehr entspannt, Italiener flirteten – auch wenn sie durch die Kälte sehr kleine *cazzi* – Schwänze – hatten, wie eine ihrer Kolleginnen scherzte. Die Briten waren am plumpsten. Die Bar in der britischen Station war mit Pin-up-Bildern geschmückt und voller Männer, die Witze über die Menstruation rissen. Bei der Arbeit waren sie sogar noch größere Machos. Doch Sara konnte ihnen den Mund stopfen: Als jemand meinte, sie sei so blass, verkündete sie laut, sie leide unter starken Menstruationsbeschwerden. Da fiel den Kerlen die Kinnlade herunter. Eine Sache ist es, Witze darüber zu machen, im wirklichen Leben aber ist Männern dieses Thema superpeinlich.

Spielen Sie mit

Die männlichen Teilnehmer einer französischen Expedition für einen Dokumentarfilm über den Nanga Parbat machten der britischen Bergsteigerin Julie Tullis das Leben schwer. Der Leiter verlangte von ihr, einen Vertrag zu unterzeichnen, in dem sie sich verpflichtete, seinen Befehlen Folge zu leisten. Nach Lust und Laune forderte er sie auf zu drehen. Julie wusste zum Beispiel, dass eine Szene, bei der einer Ziege die Kehle aufgeschlitzt wurde, bestimmt im Papierkorb des Schneideraums landen würde, dennoch bestand er darauf, dass sie so etwas filmte. Im Basislager scherzten und soffen die französischen Kletterer einmal mit dem pakistanischen Verbindungsoffizier, dann riefen sie Julie ins Zelt und verkündeten, der Offizier wolle sie »ficken«. Oder sie schlossen Wetten darauf ab, dass sie sie schon noch dazu brächten, »Frauenarbeit« zu verrichten, zum Beispiel ihre Kleider zu flicken. Julie musste die Typen um des Films willen bei Laune halten, hatte aber keine Lust, das Dienstmädchen zu spielen. Anstatt also Nadel und Faden zu zücken, flickte sie die Hosen mit selbstklebenden Gepäcketiketten der Fluggesellschaft.

Man darf aber nicht vergessen, dass es trotz aller männlichen
Vorurteile gegen reisende Frauen einige herausragende Partner-
schaften in der Geschichte der Entdeckungen gab.

Die Bakers

Der reiche britische, später geadelte Forscher Samuel Baker kam
auf einer Jagdpartie in Bulgarien auf einen Sklavenmarkt im osmanischen Viddin. Zum Verkauf stand auch die damals vier-
zehnjährige Barbara Szász, die Tochter einer deutschstämmigen
Adelsfamilie aus Siebenbürgen, deren Eltern während der Revo-
lution 1848/49 ermordet worden waren und die in einem osmanischen Harem aufgewachsen war. Samuel zog seine Geldbörse
heraus und bot mit. So begann eine der seltsamsten und in
vieler Hinsicht auch romantischsten Partnerschaften in der
Geschichte der Forschungsreisen. Unter dem Namen Florence
wurde Barbara Samuels Begleiterin, Geliebte und Seelenver-
wandte. Als er ab 1861 seine Afrikareisen antrat, stand nie infrage, dass Florence mit ihm käme. Schnell erwies sie sich den
Herausforderungen als gewachsen, sie war Köchin, Schneiderin,
Gewehrträgerin und Allround-Gehilfin. Zusammen unternahmen die beiden zwei große Afrikaexpeditionen, die erste auf der
Suche nach den Nilquellen, die zweite zur Abschaffung des Skla-

venhandels im Sudan. Sie heirateten 1865. Bakers Familie sah, wie ergeben Florence ihrem Samuel war und wie sehr die beiden einander liebten, und nahm sie mit offenen Armen auf – das ist ja nicht immer der Fall.

Die Smeetons

Beryl und Miles Smeeton verstanden sich auf Anhieb. Sie war dunkelhaarig und schön, er war groß, hager und charmant. Beide waren geborene Abenteurer. Sie lernten sich in Indien kennen, wo Beryl unglücklich mit einem Soldaten verheiratet war, Miles war damals ein junger Offizier. Beryls erster Mann ermutigte sie dazu, reiten zu lernen, und wählte Miles als Lehrer aus. Als Beryls Ehe schließlich scheiterte, war klar, dass sie mit Miles zusammenleben würde. Die beiden heirateten 1938, bekamen 1939 ein Kind und unternahmen im selben Jahr einen Vorstoß auf den Tirich Mir, den mit 7708 Metern höchsten Berg des Hindukusch, begleitet von einem jungen Sherpa, der später berühmt werden sollte: Tenzing Norgay. Im Zweiten Weltkrieg kämpfte Miles in Afrika, Beryl lebte weiterhin in Indien. Nach dem Krieg kauften sie sich eine Farm in Kanada und wollten sesshaft werden, doch beide hatten Hummeln im Hintern, und bald tauschten die Smeetons ihr Heim auch schon gegen die hochseetaugliche Ketsch *Tzu Hang* ein. In den darauffolgenden zwei Jahrzehnten segelten sie die meiste Zeit um die Welt, in den Schulferien auch zusammen mit ihrer Tochter Clio. Ende der Sechzigerjahre, sie waren beide über sechzig, hatten sie keine Lust mehr zu segeln, gingen nach Kanada zurück und gründeten ein Naturschutzzentrum für gefährdete Tierarten.

Die Johnsons

Es gibt ein bekanntes Bild von Osa Johnson: Sie reitet auf einem Zebra. Es ist übrigens vorne auf dem Umschlag dieses Buches zu sehen – und ganz typisch für Osa. Sie war wagemutig, unkonventionell und hatte immer Lust auf Spaß.

Bevor sie 1910 Martin Johnson kennenlernte, war sie Varieté-
sängerin. Er war Fotograf und Kameramann, gerade erst zurück
von einer Expedition mit dem Schriftsteller Jack London. Als Osa
und Martin zusammenkamen, war klar, dass sie nicht das Heim-
chen am Herd spielen würde. Einige Jahre lang reisten sie durch
die Vereinigten Staaten, führten Martins Filme vor, und Osa
sang hawaiianische Lieder. Als sie genügend Geld zusammen-
hatten, brachen sie zu verspäteten und natürlich ganz besonderen Flitterwochen auf die Salomonen auf. Statt mit seiner Frau
am Strand Cocktails zu schlürfen, filmte Martin blutige, kanni-
balische Feste. Er hatte Osa gewarnt, dass es gefährlich werden
könnte, sie aber wollte unbedingt mitkommen. Während Martin
also die Kurbel seiner Kamera betätigte, saß Osa mitten im Ge-
schehen, mitunter wies sie die Insulaner an, dieses oder jenes zu
tun, meist aber lächelte sie einfach und erfreute die Leute. Das
nächste Ziel war Borneo; dort lebte das Paar ein Jahr unter Kopf-
jägern. Danach bereisten sie Afrika, wo Martin sich auf Tierfilme
spezialisierte und Osa eine erstklassige Schützin wurde. Immer
wieder dachten sie darüber nach, sich irgendwo niederzulassen
und ein normaleres Leben zu führen, aber beide wussten, dass
sie dafür nicht geschaffen waren.

Reisegefährten II
Frauen

Männer können auf Reisen eine sehr schwierige Gesellschaft sein, wie schlagen sich da im Vergleich die Frauen? Bemerkenswert in der Geschichte der Entdeckungen ist, dass es nur wenige Frauenteams gab. Viele meinen, Frauen seien von Natur aus keine Teamplayer, aber vielleicht liegt es einfach nur daran, dass sie meistens nicht so viel Geld zur Verfügung hatten, um große Expeditionen auf die Beine zu stellen. Wenn es aber dazu kam, erlebten auch sie die Freuden und Leiden des Teamwork.

Eine Frau gehört nach oben – vor andere Frauen

Eine der bekanntesten großen Frauenexpeditionen brach 1978 zur Annapurna auf. Leiterin war Arlene Blum, die trotz aller früherer Ablehnungen vonseiten der männlichen Kletterer eine sehr erfahrene Bergsteigerin war. Es hatte zwar schon Frauenseilschaften aus Indien und Japan im Himalaja gegeben, Europäerinnen und Amerikanerinnen waren jedoch noch nicht vertreten gewesen, abgesehen von Claude Kogans fehlgeschlagenem Vorstoß auf den Cho Oyo 1959.

Die vierzig Jahre zuvor geborene Claude war eine sehr ungewöhnliche Frau. Die zierliche Belgierin vereinbarte ihre Karriere als erfolgreiche Modedesignerin mit Rekorden im Höhenklettern. 1954 war sie Teil eines gemischten Schweizer Teams, das den Achttausender Cho Oyo in der Nähe des Everest zum zweiten Mal anging. Sie schafften es fast auf den Gipfel, mussten die Tour wegen schlechten Wetters aber abbrechen. Fünf Jahre später kam Claude mit einer Frauenexpedition zurück und wollte die Sache abschließen, doch der Vorstoß endete in einer Katastrophe: Claude, eine Französin und zwei Sherpas kamen ums Leben.

Arlene Blum war eine sehr viel vorsichtigere und weniger besessene Bergsteigerin als Claude Kogan. 1970 hatte sie die Frauenexpedition »*Damsels on Denali*« auf den Mount McKinley, den höchsten Berg Nordamerikas, organisiert. Als sie 1978 das Annapurnateam zusammenstellte, war sie schon überall auf der Welt geklettert. Doch dies war nun ihre eigene Expedition; sie wollte eine demokratische Leiterin sein und hatte nicht das Bedürfnis, selbst auf dem Gipfel zu stehen.

Vor dem Aufbruch machten die Frauen eine Gruppentherapie, in der sie auf das Teamwork hinarbeiteten. Von Arlene war gefordert, dass sie einerseits eine starke Leiterin sein, andererseits bei wichtigen Entscheidungen alle mit einbeziehen sollte.

Trotz der Gruppentherapie gab es viel Streit am Berg, und Arlene fand es mitunter schwierig, alle Frauen dazu zu bringen, am selben Strang zu ziehen. Sie stritten, wer die ersten Etappen führen und wie viel Verantwortung man den Sherpas übertragen solle oder wie viel Gewicht Frauen wie Männer jeweils zu tragen hätten. Die Sherpas wiederum beschwerten sich über ihre Bezahlung, ihre Ausrüstung und ihre Rolle bei der Expedition. Sie malten Phallussymbole in den Schnee und behaupteten, es sei das Werk des Yeti, und nachdem es offenbar noch nicht genügend Stress gab, traten sie auch noch in Streik. Inmitten dieses Tumults versuchte Arlene eine gute Expeditionsleiterin zu sein *und* die Tour dennoch zu genießen. Manchmal fragte sie sich, ob sie sich durch ihre akademische Ausbildung (sie war promovierte Biochemikerin) unnötig an Entscheidungen aufrieb, weil sie die Dinge immer aus vielen Blickwinkeln betrachtete.

Der kritischste Punkt kam, als sie das Gipfelteam auswählen musste. Das war der Prüfstein für den Teamgeist: Wären alle zufrieden, wenn nur wenige Expeditionsmitglieder den Gipfel erreichten, oder wollten alle bis ganz nach oben? Einige Frauen, darunter auch Arlene, verzichteten auf die Gipfeletappe, die meisten jedoch wollten es schaffen und einige sogar die Sherpas aus dem Gipfelteam ausschließen, damit mehr Frauen eine Chance hätten. Ihre Geschlechtsgenossinnen konnten so egoistisch und konkurrenzorientiert sein wie Männer, stellte Arlene fest.

Am Ende wurden zwei Frauen und zwei Sherpas für die letzte Etappe ausgewählt; im Oktober 1978 standen sie auf dem Gipfel. Ein Triumph für Arlene, wären da nicht noch zwei Frauen aus ihrem Team gewesen, die es auf eigene Faust schaffen wollten, nachdem sie nicht zum Zug gekommen waren. Doch Vera Watson und Alison Chadwick-Onyskiewicz erreichten weder den Gipfel, noch kehrten sie zurück. Ein paar Sherpas wurden ausgeschickt, um nach ihnen zu suchen. Sie entdeckten die Leichen der beiden Frauen, waren aber nicht in der Lage, die Toten zu bergen. Still und stumm kehrte die Gruppe nach Amerika zurück – ihr Triumph war von einer Tragödie überschattet worden.

In ihrem Buch über die Annapurnaexpedition schilderte Arlene Blum ihre frustrierende Erfahrung, mit der sie nicht allein steht, schon gar nicht bei Expeditionen mit hochgesteckten Zielen. Der Streit der Frauen am Annapurna war in gewisser Weise typisch für ein Team ehrgeiziger Kletterer, egal welchen Geschlechts. Schwer zu sagen, ob Männer tatsächlich die besseren Teamplayer sind, es gibt einfach zu wenige Beispiele für Frauenexpeditionen, um einen fairen Vergleich anzustellen.

Partnerinnen

Es gibt einige Beispiele für Frauenpaare und -trios, die regelmäßig zusammen reisen, doch auch hier findet man nicht so viele berühmte Partnerschaften, wie sie zum Beispiel Eric Shipton und Bill Tillmann, Pete Boardman und Joe Tasker oder Robert Peary und Matthew Henson verbanden. Ein interessantes Zweierteam aus heutiger Zeit sind die Norwegerin Liv Arnesen und die Amerikanerin Ann Bancroft, die in den letzten zehn Jahren zum einen die Antarktis zusammen durchquert und zum anderen einen gescheiterten Vorstoß zum Nordpol unternommen haben.

Funktionierende Partnerschaften

Schwestern im Geiste

Im Jahr 1998 suchte die Polarforscherin Ann Bancroft eine Partnerin für ihre Antarktisdurchquerung. Fünf Jahre zuvor hatte sie ein US-Frauenteam zum Südpol geführt, weiter war sie jedoch nicht gekommen. Nun wollte sie es durch den ganzen Kontinent schaffen und vermutete, dass ein kleineres Team womöglich erfolgreicher wäre.

Sie nahm Kontakt zu Liv Arnesen auf, die 1994 als erste Frau allein auf Skiern den Südpol erreicht hatte. Liv war erst einmal skeptisch – sie war daran gewöhnt, allein zu reisen, und wusste ganz genau, wen sie *nicht* als Partnerin haben wollte: niemanden, der auf Publicity aus war, keine Klatschtante und auch keine, die in die Vorstellung von einer Expedition verliebter war als in ihre Durchführung. Ann Bancroft gehörte in keine dieser Kategorien und war sich auch selbst ein wenig unsicher in Bezug auf diese Partnerschaft. Doch es gab nur sehr wenige Frauen, die so eine große Polarerfahrung hatten wie Liv. Ann brauchte sie, ansonsten würde ihre Expedition infrage stehen. Zum Glück verstanden sie sich sofort. Beide waren willensstarke, ehrgeizige Persönlichkeiten und bereit, sich auf die lehrreiche partnerschaftliche Seite der Expedition einzulassen. In Ann fand Liv eine »søstersjel«, eine Seelenschwester.

Dennoch lief nicht alles glatt. Sie hatten Probleme, Sponsoren zu finden und ihre Flüge in die Antarktis und zurück zu organisieren. Dort angekommen, konnten sie sich nur schwer an ihre neue Ski-Segel-Ausrüstung gewöhnen. Den Tiefpunkt erlebten sie, als sich Ann eine Muskelzerrung in der Schulter zuzog, nachdem eine Bö an ihrem Segel gerissen hatte. Ann war geschwächt, aber bestrebt, ihre Verletzung herunterzuspielen, denn sie wollte auf keinen Fall, dass Liv mehr arbeitete. Diese wiederum wollte Ann helfen, sie aber nicht bemuttern. So sprachen die beiden eigentlich gar nicht über Anns Verletzung, und die Spannung, die daraus resultierte, machte die ohnehin schon beschwerliche Reise noch anstrengender.

Am Ende aber schafften sie mit der Durchquerung der Antarktis, was sie sich vorgenommen hatten, und brachen trotz aller Differenzen, die es auf dem Eis gegeben hatte, ein paar Jahre später zum Nordpol auf. Liv und Ann leben ungeachtet ihrer persönlichen Unterschiede und des unterschiedlichen kulturellen Hinterrunds eine funktionierende Partnerschaft, sie sind sich ähnlich und haben dieselben Werte. Sollten Sie das Glück haben, eine Seelenschwester zu finden, dann bleiben Sie ihr treu!

Nicht funktionierende Partnerschaften

Zickenkrieg

Im Jahr 1936 tat sich die berühmte Wüstenforscherin Freya Stark mit der berühmten Archäologin Gertrude Caton-Thompson zu einer Expedition nach Südarabien zusammen, die ebenfalls berühmt werden sollte ... Beide waren Koryphäen auf ihrem jeweiligen Gebiet und hofften, voneinander zu profitieren. Freya wollte einer ausgebildeten Archäologin bei der Arbeit zusehen, und Gertrude meinte, Freyas Reiseerfahrung und ihre Kenntnis des Gebiets würden für eine reibungslose Expedition sorgen.

Sie kehrten zwar mit beeindruckenden Resultaten zurück – Gertrude hatte eine beachtliche Ausgrabung von Ruinen aus dem fünften vorchristlichen Jahrhundert geleitet, Freya hatte das biblische Kana entdeckt –, doch es gab so viel Zank, dass diese Reise als Beispiel für eine katastrophale Partnerschaft in die Geschichte einging.

Als Wissenschaftlerin war Gertrude daran interessiert, dass alles systematisch verlief, ihr Ziel war klar formuliert, und sie verfolgte es ohne Rücksicht auf Verluste. Freya hingegen war eine Amateurin im Sinne von »Liebhaberin« ihres Tuns. Sie war auf Reisen sehr offen und ließ die Dinge auf sich zukommen, am wichtigsten war ihr der Kontakt mit Einheimischen. Gertrude hatte es immer eilig, Freya bummelte gern; Gertrude wollte mit den Einheimischen nichts zu tun haben, Freya lud sie ein und unterhielt sich mit ihnen.

Ihre gemeinsame Reise musste scheitern, denn es war eine Notgemeinschaft. Beide hatten das archäologische Ziel vor Augen, aber Gertrude war nicht im Entferntesten an Freyas kulturellen Themen interessiert.

Als sich die Beziehung zwischen den beiden zusehends verschlechterte, wurden sie krank und reizbar, und die Dritte im Bunde, die Geologin Elinor Wight Gardner, eine alte Mitstreiterin Gertrudes, stand hilflos zwischen ihnen. Doch Elinor verlor bald die Geduld mit Freya, und je isolierter diese sich fühlte, desto schwieriger wurde sie. Schließlich trennten sie sich: Freya ritt in die Wüste, Gertrude und Elinor verließen das Gebiet, sobald sie ihre Arbeit beendet hatten.

Zurück in England, sann Freya auf schnelle Rache. Die erste Fassung ihres Expeditionsberichts war eine Abrechnung mit Gertrude. Freyas Freunde meinten jedoch, sie würde ihrem eigenen Ruf schaden, wenn sie eine Kollegin so niedermachte.

Gertrude hingegen ließ sich Zeit mit der Vergeltung, rächte sich dann aber bitter. In ihren Erinnerungen, die sie erst knapp vierzig Jahre später veröffentlichte, bezeichnet sie Freya als krankhaft stur und nicht vertrauenswürdig. Genüsslich schildert sie die Episode, wie die kranke Freya von einem Piloten abgeholt wurde, der sie eine »blöde Kuh« schimpfte …

Reisegefährten III
Kinder

Viele Globetrotterinnen und Abenteurerinnen zogen sich zurück, sobald sie Kinder bekamen. Entdeckungsreisen sind nun mal gefährlich, und nur wenige Menschen wollen ihren Nachwuchs wissentlich irgendeiner Gefahr aussetzen.

Mary Moffat, die Gattin des Afrikaforschers David Livingstone, verlor auf der Reise ein Kind, Susie Rijnharts Sohn starb in Tibet an einer unbekannten Krankheit. Susanna Moodie, eine Britin aus der Mittelschicht, die 1832 nach Kanada emigriert war, schrieb den denkwürdigen Satz, dass sie sich in ihrer Wahlheimat erst dann wirklich zu Hause gefühlt habe, nachdem sie ein Kind in jener Erde begraben habe.

Andererseits bewiesen einige Frauen, dass man als Mutter die Abenteuerlust nicht unbedingt verlieren muss. Beryl Smeeton nahm ihre Tochter Clio zum Teil auf lange Reisen mit und ließ ihr Fernunterricht erteilen. Arlene Blum bestieg als Mutter zwar keine hohen Berge mehr, machte aber ausgedehnte Gebirgswanderungen. Sie nahm ihre Tochter Annalise bereits im Alter von

zwei Jahren mit in die Alpen. Auf Schutzhütten bekam sie mitunter Probleme mit anderen Bergsteigern, weil diese befürchteten, ein schreiendes Kleinkind bedeute eine schlaflose Nacht, aber die meisten Leute waren hingerissen von Annalise.

Der Preis der abenteuerlustigsten »reisenden Mutter« geht jedoch an die Irin Dervla Murphy.

Dervla und Rachel

Als ihre Tochter 1968 geboren wurde, war Dervla Murphy bereits eine etablierte Reiseschriftstellerin. Doch die Wanderlust verging der frischgebackenen Mutter nicht. Zunächst hielt sie sich fünf Jahre lang zurück und nahm Rachel auf verschiedene Reisen durch europäische Länder mit. Doch 1973 flog sie mit ihr auf die erste große, »richtige« Reise nach Indien. Dervla musste Prioritäten setzen: entweder Mutter sein oder reisen, und sie entschied sich ohne Weiteres für Ersteres, was nicht hieß, dass ihr Indientrip eine Pauschalreise gewesen wäre. Ganz im Gegenteil.

Die beiden flogen nach Bombay und fuhren dann in die südwestindische Provinz Coorg. Dervla machte die Erfahrung, dass ihr Kind zäh, belastbar und anpassungsfähig war. Rachel war eine großartige Botschafterin und verschaffte Dervla viele neue Freunde. Dieser wuchsen jedoch auch ein paar graue Haare, und sie erlebte Momente, in denen ihr fast das Herz stehen blieb.

Wenige Eltern würden auch nur daran denken, ihren Kindern so viel Freiheit zu gewähren, wie Dervla es tat. Am ersten Tag in Bombay ließ sie Rachel mit Indern, die sie gerade erst kennengelernt hatte, zum Mittagessen gehen, und am Ende der Reise erlaubte sie ihr lange, unbegleitete Spaziergänge durch den tropischen Wald, um Freunde zu besuchen. Rachel bekam zwar einmal Fieber und eine Blutvergiftung im Fuß, doch führte Dervlas »Laissez-faire«-Haltung nicht zu ernsthaften Problemen.

Wie alle Kinder stellte auch Rachel gern im unpassendsten Moment die unmöglichsten Fragen, aber sie war auch so aufgeschlossen und unschuldig, dass sie ihre Mutter dazu brachte, die Dinge mit anderen Augen wahrzunehmen. Rachel lernte den Hinduismus kennen und sah, wie schlecht Frauen behandelt wurden und wie ungerecht das Kastensystem war. Nach dieser gemeinsamen Reise hatte sich die Bindung zwischen Mutter und Tochter vertieft.

Der nächste Trip 1974 nach Baltistan war um einiges gewagter. Rachel und Dervla verbrachten drei Monate in einem abgelegenen Teil Pakistans und folgten dem gewundenen Lauf des Indus durch wunderschöne, wilde Landschaften. Diese Reise war sehr viel gefährlicher als Indien, aber auch hier ließ Dervla ihrer Tochter große Freiheiten.

Das dritte Expeditionsmitglied, ein Pferd, dem sie den Namen Hallam gaben, war für Rachel ein großer Spaß, für Dervla hingegen ein echter Grund zur Sorge: Rachel ritt auf Hallam über die abschüssigsten Hänge – unten toste der Indus, und oben brach Dervla der kalte Schweiß aus. In den ganzen 43 Jahren ihres Lebens hatte es »nie einen fürchterlicheren Augenblick gegeben« als den, da ein Jeep auf einem schmalen Pfad, neben dem es senkrecht in die Indus-Schlucht hinabging, auf sie zuschoss und Hallam sich mit der auf seinem Rücken sitzenden Rachel dicht am Abgrund aufbäumte. Man kann sich Dervlas Entsetzen und ihre Schuldgefühle vorstellen. Als die Gefahr gebannt war, stand sie so unter Schock, dass sie ihre Tochter anschnauzte, anstatt sie zu trösten – was sie im Nachhinein tief beschämte, wie sie in ihrem Reisetagebuch zugab.

Rachel war jedoch nichts passiert, und in den darauffolgenden Jahren unternahmen sie weitere Reisen, unter anderem in die Anden. Dann ging Rachel auf ein Internat, und Dervla begann, Bücher über die Politik Nordirlands und den Rassismus in Großbritannien zu schreiben.

Nach der Schule unternahm Rachel eigene Reisen, erst 1987 waren Mutter und Tochter wieder zusammen unterwegs, durch Kamerun. Sie stritten und neckten sich freundschaftlich, aber ihre Beziehung hatte einen neuen Aspekt dazugewonnen. Mit achtzehn Jahren war Rachel zu einer sehr attraktiven jungen Frau herangewachsen und zog eine Menge Verehrer an, die mit ihr schlafen oder sie gar heiraten wollten. Anfänglich sehr zu Dervlas Belustigung, später zu ihrem Verdruss, wurde sie – wohl aufgrund ihres kantigen Gesichts – oft für Rachels Vater gehalten!

Um den Kreis zu schließen, bereisten Dervla, Rachel und deren drei Töchter im Jahr 2005 Kuba. Das Trio, die kleinen »Murphyettes«, war aus dem gleichen Holz geschnitzt und so ausdauernd und abenteuerlustig wie Mutter und Großmutter.

Dervla Murphy hat geschickt bewiesen, dass Kinder eine Frau nicht vom Reisen abhalten müssen. Gelegentlich kritisierte Rachel ihre Mutter, doch sie selbst bereicherte auch deren Erfahrungen; zusammen bestanden sie einzigartige Abenteuer. Dervla setzte Rachel bewusst Risiken aus, denn nach ihrer Philosophie heißt Reisen: im Hier und Jetzt leben und wildfremden Menschen vertrauen. Nur wenige sind wohl so risikofreudig wie Dervla Murphy, aber sie ist eine beachtliche Überlebenskünstlerin, und Rachel hat die Reisen unbeschadet überstanden.

Reisegefährten IV
Tiere

Was im Showbusiness gilt – niemals mit Kindern oder Tieren zu arbeiten –, gilt bei Forschungsreisen nicht so ganz. Kinder sind eher ungewöhnliche Reisepartner, Tiere hingegen trifft man häufig als Gefährten an. Dennoch können sie Probleme machen. Also Vorsicht!

Isabel Burtons Damaskus-Menagerie

Die Gattin des großen Orientalisten Sir Richard Burton gewinnt den Preis für die tollste Tiersammlung. Bei ihrer Ankunft in Damaskus 1859 begann sie sogleich eine veritable Menagerie zusammenzustellen:

1 Kamel
1 schneeweißer Esel *(damals der letzte Schrei bei geselligen Anlässen)*
1 Perserkatze
4 Bullterrier
1 Bernhardiner
1 Welpe eines kurdischen Hirtenhundes
1 Lamm
1 junger Leopard
3 Milchziegen
sowie Hühner, Gänse, Truthähne, Perlhühner, Tauben

Unnötig zu betonen, dass der kleine Leo ganz scharf auf die anderen Viecher war …

Haustiere

Um ein wenig vertraute Gesellschaft zu haben, nehmen manche Reisende ein Haustier mit oder legen sich eines zu. Vor allem reisende Frauen hatten gern ein Tier auf Expeditionen dabei, aber wie bei zwischenmenschlichen Beziehungen hat auch diese Partnerschaft ihre Nachteile.

Hunde

Sie sind die verbreitetsten Expeditionstiere, oft werden sie unterwegs aufgenommen. In Afrika lasen viele Abenteurerinnen Hunde auf. Die Britin Helen Caddick stellte jedoch fest, dass man am Ende der Reise nicht weiß, was man mit ihnen anfangen soll. Nach Hause wollte sie ihren Hund Ugly nicht mitnehmen, ihr fiel aber auch keine geeignete Person ein, bei der sie ihn zurücklassen wollte. Er war ein so guter Kumpel, dass sie erklärte: »Ich hätte ihn eher erschossen, als ihn ohne Pflege zurückzulassen.«

Zum Glück für Ugly – und für Helens Gewissen – tauchte dann doch noch ein neuer Besitzer auf.

Pam Flowers Hundepizza, verfüttert auf ihrer Transarktisexpedition mit dem Hundeschlitten 1992
Rühren Sie zehn Kilo Hundebrei aus zwei Kilo Trockenfutter und acht Litern warmem Wasser zusammen. Verfüttern Sie die Hälfte als Hauptfresschen an die Tiere und bewahren Sie fürs Hundefrühstück ein Viertel im Zelt auf. Stellen Sie den Rest in sicherer Entfernung von den Hunden hinaus in die Kälte und formen Sie mithilfe eines Napfes runde Fladen. Lassen Sie die Fladen über Nacht gefrieren. Die Hundepizza kann dann in Stücke gebrochen und als Leckerli verteilt werden.

Katzen

sind auf Expeditionen weniger verbreitet als Hunde, weil sie einfach nicht so weit laufen können. Andererseits besteht der Charme der Katze auch darin, dass sie nicht so viel Platz braucht. Naomi James bekam für ihre Weltumseglung 1977 einen jungen Kater geschenkt, Boris. Erst hielt sie das für keine so gute Idee, fand dann aber, dass Boris möglicherweise als feliner Radar fungieren und sie durch Miauen warnen könnte, wenn Schiffe oder ungewöhnliche Objekte am Horizont auftauchten. Boris war ein neugieriges Kätzchen. Er spielte gern mit den Segeln, doch seine sprichwörtliche Neugier war auch sein Verderben. Als er einmal an Deck herumtollte, fiel er über Bord. Naomi versuchte zu wenden, aber es war zu spät. Boris versank bereits in den Wellen. Naomi war ganz außer sich, aber sie konnte es sich nicht leisten, in Trauer zu verfallen. Sie tröstete sich schließlich mit dem Gedanken, dass sie eigentlich gar keine so große Katzenfreundin war. Doch Boris' Tod veranlasste sie, zu ihrer eigenen Sicherheit Seile an den Seiten des Bootes entlangzuziehen.

Exotisches

Neben den üblichen Hunden, Katzen, Pferden und Eseln adoptierte so manche Reisende auch ungewöhnlichere Tiere.

Mary Kingsley brachte von ihrer ersten Westafrikareise einen Affen mit und trug ihn auf ihrer Schulter herum. Freya Stark kam mit Himyar, einer kleinen Eidechse, aus dem Jemen zurück. Diese ernährte sich hauptsächlich von Kapuzinerkresse und Veilchen und kuschelte sich meist in Freyas Jacke, wo sie es warm hatte. Freya bastelte ein kleines Geschirr, an dem sie Himyar auf Spaziergänge mitnehmen konnte, die Echse durfte auch regelmäßig mit ins Restaurant. Leider vertrug sie das Klima in Europa nicht. Sie erkältete sich und starb.

Die Expertin für exotische Tiere schlechthin war aber zweifellos Osa Johnson (1894–1953). Zwischen 1917 und den späten Dreißigerjahren bereiste sie mit ihrem Mann Martin die Welt, sie jagten, fotografierten und nahmen eine ganze Reihe wilder Tiere auf, die sie dann bei der Rückkehr in die USA mitbrachten.

Von einem weiteren exotischen Geschöpf, einem kleinen patagonischen Vogel, handelt auch die nächste Geschichte, mit der ich dieses »tierische« Thema beschließen möchte. Doch wenn man es recht bedenkt, geht es darin gar nicht um einen Weggefährten – eher um Wegzehrung ..

Lady Florence Dixie (1855–1905) war Schriftstellerin, Journalistin, Feministin – und erste Präsidentin der ersten Frauen-Fußballmannschaft Großbritanniens, die bei ihrem ersten Spiel zur Wahrung der Schicklichkeit kleine Hüte auf dem Kopf und kurze Röcke über den Knickerbockern trug. Einer von Lady Florence' Brüdern kam am Matterhorn ums Leben. Sie selbst unternahm 1878 mit einer Gruppe britischer Adliger eine lange Reise durch Patagonien. Sie hatten einige Pferdeladungen Proviant dabei,

Osa Johnsons Tipps für den Umgang mit Wildtieren:

Geparden mögen keine Taxis
Die Johnsons kauften den Geparden Bong einem kenianischen Farmer ab. Die Raubkatze wohnte mit ihnen im Haus in Nairobi, und sie nahmen Bong mit nach New York, wo er im Zoo des Central Park untergebracht wurde. Anfangs holte Osa ihn gelegentlich zu einem Spaziergang ab, als er aber eines Tages ein Riesentheater machte, als er ins Taxi steigen sollte, gelobte sie, ihn zukünftig im Käfig zu lassen.

Gestatten Sie einem Gorilla nicht, Ihr Schlafzimmer zu betreten
Auch der Gorilla Snowball, den die Johnsons Jägern abgekauft hatten, war eine Anschaffung aus Afrika, die wie Bong im Zoo landete. Als Osa ihn eines Tages abholte und mit in ihre Wohnung nahm, machte sie den fatalen Fehler, ihn ins Schlafzimmer zu lassen. Er verschüttete ihr Gesichtspuder, fraß ihren Lippenstift auf, machte ihren Wecker kaputt, und am Ende legte er sich auch noch ins Bett. Dies war sein erster und letzter Besuch in Osas Schlafzimmer.

Halten Sie eine Manguste von Ihrem Nähkorb und Ihrem Wagen fern
Die Manguste Ticky fingen Martin und Osa selbst. Zuerst war das kleine Raubtier ein schwieriger Geselle. Ticky biss jeden, der ihn streicheln wollte, dann aber wurde er zutraulicher. Die Johnsons durften ihn allerdings nicht mit in die USA nehmen, weil es ein Einfuhrverbot für Mangusten gab. Doch vor ihrer Rückreise fand Ticky ohnehin ein trauriges Ende. Er eroberte ein Fadenknäuel und spielte so versessen damit, dass er sich selbst fesselte. Man fand ihn und befreite ihn, doch kurz darauf kletterte er in die Felge eines Wagens und hockte noch dort, als das Auto losfuhr.

Vorsicht vor verspielten Straußen!
In der afrikanischen Kaisut-Wüste fingen die Johnsons zwei kleine Strauße und zähmten sie. Ossie und Oscar waren sehr zutraulich, rannten am liebsten durchs Lager und machten Unsinn. Doch als die beiden auf Osas Bett sprangen, während sie schlief, erlebte sie eine böse Überraschung: Ein ausgewachsener Strauß kann bis zu hundert Kilo wiegen, und selbst ein Jungtier ist nicht gerade ein Leichtgewicht ...

ernährten sich aber vor allem von Wild, das sie unterwegs erlegten, sowie von lokalen Delikatessen wie Guanako-Kopf-Suppe, Ibis-Brühe und Blutwurst.

Doch ihre außergewöhnlichste kulinarische Entdeckung war ein kleiner Vogel, der Chorlito oder Reiherläufer, der sich haupt-

sächlich von Schalentieren und Moosbeeren ernährt. Am Spieß gebraten, schmeckt er köstlich. Florence Dixies Schilderung ihres ersten Chorlito am Spieß ist eine der köstlichsten Aufzeichnungen in der Geschichte der Entdeckungsreisen.

Als aber jemand gegen Schluss des Mahles, mehr aus Neugier, als um den Appetit zu stillen, einen Chorlito vom Spieß nahm und ein Stück abbiss, änderten sich plötzlich seine Züge, sein gleichgültiges Gesicht zeigte Leben und große Überraschung, die bald in stilles Entzücken überging, während er den Vogel Bissen für Bissen verschwinden ließ. Er sagte zwar nichts, aber sein Mienenspiel und seine Tätigkeit sprachen mehr als Worte; wie man sich denken kann, schmausten wir nun alle Chorlitos, und eine Zeit lang hörte man nichts als das Schmatzen der Lippen, das Krachen der Knochen und gelegentliche Ausrufe wie: »Prachtvoll! Herrlich! Deliziös!« Das Fleisch der an Kronsbeeren gemästeten Chorlitos ist die köstlichste Delikatesse, welche man sich denken kann.

Offenbar ohne Übertreibung ein verführerisch saftiger, feinwürziger Gourmettraum. Da läuft einem einfach das Wasser im Mund zusammen!

Allein mit sich selbst

Frauenteams oder -partnerschaften waren relativ selten, dafür gab es immer viele Alleinreisende. Das ist insofern erstaunlich, als es doch heißt, Frauen seien kontaktfreudiger und geselliger als Männer, daher sollten sie mit dem Alleinsein eigentlich schlechter zurechtkommen. In der Praxis scheint dies aber nicht zu gelten. Die meisten der großen weiblichen Forschungsreisenden waren solo oder mit einheimischen Führern unterwegs, und alle mussten lernen, sich mit dem Alleinsein und der Einsamkeit zu arrangieren. Dieser Zustand ist selten angenehm, aber es gibt Strategien, um ihn erträglicher zu machen.

Rückzug
Die Amerikanerin Pam Flowers wollte 1992 mit dem Hundeschlitten die Arktisküste von Barrow in Alaska zur kanadischen Repulse Bay befahren. Sie flog nach Norden und schlug in einem Ort mit dem anheimelnden Namen Deadhorse ihr Lager auf. In den ersten beiden Monaten unternahm sie eine Reihe kurzer Trainingsfahrten, um das Hunderudel auszubilden. Je näher der Start ihrer eigentlichen Reise rückte, desto weniger sprach sie mit anderen Leuten, sie zog sich absichtlich zurück, um sich an die Einsamkeit der bevorstehenden langen Fahrt zu gewöhnen.

Sich schön machen
Einsamkeit ist vor allem bei Einhandseglern ein Thema. Alle berühmten Seglerinnen, angefangen bei Ann Davison bis hin zu Ellen MacArthur, haben über den Druck berichtet, unter dem sie über die langen Zeiten des Alleinseins standen. Eine jede schien dabei ihr eigenes Rezept gegen die Einsamkeit zu haben: Naomi James las, wie wir bereits erfahren haben, Bücher über Antiquitäten und schnitzte Schachfiguren, Ann Davison las Gedichte und erfand Spiele, Clare Francis sprach über Funk mit ihrer Familie

und ihrem Freund. Doch Nicolette Milnes-Walker hatte wohl die originellste Strategie: Sie zog sich immer mal wieder zum Essen schön an und trug Parfüm auf, um sich weiblicher zu fühlen.

Lesestoff

Bücher sind gute Freunde für Forschungsreisende beiderlei Geschlechts, doch man sollte seine Wahl sorgfältig treffen.

1. Nehmen Sie nicht nur ein Buch eines mehrbändigen Werkes mit …
   … wie Monica Jackson und ihre beiden Kameradinnen vom *Scottish Ladies' Climbing Club,* die Mitte der Fünfzigerjahre in den Himalaja fuhren und von den *Brüdern Karamasow* ärgerlicherweise nur den ersten Band mitgenommen hatten …

2. Rationieren Sie die Bücherstapel sorgfältig
   Nach Äthiopien nahm Dervla Murphy ein paar Bücher mit, »um den Kontakt zu meiner Kultur nicht zu verlieren«, darunter eine Shakespeare-Anthologie und Henry Fieldings *Tom Jones.* Doch auf ihrer Reise durchs Land kamen noch weitere Bücher hinzu, sodass sie über zwanzig Kilo im Rucksack zu schleppen hatte. Das war aber gar nichts verglichen mit den sieben Tonnen Bücher, die der berühmte Afrikaforscher Henry Morton Stanley auf eine seiner Expeditionen mitnahm, doch er hatte ja auch seine Diener und Träger.
3. Scheuen Sie sich nicht, auch deprimierende Bücher mitzunehmen

Wenn die See toste und sowieso alles schlecht lief, las Naomi James zur Erbauung Bücher über Segler, die die gleichen Probleme gehabt hatten wie sie. Ihr Lieblingsbuch war von David Lewis, der einen atemberaubend gefährlichen Törn durch den Südpazifik unternommen hatte. Nicolette Milnes-Walker hingegen las auf ihrer Atlantiküberquerung gern *Krebsstation* von Alexander Solschenizyn. Das Buch zog sie nicht allzu sehr runter, denn es geht darin um ein Thema, das überhaupt nichts mit ihren eigenen Sorgen zu tun hatte.

Anderen Menschen begegnen

Aloha – *»Liebe, Zuneigung, gute Wünsche«; Hawaii.*
Assalam-u-alaikum – *»Ich grüße dich im Namen Gottes«; arabische Welt.*
Namaste – *»Ich verbeuge mich vor dir«; Nepal.*

Gefährten können sehr zum Erfolg und zum Vergnügen einer Expedition beitragen, Entdeckungsreisende sind sich jedoch größtenteils darüber einig, dass es am spannendsten ist, Menschen aus fremden Kulturen zu begegnen.

Es ist den meisten berühmten reisenden Frauen gemein, dass sie sich leichttun, Beziehungen zu Einheimischen aufzubauen. Eine Ella Maillart, eine Dervla Murphy oder eine Christina Dodwell scheinen ganz entspannt und selbstverständlich von einer Bekanntschaft zur nächsten zu reisen. Gut mit Fremden auszukommen und sich schnell mit ihnen anzufreunden ist eine Gabe, die man hat oder nicht, aber auch eine Kunst, die sich erlernen und vervollkommnen lässt.

Fremde Menschen sind oft interessant und aufregend, sie können aber auch schwierig und unberechenbar sein. Auf Reisen muss man diplomatisch sein, man muss Konflikte lösen können und wissen, wann man nachgeben oder wann man standhaft bleiben muss.

Jede Gegend hat ihre eigenen kulturellen Normen, aber es gibt bestimmte Wechselbeziehungen, die allgemeinen Mustern folgen.

Kommunikation

Muss man die Landessprache sprechen?

Zweifellos kann man den Radius seiner Reisen massiv ausdehnen, wenn man der lokalen Sprache kundig ist. Einige der erfolgreichsten Forschungsreisenden waren auch gute Linguistinnen. Freya Stark beherrschte zum Beispiel acht Sprachen, darunter Arabisch, Persisch, Russisch und Deutsch. Dies trug wesentlich zum Gelingen ihrer Fahrten bei, auf denen sie sich vor allem für

das Leben der Menschen interessierte. Verkleidet man sich auf Reisen als Einheimischer, ist es natürlich unerlässlich, die Landes- oder Stammessprache fließend zu sprechen. Im Gegensatz zu anderen Reisenden gelangte Alexandra David-Néel nach Lhasa, weil sie gut Tibetisch sprach. Die britischen Beamten, die sie traf, sagten, ihr Tibetisch habe absolut echt geklungen.

Aber kommt man auch durch, wenn man die Landessprache nicht beherrscht?

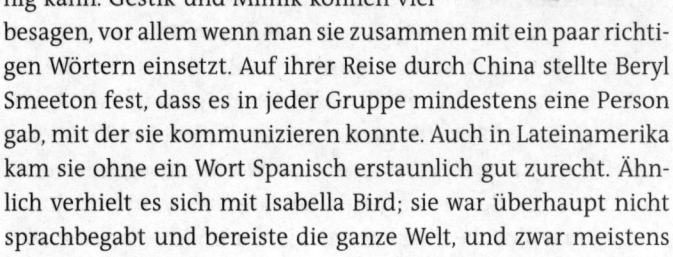

Man schafft es auch, wenn man die lokale Sprache gar nicht oder nur ein wenig kann. Gestik und Mimik können viel besagen, vor allem wenn man sie zusammen mit ein paar richtigen Wörtern einsetzt. Auf ihrer Reise durch China stellte Beryl Smeeton fest, dass es in jeder Gruppe mindestens eine Person gab, mit der sie kommunizieren konnte. Auch in Lateinamerika kam sie ohne ein Wort Spanisch erstaunlich gut zurecht. Ähnlich verhielt es sich mit Isabella Bird; sie war überhaupt nicht sprachbegabt und bereiste die ganze Welt, und zwar meistens allein.

Doch selbst wenn man eine bestimmte Sprache spricht, kann man über das eine oder andere Wort stolpern …

Pannen

Was ist ein »Murphy«?
Auf ihrer Wanderung durch Äthiopien stellte Dervla Murphy fest, dass allein die Erwähnung ihres Namens oft Gelächter auslöste. Noch geheimnisvoller fand sie, dass kranke Leute sie manchmal baten, ihnen eine Spritze zu geben. Es stellte sich heraus, dass *murfee* das äthiopische Wort für »Spritze« ist.

Ich soll ein *khajeh* sein?
Sarah Hobson, die 1970 als junger Mann verkleidet durch den Iran reiste, begegnete man wegen ihres fehlenden Bartes oft mit Misstrauen. Ein iranischer Freund, der die Wahrheit kannte, riet ihr, um akzeptiert zu werden, solle sie im Spaß sagen, sie sei ein *khajeh,* ein Junge, der keinen Bart bekommen könne. Es funktionierte, aber es war ihr auch peinlich, weil die Leute sie für ihren

Geschmack doch zu sehr auslachten. Ihr Freund hatte ihr nämlich nicht verraten, dass *khajeh* auch »Eunuch« bedeutet.

Wollen Sie etwas »Aufregendes« lesen?

Marie Herbert begleitete eine Gruppe Samen aus Nordnorwe-
gen auf ihrer Wanderung mit den Rentieren. Die Leute waren
sehr neugierig und wollten wissen, was sie sonst so mache. Sie
erzählte ihnen, dass sie mit ihrem Mann einige Zeit in der Arktis
verbacht habe, Schriftstellerin sei und aufregende Bücher
schreibe. Die Samen verstanden das Wort »aufregend« nicht,
also nahm Marie ein norwegisch-englisches Wörterbuch zur
Hand und schlug die Übersetzung nach: *stimulere*. Es gab großes
Gelächter allenthalben, und der Begriff wurde für die kommenden Wochen zum Running Gag – *stimulere* bedeutet nämlich
»sexuell erregen«.

Königliche Behandlung

Wenige Jahre nach dem Tod der legendären britischen Königin Victoria fuhr Louisa Jebb 1907 mit einem Floß den Euphrat
hinunter und stellte dabei fest, dass sie und ihre Gefähr-
tin immer sehr gut, ja fast königlich behandelt wurden.
Später erfuhr sie, dass ein Führer die Visitenkarte ihrer
Freundin gesehen hatte, die Victoria hieß und in der
Londoner Princess Gate wohnte. Der Führer zählte zwei
und zwei zusammen und kam zu dem Schluss, dass
Louisa und ihre Freundin zur königlichen Familie gehören mussten. Die beiden Frauen freuten sich so über
ihre bevorzugte Behandlung, dass sie das Missverständnis erst
einige Zeit später aufklärten.

Die Sprache des Schweigens

Kommunizieren zu können ist ein überlebenswichtiges Talent,
man muss aber auch den Wert und die Bedeutung des Schwei-
gens begreifen. Auf der Reise durch den Nahen Osten aß Rosita

Forbes in Gesellschaft sehr schweigsamer Beduinen. Zuerst irritierte sie das, dann aber stellte sie fest, dass es nicht nur peinliches, sondern auch angenehmes Schweigen gab. Je vertrauter sie mit den Beduinen wurde, desto weniger empfand sie die Notwendigkeit, sich zu unterhalten.

Auch May French Sheldon lernte auf ihrer Safari durch Ostafrika das Schweigen als wichtiges »Kommunikationsmittel« kennen: »Wenn man verunsichert ist, dann lieber geheimnisvoll schweigen, als peinliche Unentschlossenheit zu zeigen oder gar Fehler einzugestehen.« So konnte sie den Schein der Allwissenheit aufrechterhalten, was sehr wichtig ist, wenn man als Frau allein mit einer großen Gefolgschaft an Trägern und speerschwingenden Wachen reist. May behauptete, um Afrika zu bereisen, müsse man lediglich 250 Swahili-Wörter beherrschen, alles andere lasse sich mit Augenkontakt regeln.

Handel ...

Bei ihrer Rückkehr aus Afrika schockierte Mary Kingsley ihre viktorianischen Landsleute, indem sie die Händler lobte. Nach landläufiger Meinung beuteten Händler die Eingeborenen aus, während Missionare und die Vertreter der Kolonialbehörden den Leuten halfen. Doch Mary fand, dass die Händler ganz im Gegenteil eine positive, förderliche Beziehung zu Afrika hatten, die Missionare aber oft von den Einheimischen gehasst wurden. Mit dem Argument, sie habe in den Straßen Londons mehr Betrunkene gesehen als in jeder Handelsstation in Afrika, schlug sie sich sogar auf die Seite der Spirituosenhändler in deren Kampf gegen die Missionare und Gutmenschen, die den Handel unterbinden wollten.

Sie hielt Handel für eine hervorragende Möglichkeit, eingeborene Völker kennenzulernen, weil diese die Tätigkeit des Handels schlicht und einfach kannten und verstanden. Hingegen sagte es ihnen gar nichts, wenn man erklärte, man sei »Forscher«. Wenn ein Händler sich klug verhielt, konnte er den Respekt der Leute gewinnen.

Doch Händler mussten gnadenlos sein. Mary stellte fest, dass es in Westafrika ein großes Kompliment war, wenn ein Händler »Mann des Teufels« genannt wurde: »Er darf keine Schwächen zeigen, sondern muss charakteristisch eine Mischung aus Kardinal Richelieu, Brutus, Julius Cäsar und Metternich … sein.« Den Teufelsmann hassten die Einheimischen nicht, im Gegenteil, er genoss wegen seiner Härte großes Ansehen.

Auch Ella Maillart betrachtete den Handel als eine faszinierende Möglichkeit, eine fremde Kultur kennenzulernen. Sobald sich auf ihrer Reise durch Chinesisch-Turkestan eine Gelegenheit bot, baute sie schnell einen Stand auf. Auf dem Markt in Buchara wollte jeder ihre *Leica* kaufen, obwohl keiner zu wissen schien, wozu dieses Ding eigentlich diente. Auf ihrer Wanderung durch China mit Peter Fleming tauschte Ella einmal auch Zündhölzer, Zwirn und anderes gegen Essen und ein wenig Goldstaub.

… und Wandel

Auch über das Einkaufen haben sich reisende Frauen begeistert ausgelassen. Isabel Burton widmete den Einkaufsfreuden auf den Märkten von Damaskus ein ganzes Kapitel in ihrem Buch über Syrien. Und die britische Schriftstellerin Vita Sackville-West wurde ganz poetisch, als sie schilderte, welche Chance es sei, auf den Märkten Teherans Beobachtungen anzustellen. Wie beim Handeln, so geht es auch beim Einkaufen nicht allein um den Erwerb von Dingen; man hat dabei mit anderen Menschen zu tun.

Shoppen und Sammeln auf Teufel komm raus

May French Sheldon kam mit einer riesigen Menge an Artefakten aus Ostafrika zurück. Sie war eine so unersättliche Sammlerin, dass sie einer toten Massai-Frau, die sie am Wegesrand fand, am liebsten buchstäblich den Eisenschmuck aus dem Fleisch geschnitten hätte, aber ihre Träger weigerten sich, die Leiche auch nur anzurühren.

Helen Caddick war nicht ganz so skrupellos, aber zimperlich war auch sie nicht. Bei ihrer Afrikareise um 1890 war sie vom Schmuck der Eingeborenen so begeistert, dass sie Elfenbein- und Metallscheiben kaufte, die sich die Frauen durch die Oberlippe trieben, um sie zu dehnen. Wenn die Frauen ihren Schmuck verkauft hatten, ersetzten sie ihn umgehend durch eine provisorische Holzscheibe.

Freya Stark war eine eifrige Shopperin und Sammlerin, wann immer sie es sich leisten konnte, aber besonders erfreut war sie, wenn es etwas umsonst gab. 1933 ging sie in Luristan auf Schatzsuche; die Sage über eine verborgene Höhle voller Goldmünzen und Schmuck lockte sie in diese abgelegene Region Persiens. Überflüssig zu erwähnen, dass von diesem Schatz weit und breit nichts zu sehen war, als sie ankam. Von der Polizei allerdings schon. Für jemanden, der die Rangeleien mit Behördenvertretern wie einen Sport betrieb, war es blamabel, außer Landes eskortiert zu werden, aber wenigstens kam Freya mit dem Leben davon. In Bagdad kochte nämlich schon die Gerüchteküche. Es hieß, sie sei von einer Schar Assassinen ermordet worden, die ausgesandt worden seien, um den Schatz einzusammeln.

Wie macht man ein gutes Foto?

Nur wenige Jahrzehnte nach Erfindung der Fotografie war eine Kamera für die meisten Reisenden bereits ein wichtiges Hilfsmittel. Die Entwicklung der 35-Millimeter-*Leica* im Taschenformat machte das Fotografieren auf Expeditionen Mitte der Zwanzigerjahre schon relativ unkompliziert, und Mitte des letzten Jahrhunderts gab es – wenn überhaupt – nur wenige Forschungsreisende, die darauf verzichteten. Doch obwohl die Technik sich unaufhaltsam weiterentwickelte, war es immer noch ein Problem, die Menschen dazu zu bringen, sich fotografieren zu lassen.

Knips-Tipps

Behaupten Sie, Ihre Kamera sei ein Vogelhäuschen
Ihr bestes Bild, ein Gruppenfoto von Männern in der Nähe des Kilimandscharo, schoss May French Sheldon, als sie ihnen sagte, dass aus ihrer Kamera ein Vögelchen fliegen werde und man es am besten sehen könne, wenn man direkt ins Objektiv blicke.

Lassen Sie was springen
Auf ihrem Trip durch die Mongolei sah Beatrix Bulstrode einen Reiter fröhlich für einen anderen Reisenden posieren. Gleich nach der Aufnahme streckte der Einheimische die Hand aus und wollte bezahlt werden. Bereits Anfang des 20. Jahrhunderts kam man also selbst in der mongolischen Steppe mit klingender Münze weiter.

Holen Sie die Klampfe raus
Osa Johnson tauchte regelmäßig in den Dokumentarfilmen und auf den Fotografien ihres Mannes Martin auf. Ihre Aufgabe war es häufig, widerstrebende Einheimische davon zu überzeugen, doch noch vor der Linse zu erscheinen. Sie kannte viele Kniffe; sei es, dass sie Kannibalenhäuptlinge betörend anlächelte, sei es, dass sie ihre Ukulele auspackte und ihnen etwas vorsang.

Zeigen Sie keine falsche Scham
Früh in ihrer Laufbahn machte Freya Stark Bilder in Damaskus. Ein alter Mann winkte sie zu sich, sie folgte ihm ein wenig zögerlich, hoffte aber, er werde ihr etwas Tolles zeigen. Nach einem Gang durch Dutzende schmaler, gewundener Gassen, kamen sie zu einem Badehaus, wo Freya mit einer Gruppe halb nackter Männer konfrontiert wurde. Sie behielt die Nerven und machte eine große Schau aus dem Foto, das sie schoss, verkrümelte sich dann aber schleunigst.

Richtig schenken

Informieren Sie sich vorher
Als Gertrude Bell durch Arabien reiste, war sie sehr darauf bedacht, herauszufinden, wie man dort richtig schenkte und beschenkt wurde. So erfuhr sie, die besten Geschenke für wichtige Männer seien Pferde und Waffen. Da Letztere leichter zu tragen waren, sorgte Gertrude dafür, immer eine gute Anzahl Gewehre sowie Vasen voller Patronen bei sich zu haben.

Unterschätzen Sie Ihren Gastgeber nicht
Auf ihren Reisen durch die arabische Wüste war auch Lady Anne Blunt sehr gewissenhaft, wenn es ums Schenken ging, aber dennoch lag sie nicht selten daneben. Als sie und ihr Mann Wilfred 1879 den berüchtigten Emir von Hail trafen, der als gefährlich und heikel galt, machten sie mit ihren Gaben keine Schnitte. Das Gewand, das sie ihm überreichten, sah im Vergleich zu dem, das er trug, banal aus. Und das Winchester-Gewehr, von dem sie geglaubt hatten, es würde ihn beeindrucken, hatte er bereits in seiner Waffenkammer.

Verleihen Sie den Dingen einen persönlichen Wert

Als Ella Maillart durch Turkestan reiste, hatte sie einen Vorrat an Schmucksachen dabei, die sie als Geschenke verwenden wollte. Sie stellte sicher, dass gesehen wurde, wie sie das entsprechende Stück trug, bevor sie es betont gelassen und souverän weggab.

Nehmen Sie keine Weihnachtsgeschenke zum Einhandsegeln mit

Auf ihrer Atlantiküberquerung 1952 hatte Ann Davison eine Tasche voller Schmuckkarten und Geschenke dabei, die ihr Freunde und Gratulanten für Weihnachten mitgegeben hatten. Doch als sie dann alles aufmachte, hob das ihre bedeckte Stimmung nicht, im Gegenteil, sie wurde noch trauriger.

Hat man erst einmal die vor Ort herrschenden Regeln für Handel, Fotografieren, Schenken und andere besondere Wechselbeziehungen begriffen und berücksichtigt, kann man sich einem grundlegenderen Thema zuwenden: dem allgemeinen Kontakt zur lokalen Bevölkerung.

Begegnung mit einheimischen Frauen

Für viele Europäerinnen und Amerikanerinnen auf Reisen war das Zusammentreffen mit einheimischen Geschlechtsgenossinnen oft mit der betrüblichen Feststellung verbunden, dass Frauen in vielen Kulturen Menschen zweiter Klasse waren. Auf einer Chinareise in den frühen Zwanzigerjahren machte Rosita Forbes einer Frau ein Kompliment für deren hübsche kleine Tochter. »Dann nehmen Sie sie doch mit«, gab die Frau freimütig zurück, denn damals wollte keine Chinesin Töchter haben. Die galten einer Familie als Last, nicht als Bereicherung.

Entdeckungsreisende wie Rosita Forbes waren Außenstehende aus reichen, mächtigen Ländern und bekamen männliche Privilegien zugesprochen, die für die einheimischen Frauen

überaus selten galten. Als Arlene Blum 1972 in Kaschmir klettern war, wurde sie zum Abendessen bei einer Familie eingeladen – sie aß zusammen mit den Männern, die Frauen hielten sich im Hintergrund und bedienten die Männer und ihre Gäste. Es gab eine ganz klare Hierarchie beim Essen: erst die Männer, dann die Frauen. Manche Reisende berichtete, dass mitunter auch die Kinder noch vor den Frauen essen durften.

Es gab aber nicht nur Schlechtes zu entdecken. Im Nahen Osten lernten die Reisenden eine Welt kennen, in der Männer und Frauen sehr abgegrenzt voneinander lebten, jedes Geschlecht hatte seine eigenen Wohnquartiere. Hier nun waren die reisenden Frauen im Vergleich zu ihren männlichen Pendants deutlich im Vorteil. Denn es war ihnen möglich, unter den Einheimischen sowohl mit Männern als auch mit Frauen Umgang zu pflegen. Nicht zuletzt hatten sie Zutritt zu der faszinierendsten Institution des Nahen Ostens, die fremden Männern grundsätzlich verschlossen war – dem Harem.

Im Harem

Im 19. Jahrhundert war der Harem für die westliche Welt ein Faszinosum. Künstler wie Dominique Ingres malten üppige Bilder von Haremsdamen, die in herrlicher Nacktheit auf Diwanen lagen und nur darauf warteten, dass der lüsterne Sultan nach ihnen rief. Diese Gemälde waren zur Gänze ein Werk der Phantasie – Ingres hatte natürlich nie einen Fuß in einen Harem gesetzt, schon gar nicht in den der osmanischen Sultane. Außer den Eunuchen, dem Ehemann und ganz nahen Verwandten durften Männer einen Harem nicht betreten. Das Wort leitet sich vom arabischen *haram* für »verboten« ab. Es ging das Gerücht, Sir Richard Burton sei in einem osmanischen Harem er-

wischt worden und hätte sich zur Strafe von seinen »Kronjuwe-
len« trennen müssen, was er aber kategorisch abstritt.

Reisende Frauen jedoch bekamen einzigartige Einblicke in
das Leben muslimischer Frauen, sie durften sowohl die herr-
schaftlichen Harems besuchen als auch die Privatgemächer nor-
maler persischer und arabischer Frauen.

Der berühmteste Harem befand sich damals im Serail des osmanischen Herrschers in Istanbul, wo zeitweise bis zu zweitau-
send Frauen lebten. Entgegen der landläufigen Meinung waren
diese keineswegs alle Konkubinen, im Harem lebten traditionell
die Ehefrauen sowie die weiblichen Verwandten, Kinder und Haremsdienerinnen. Einige dieser Frauen übten im Osmanischen
Reich beträchtliche politische Macht aus.

Die Hierarchie im Harem

Valide Sultan: *Mutter des regierenden Sultans; die wichtigste Frau im Harem*
Kadinen: *Ehefrauen des Sultans; traditionell vier*
Sultaninnen: *Schwestern, Tanten und Töchter des Sultans*
Konkubinen: *Haremsdamen, die dem Sultan sexuell zu Diensten waren*
Odalisken: *Haremsdienerinnen*

Als erste Europäerin berichtete Lady Mary Montagu (1698–1762)
über den Harem des Sultans, sie war die Frau des britischen Bot-
schafters, der 1716 nach Istanbul berufen wurde. Entgegen herrschenden Vorstellungen und den irrigen Berichten früherer
männlicher Reisender schrieb sie nach Hause, der Harem sei
kein Gefängnis, sondern ein Bereich, der nur Frauen vorbehal-
ten sei. Sie betonte, dass die türkischen Frauen »doch vielleicht
freier als alle übrigen des Erdbodens und die einzigen Weiber in
der Welt sind, die ein Leben von ununterbrochenem, sorglosem
Vergnügen führen, ihre ganze Zeit zubringen mit Besuchen, Baden oder dem angenehmen Zeitvertreib, Geld auszugeben und
neue Moden zu ersinnen. [...] Es ist des Mannes Geschäft, Geld
zu verdienen, und ihres, es zu vertun«, so schrieb sie 1718. Sie

wehrte sich auch gegen die Ansicht, dass der Schleier für die Frauen eine Einschränkung bedeute; er schenke ihnen im Gegenteil unvergleichliche Freiheiten, denn so könnten sie ihren Angelegenheiten unerkannt nachgehen und heimlich durch die Straßen der Stadt zu ihren Liebhabern eilen.

Die nächste britische Besucherin im Harem war Lady Elizabeth Craven (1750–1828), eine adlige Schriftstellerin, die Ende des 18. Jahrhunderts durch Istanbul kam. Ihr Reisebericht, 1789 in Briefform veröffentlicht, fiel weniger schmeichelhaft für den Harem aus. Sie stellte diesen Ort als einen Tempel des Müßiggangs dar, den intrigante, dekadente Frauen bewohnten. Lady Cravens Bild des Haremlebens prägte die negative Einstellung bei den meisten späteren Besucherinnen, vor allem jene aus viktorianischer Zeit waren besonders kritisch.

Isabella Bird kam 1891 in Teheran in den Harem des Schahs von Persien und stellte fest, dass sich die Frauen tödlich langweilten. Sie interessierten sich sehr für Isabellas Leben, denn »sie gingen nie irgendwohin und sahen nie etwas anderes«. Isabella prangerte die Abgeschlossenheit des Harems an und bezeichnete ihn als einen Ort voller engherziger Eifersüchteleien und hasserfüllter Intrigen.

Gertrude Bell war gegenüber dem Harem in Arabien großzügiger eingestellt, aber auch sie fand, dass man die arabischen Frauen »wie Hunde« behandelte.

Nicht alle viktorianischen Damen äußerten sich so abschätzig. Ella Sykes lebte drei Jahre in Persien bei ihrem Bruder, der dort im diplomatischen Dienst stand; in ihrer Kritik am Harem war sie maßvoll. Für sie war es Teil der Kultur, dass Männer und Frauen getrennt lebten. Wie viele andere Reisende spürte auch sie, dass ihre Anwesenheit die Haremsdamen oft verstörte, weil ihre westliche Freiheit einen scharfen Kontrast zu deren Eingesperrtsein bildete. Ella Sykes bezeichnete die Frauen als »Opfer« des Islam und stellte fest, dass sie oft neurotisch und unglücklich waren.

Freya Stark und Rosita Forbes urteilten nicht so streng über den Harem. Verkleidet als Einheimische, nannte sich Rosita auf ihrer Reise nach Kufra »Khadija«, nach der Frau eines Scheichs, die sie in einem Harem getroffen hatte. Für die echte Khadija waren Männer und Frauen »so getrennt, aber auch so verbunden wie die beiden Schneiden einer Schere«; sie freute sich für ihren Mann, dass er auch andere Frauen haben durfte, denn sie leisteten ihr Gesellschaft und erlösten sie von den ewigen anstrengenden Schwangerschaften.

Letztlich prägten die jeweils eigenen Wertvorstellungen das Bild, das sich die Reisenden vom Harem machten. Lady Montagu, die am englischen Hof selbst eine Welt voller Intrigen und heimlicher Affären kennengelernt hatte, war fasziniert vom Haremsleben. Isabella Bird hingegen, die bereits zur Zeit der ersten Frauenrechtlerinnen lebte, betrachtete den Harem als eine Einrichtung zur Unterdrückung der Frau.

Begegnung mit einheimischen Männern

Die meisten weiblichen Entdeckungsreisenden waren häufig mit einer simplen Gegebenheit konfrontiert: Sie taten etwas völlig Unerwartetes. Einheimische Männer wussten oft schlichtweg nicht, wie sie sich darauf verhalten sollten. Im Allgemeinen behandelten sie die Frauen aus dem Westen mit der Höflichkeit und dem Respekt, die jedem Reisenden zuteil wurden; manchmal wurden die Besucherinnen aus der Fremde behandelt wie ein – in Gertrude Bells Worten – »drittes Geschlecht«, und man gewährte ihnen privilegierten Zugang sowohl zur männlichen wie zur weiblichen Sphäre. Mehrere Frauen heirateten Männer, die sie auf ihren Reisen getroffen hatten, und verbrachten hernach ausnahmslos ein glückliches Leben. Lady Jane Digby (1807–1881), eine berühmte englische Schönheit, die schon mehrere spektakuläre Ehen und Liebschaften hinter sich hatte, heiratete 1854 einen zwanzig Jahre jüngeren syrischen Scheich und lebte mit ihm bis zu ihrem Tod wechselweise in einem Nomadenzelt und einem Palast in Damaskus. Die Schmetterlingssammlerin Margaret Fountaine (1862–1940) ehelichte einen Fremdenführer, dem sie kurz nach der Jahrhundertwende ebenfalls in Syrien begegnet war. Und wie wir bereits gesehen haben, führte die unkonventionelle Isabelle Eberhardt eine, wenn auch kurzlebige, Ehe mit einem algerischen Offizier.

Allerdings wurden Frauen gelegentlich auch von Einheimischen bedroht und schikaniert, doch üblicherweise kamen sie ungeschoren davon.

Wie man sich gegen amouröse Avancen wehrt

Es ist eine traurige Tatsache, dass reisende Frauen anders als Männer unerwünschter Anmache ausgesetzt sind. Das soll nicht heißen, dass Männer grundsätzlich nie sexuell bedroht werden – man denke nur an »Lawrence von Arabien«, Thomas Edward Lawrence, der in einem türkischen Gefängnis vergewaltigt wurde –, aber zumindest in den veröffentlichten Reiseberichten findet sexuelle Belästigung bei Männern kaum Erwähnung.

Bei Frauen hingegen reicht dies von relativ harmlosem, aber lästigem Liebesgesäusel über Drohungen bis hin zur brutalen Realität einer Vergewaltigung. In den späten Sechzigerjahren trampte die junge Britin Rosie Swale von London nach Moskau und wurde verschiedentlich übel angemacht. Am schlimmsten kam es in Pakistan, wo sie von Hirten vergewaltigt wurde.

Zum Glück aber ist Rosies Geschichte eher die Ausnahme als die Regel. Die meisten Frauen berichten, dass sie unter Zuhilfenahme einer ganzen Reihe von Strategien ihre Verehrer erfolgreich losgeworden sind:

Rülpsen Sie sich aus der Bredouille

Die als Jüngling verkleidete Sarah Hobson wurde 1970 im Iran ständig von Männern belagert, sie wurde sogar von einem Stricher angesprochen. Wenn sie gelegentlich Frauenkleider trug, wurde sie noch heftiger bedrängt, ob von Polizisten oder Ärzten. Als ein Doktor sie zu verführen versuchte, rülpste sie wiederholt laut und heftig und konnte ihn so vertreiben.

Seien Sie vorbereitet

Die überaus pragmatische Ella Maillart hatte schon so viele Geschichten über Vergewaltigungen im ländlichen Turkestan gehört, dass sie ihre Arzneitasche auch mit einem Röhrchen *Neosalvarsan* bestückte, mit dem man damals Syphilis behandelte.

Machen Sie sich hässlich

Charlotte Mansfield wurde vor ihrer Afrikareise 1909 gewarnt, dass sicherlich jeder Stammeshäuptling sie heiraten wolle, weil sie so schönes Haar habe. Wenn sie doch nur einen Silberblick hätte, das wäre gut, riet ihr ein alter Kolonist …

Bleiben Sie cool

Mitte der Dreißigerjahre reiste Beryl Smeeton vor allem per Bus von Persien in die Sowjetunion. Auf einer Etappe hielt der Bus über Nacht, und der Fahrer brachte sie in die Herberge. Es gab

nur ein Zimmer, ein Doppelzimmer. Der Fahrer wollte es mit Beryl teilen und versprach, sich zu benehmen. Kaum war sie ins Bett geschlüpft, kam der Fahrer splitternackt an, in der Hand nur ein Einkaufsnetz. Er setzte sich an ihr Bett und sah sie an. Beryl blieb völlig gelassen, gähnte und schlief weiter. Nach ein paar Minuten trollte sich der Mann in sein eigenes Bett.

Zeigen Sie Entschlossenheit und Geduld

Dervla Murphy passierte es auf den Reisen mit ihrer Tochter zweimal, dass sie sich mit Männern in einem Raum befand, die etwas von ihr wollten – oder, schlimmer noch, von Rachel. In Baltistan lockte ein Militärarzt die beiden ins Krankenhaus, wo er arbeitete, zog ein Familienalbum heraus und klagte, wie einsam er sei. Dann packte er Dervla und wollte sie küssen. Entschlossen zog sie ihm den Wanderstock über den Schädel, und er ließ von ihr ab.

Zwölf Jahre später kamen Mutter und Tochter in Kamerun in eine weitaus prekärere Situation, als sie beim Dorfältesten wohnten. Erst wollte er mit Rachel schlafen, und als Dervla protestierte, versuchte er es stattdessen bei ihr selbst, dabei bedrohte er die beiden Frauen mit einem Gewehr. Doch die Sache ging glimpflich aus – er war so besoffen, dass er sofort zu schnarchen anfing, als er erst einmal in Dervlas Bett lag. Am nächsten Morgen war er sichtlich belämmert und verkatert.

Konflikte

Frauen haben nicht nur mit sexueller Belästigung zu kämpfen. Beim Reisen geht es um neue Entdeckungen und die Freude, die es bereitet, neue Orte und neue Leute kennenzulernen. Es geht aber auch um den Umgang mit schwierigen Situationen, man muss sich selbst zu schützen wissen, man muss sich durchsetzen können und auch wissen, wann es opportun ist, nachzugeben. Viele Strategien zur Konfliktbewältigung wenden Frauen wie Männer gleichermaßen an, einige aber sind rein weiblich. Ein »Berufsrisiko« für alle Reisenden ist die Bürokratie.

Tipps für den Umgang mit Behörden

»Der große und nahezu einzige Vorzug, den man genießt, wenn man eine Frau ist«, schrieb Freya Stark, »besteht darin, dass man sich immer dümmer ausgeben kann, als man ist, ohne dass sich jemand wundert« – schon gar nicht dumme Männer. Beamte fallen meist in diese Kategorie.

Schmeicheln Sie ihrem Ego

Freya Stark verstand es, geschickt ihren Willen durchzusetzen. Bei ihren frühen Reisen durch den Nahen Osten musste sie ständig um Passierscheine kämpfen. Auf ihrer Reise ins Tal der Assassinen fragte ein örtlicher Polizist sie, warum sie denn nicht die erforderliche Unterschrift auf ihrem Dokument habe. »Sie war nicht nötig«, antwortete sie. »Er [der Kommandant in Qazvin] hat mir gesagt, dass Sie selbst in der Lage und gewiss so liebenswürdig sein würden, alles Nötige für mich zu tun.« Ihre Schmeichelei war von Erfolg gekrönt. Doch sie merkte an: »Persien verdirbt die Moral.«

Strecken Sie ihnen die Zunge raus

Alexandra David-Néel hatte panische Angst, einem tibetischen Regierungsbeamten zu begegnen, der in dem alten Bettelweib, als das sie sich auf ihrer Reise nach Lhasa verkleidet hatte, die Ausländerin erkannte und sie des Landes verwies. Sie traf auch tatsächlich auf verschiedene Beamte, bekam aber nie Probleme, weil sie wusste, wie man sich korrekt verhielt: Sie streckte ihnen die Zunge heraus – in Tibet eine Geste der Hochachtung.

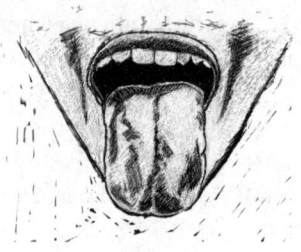

Lassen Sie sie Schlachten gewinnen, aber nicht den Krieg

Als Christina Dodwell als Kopilotin in einem Microlite Afrika überflog, musste sie in fast jedem Staat einen riesigen Berg Formalitäten erledigen. So versuchte sie immer, an mehreren Fronten gleichzeitig zu kämpfen und ihren Gegner ein paar Punkte machen zu lassen, in wichtigen Fragen aber die Oberhand zu behalten.

Spülen Sie Vorschriften das Klo runter

Bei der Vorbereitung ihres Fluges von England nach Australien 1934 musste Jean Batten ihre Route genauestens planen und festlegen, was sie an Ausrüstung und Proviant mitnahm. Es durften nur Gegenstände an Bord sein, die absolut unerlässlich waren, ansonsten lohnte es nicht, die Last mit sich herumzuschleppen. Doch zu allem Übel musste sie auch noch Dutzende Vorschriften und Gesetze beachten, vor allem für das Überfliegen französischen Territoriums in Nordafrika. Hierfür musste sie dabeihaben:

eine Signalpistole mit roten und grünen Leuchtpatronen
eine Versicherungspolice über 10 000 Francs für eine
eventuelle Bergungsaktion
nur zwanzig Prozent des Tankinhalts

ein paar Wasserkanister zu je zwei Gallonen
Notproviant für zwei Wochen
einen Armeerevolver mit zwanzig Patronen

Im letzten Moment kam dann noch ein Schreiben mit einer weiteren Bestimmung: Für den Flug über die Sahara brauchte sie ein Funkgerät. Jean reagierte wie immer entschlossen: Sie zerriss den Brief und spülte ihn die Toilette hinunter. In Nordafrika fragte niemand nach einem Funkgerät.

Nehmen Sie Ihr Strickzeug mit aufs Amt
Auf ihrer Überlandreise von Indien nach Europa wurde Beryl Smeeton fortwährend vom Amtsschimmel aufgehalten, vor

allem in der Sowjetunion. Sie sorgte dafür, dass sie immer ihr Strickzeug dabeihatte, um einerseits die Zeit sinnvoll zu nutzen, andererseits schien es die Leute auf den Behörden auch zu besänftigen.

Wie man sich durchsetzt

Es gibt viele verschiedene Möglichkeiten, einen Konflikt für sich zu entscheiden. Wichtig ist nur, das richtige Mittel zur richtigen Zeit einzusetzen.

Verlieren Sie dem Anschein nach

Die Anthropologin Ursula Graham Bower arbeitete in ihrer frühen Laufbahn als Forschungsreisende als umherziehende Amtsärztin in den Bergen bei Assam. Eines Tages beschloss der Pharmazeut, ihr wichtigster Gehilfe, dass er nun nach Hause wollte, was das Ende der Mission bedeutet hätte. Ungeachtet eines hitzigen Streits weigerte Ursula sich, ihn gehen zu lassen.

Am nächsten Morgen stürmte er, gefolgt von einem Dutzend Einheimischer, in ihre Hütte, wo sie noch halb nackt im Bett lag, und begann eigenmächtig Arznei auszugeben. Ursula war völlig vor den Kopf gestoßen und stinksauer, doch statt wieder mit dem Mann um die Wette zu brüllen, entschied sie sich für eine subtilere Vorgehensweise: Sie entschuldigte sich so unterwürfig wie möglich bei ihm, dass sie am Tag zuvor so grob zu ihm gewesen war. Er konnte nicht anders, als ihre Entschuldigung anzunehmen und weiter für sie zu arbeiten. Sie hatte gewonnen, indem sie nur dem Anschein nach verloren hatte.

Provozieren Sie

Mary Kingsley war eine sehr gewiefte Beobachterin zwischenmenschlicher Beziehungen. Die lebhafte Britin, die aber dennoch eine gequälte Seele war, hatte einem Freund anvertraut, dass sie nach Westafrika gegangen sei, »um dort zu sterben«. Sie war nicht leichtsinnig, aber sie ging einem Streit auch nicht aus dem Weg, wenn sie ihn für unvermeidlich hielt. Im Gebiet der Fang kam sie in ein verrufenes Dorf, regiert von einem geizigen und habgierigen Mann, der auch im Ruf stand, alle Reisenden auszurauben, die das Pech hatten, durch sein Land zu ziehen. Mary hielt es also für das Beste, ihm ohne Umschweife entgegenzutreten. Sie ließ den Dolmetscher fragen, ob es wahr sei, dass sein Ort ein »Diebesnest« sei. Der Dorfälteste war schockiert von ihrer Unverfrorenheit, aber Marys Plan ging auf: Er sorgte höchstpersönlich dafür, dass ihr nichts abhanden kam.

Seien Sie höflich, zumindest ein wenig

Die altehrwürdige Weltenbummlerin Mary Hall sah sich 1905 bei ihrer Reise von Kapstadt nach Kairo von einer Meute Eingeborener umzingelt, die mit Speeren auf ihre Karawane zielten. Es stellte sich heraus, dass einer ihrer Wachleute auf einer vorigen Reise einen Angehörigen dieses Stammes entführt und ihn gezwungen hatte, als Führer mitzukommen. Da Mary fürchtete, ihr Wachmann werde nun auf blutigste Art und Weise sein Fett abbekommen und auch sie selbst könne in die Schusslinie geraten, trat sie dem Stammesältesten persönlich gegenüber, »eines der aufregendsten Erlebnisse« in ihrem ganzen Leben. Sie konnte die Situation entschärfen, indem sie einfach nur nett und höflich mit dem Mann sprach. Sie und ihr Gefolge überstanden die Situation nicht nur unbeschadet, der Stammesälteste beschenkte sie auch noch mit Armreifen, bot ihr ein paar seiner Männer als Führer an und erlaubte ihr, sein Dorf zu fotografieren.

Revolverladys

Diplomatie, Respektsbezeugung und Subtilität sind eine Möglichkeit der Konfliktlösung, es gibt aber auch noch eine andere Art: Kaufen Sie sich eine Knarre. Der französische Regisseur Jean-Luc Godard äußerte einmal die berühmte, geistreiche Bemerkung, um einen Film zu machen, genügten eine Waffe und ein Mädchen. Bei reisenden Frauen waren Waffen immer umstritten. Die einen wie Osa Johnson oder Florence Dixie waren beachtliche Schützinnen und begeisterte Jägerinnen, andere trugen Waffen immer nur zum Selbstschutz. Eine Waffe kann einem in bestimmten Situationen natürlich das Leben retten, aber allein das Tragen einer Waffe birgt auch Risiken.

Wahl der Waffen

May French Sheldon: *zwei Colts und eine Winchester-Büchse*
Dervla Murphy: *eine .25-er Pistole*
Beatrix Bulstrode: *eine Luger-Pistole*
Stella Court-Treatt: *eine .275-er Rigby-Büchse*
Alexandra David-Néel: *ein Revolver*
Osa Johnson: *eine doppelläufige Bland-Jagdflinte*

Wo Geballer angeraten ist

Die unerschrockene May French Sheldon hatte 1891 einen harten Weg zum Kilimandscharo. Manchmal stand eine Meuterei ihrer insgesamt 153 angeheuerten Männer kurz bevor. Als es einmal besonders ernst zu werden drohte, zog sie einfach ihre beiden Colts und traf mit dem ersten Schuss einen Geier. Danach schritt sie die Reihen ihrer Mannen ab, zielte drohend auf deren Köpfe und befahl ihnen weiterzugehen. Keiner meckerte mehr.

Dann stürmte einmal ein geharnischter Massai-Krieger auf sie zu, wild seinen Speer schwingend, und brüllte: »*Wow! Wow! Wow!*« May griff nach ihrem einen Colt, feuerte in die Luft und rannte ihm entgegen, wobei sie ebenfalls »*Wow! Wow! Wow!*«

brüllte. »Ganz nebenbei: Dieser Speer ist nun in meinem Besitz«, schrieb sie später.

Auf ihrer ersten großen Expedition, der Fahrradtour von Europa nach Indien, setzte Dervla Murphy erfolgreich ihre Pistole ein, um sich gegen Wölfe und, in Aserbaidschan, Diebe zur Wehr zu setzen.

Hätte Osa Johnson nicht das Schießen erlernt, wäre ihr Mann Martin niemals als Tierfilmer berühmt geworden. Sie agierte als sein weiblicher Bodyguard und hielt ihm Elefanten, Leoparden, Büffel, Nashörner oder Löwen vom Leib, die ihn beim Drehen bedrohten. Am Ende ihrer neun Jahre in Afrika war Osa eine Meisterschützin.

Argumente gegen die Westentaschen-Artillerie
Mary Kingsley hatte immer eine Waffe bei sich, aber sie fand es »nicht sehr damenhaft, mit einem Gewehr auf etwas zu schießen. [...] Lieber umgehe ich ein Hindernis ..., statt als Blutfleck darauf zurückzubleiben.« Laut Mary haben Waffen vor allem den Sinn, einem Selbstvertrauen zu schenken, *bevor* man feuert, nicht danach. Aber »wenn man bis zum Hals durch einen Sumpf gewatet ist, taugt der Revolver weder zum Schießen noch als Dekoration«, lebenswichtig sei vielmehr ein feststehendes Bowie-Messer.

Alexandra David-Néel hatte einen Revolver und schreckte auch nicht davor zurück, ihn zu benutzen. Die geflügelten Worte des Odysseus und die Listen der Hera seien nützlicher als Waffen, meinte sie zwar. Doch kaum machte sie den Mund zu, musste sie auf dem Weg nach Lhasa auch schon zwei Räuber in die Flucht schlagen, indem sie in die Luft schoss.

Wenn man eine Waffe hat, besteht immer die Gefahr, dass ein anderer sie einem wegnehmen und gegen einen selbst richten kann. Charlotte Mansfield hatte auf ihrer Afrikareise 1909 eine Pistole dabei. Ungeschickterweise fand einer der Träger die Waffe, spielte damit und zielte auch auf Charlotte. Schließlich gelang es ihr, die Pistole zurückzubekommen. Sie hängte ein Stück Papier als Zielscheibe an einen Baum und zerschoss es. Die Jungs verstanden den Wink und ließen die Finger von der Waffe.

Wie man sich gegen Blaue Bohnen schützt …
… wusste Freya Starks Arabischlehrer:

1. Kochen Sie nachts in der Karawanserei am Talisman-Tor von Bagdad einen Wiedehopf in Wasser.
2. Ignorieren Sie die Dämonen, die Sie bedrohen und auf die Probe stellen wollen.
3. Wenn das Brustbein des Vogels an die Oberfläche kommt, nehmen Sie es aus dem Wasser und binden Sie es um Ihren Oberarm.
4. Nun sind Sie kugelsicher – bis Sie den Talisman wieder ablegen.

Die Kunst der Verkleidung

Mehrere weibliche Entdeckerinnen waren in gänzlich anderen Identitäten unterwegs – als einheimische Frau, gelegentlich auch als ausländischer Mann. Zu Ende des 19. Jahrhunderts gab es unter erkundungsfreudigen Europäern bereits den nicht sonderlich verbreiteten, aber eben doch praktizierten Brauch, sich als Muslim auszugeben, um den Nahen Osten oder Nordafrika ungehindert durchstreifen zu können. Doch mit den klammheimlichen Großtaten eines Gordon Laing oder eines Richard Burton konnten es vergleichbare Aktionen von Frauen allemal aufnehmen. Zwei der in dieser Hinsicht außergewöhnlichsten Reisen unternahmen eine »Bettelpilgerin« in Tibet und ein »junger Bursche« im Iran …

Unterwegs als Mann

Die Britin Sarah Hobson war 23 Jahre alt, als sie 1970 eine gewagte Reise in den Iran antrat. Sie wollte iranisch-muslimische Handwerkstraditionen erforschen, fürchtete aber, dass sie als Frau aus dem Westen nur wenig Zugang zum Leben der Menschen bekäme. Also fasste sie einen ungewöhnlichen Entschluss: Aus Sarah wurde »John«, sie schlüpfte in weite T-Shirts und Hosen, schnitt sich das Haar und trug Wildlederstiefel, die ihr zwei Nummern zu groß waren. Unter einem elastischen Band verbarg sie ihren Busen, und um das Bild abzurunden, gewöhnte sie sich das Pfeiferauchen an. Zu einem ersten Test ging sie in London in eine öffentliche Toilette zu den *Gents* – ein schmachvoller Rückschlag. Der Klomann lachte nur und schickte sie zu den *Ladies*.

Aber Sarah gab nicht so leicht auf. Wenige Wochen später tauchte »John« an der iranischen Grenze auf. Der Umgang mit Behörden war immer tückisch, auch an Grenzposten, auf Polizeirevieren oder in Hotels gab es immer irgendjemanden, der ihren Ausweis sehen wollte, und das hieß, dass man ein Foto von Sarah mit langen Haaren sah und einen unmissverständlich weiblichen Namen las. Sarah stand es durch. Doch kaum war sie in Teheran, bot ihr ein junger Mann seine Liebesdienste an. Sarah dachte schon, sie sei aufgeflogen, bis sie merkte, dass der Junge dachte, sie sei schwul. Auch danach wurde sie oft angemacht – der eine oder andere Vater wollte sie sogar mit seiner Tochter verkuppeln. Also erfand »John« vorsorglich eine Verlobte, die zu Hause in England auf ihn wartete.

Auf ihrer Reise entwickelte und veränderte sich Sarahs Verkleidung. Die heilige Stadt Qom wollte sie lieber als iranische Frau besuchen, also ging sie auf den Markt und besorgte sich Stoff, um einen Tschador zu nähen. Als »John« erregten ihre Ohrlöcher immer Argwohn, also dachte sie sich eine Geschichte aus: »John« sei Mitglied eines schottischen Clans, in dem alle Männer Ohrringe trügen. Einmal stellte jemand fest, dass sie zu schwach war, um schwere Lasten zu tragen, also erklärte sie, sie habe als Kind an TBC gelitten und die Krankheit habe sie für immer geschwächt.

Die Verkleidung machte ihre Reise mitunter kompliziert und schwierig, doch ihre Vermutung, dass sie eine interessantere Zeit verleben würde, erwies sich immer wieder als richtig. In Isfahan, einem der wichtigsten Orte auf ihrem Weg, griff sie wieder auf Frauenkleidung zurück und besuchte zusammen mit einem Vertreter des *British Council* einheimische Handwerker; doch sie stellte fest, dass sie als Frau nicht ernst genommen wurde. Niemand wollte mit ihr feilschen, und die Händler zeigten ihr nur den kitschigsten Schmuck.

Es gab auch unangenehme Vorfälle. Eines Nachts musste sie in einem Hotel in Kaschan übernachten und ihren Pass vorzeigen, was sie als Frau entlarvte. Ein Kaugummihändler versuchte wiederholt, sie zu verführen, bis sie ihn mit einer frei zitierten Koranstelle in Verlegenheit brachte: »Willst du dein Schwert mit meinem Blut besudeln?« Da ließ er von ihr ab. Solche Szenen kamen jedoch selten vor, die meisten Iraner fand Sarah aufrichtig und gastfreundlich.

Ihr Grundkonzept sah vor, dass sie den Einheimischen so offen wie möglich begegnete. Es kam vor, dass die Leute anfangs reserviert waren, dann aber tauten sie auf. Als »John« musste Sarah natürlich auch über dreckige Witze lachen und sich anhören, wie Männer über ihre Frauen herzogen. Sarah spielte ihre Rolle so gut, dass »John« sogar junge Mädchen im Café ansprach und auf der Straße den Frauen nachblickte. Wenn sie dann in den Spiegel schaute, fragte sie sich, ob sich die Verkleidung wohl auf ihren Charakter auswirkte …

Sarah fand eine Menge Freunde, die wichtigste Beziehung aber unterhielt sie zu dem Korangelehrten Hasan Ali, den sie bei ihrem zweiten Besuch in Qom traf. Er stellte sie einigen anderen Angehörigen seiner *Madrasa* vor und lud sie ein, bei ihm zu wohnen und zu essen. Sie blieb einige Tage bei Hasan und entwickelte eine tiefe Zuneigung zu ihm. Als sie abreisen musste, gab er ihr zwei Geschenke: ein paar Socken und einen Unterrock. Sie lächelte schüchtern und fragte, wie er es denn herausgefunden habe. Ihre Hände hätten sie verraten, erwiderte er – und dass sie nie lauthals gelacht habe.

Unterwegs als Einheimische

Alexandra David-Néel war im Dezember 1924 die erste Europäerin, die Lhasa erreichte. Es war ihr zweiter Anlauf, und der Erfolg kam mit einer guten Planung, einer Portion Glück und einer sehr guten Verkleidung. Jahrelang hatte Alexandra den tibetischen Buddhismus studiert, sie kannte sich in den Bräuchen aus und beherrschte die Landessprache. Bevor sie aufbrach, schwor sie sich zu zeigen, was eine Frau vermag. Sechs Monate später verkündete sie in Britisch-Indien triumphierend, sie komme gerade aus Lhasa zurück. Es war eine lange, beschwerliche Reise, und es gab Momente, da dachte sie, sie würde es niemals schaffen.

Die Verkleidung war ein wesentlicher Teil des Plans. Wenn sie als *mig kar* reiste, als »Weißauge«, wie man Ausländer abschätzig nannte, würde sie auf jeden Fall sofort wieder aus Tibet ausgewiesen werden. Also gab sie vor, eine einheimische *arjopa* zu sein, eine buddhistische Pilgerin auf Wallfahrt nach Lhasa, in Begleitung des Tibeters Yongden. Anfangs wanderten sie nachts und schliefen bei Tag, aber Alexandra fürchtete, dass sie sich dadurch nur noch verdächtiger machten, also pflegten sie widerstrebend Umgang mit anderen Menschen. Den einen erzählten sie, sie kämen aus der Mongolei, anderen, sie wären aus einer abgelegenen Provinz Tibets, und wieder anderen, sie stammten aus Ladakh.

Alexandras Kleidung war einfach, aber wirkungsvoll. Sie trug das schlichte, weiße Gewand der Landbevölkerung, als »Hut« schlang sie sich einen Gürtel um den Kopf. Unter den Falten ihres Gewands versteckte sie einen Revolver, einen Kompass und ein wenig Geld. Um einen dunklen Teint zu bekommen, puderte sie sich das Gesicht mit einer Mischung aus Kakaopulver und zerdrückter Holzkohle. Auf dem Weg wurde sie immer schmutziger, und der Eindruck, sie sei eine Einheimische, verstärkte sich. Sie trug Zöpfe, die sie mit schwarzem Yak-Haar verlängert hatte. Als sie eine alte pelzgefütterte Frauenhaube am Wegesrand fand, war ihre Tarnung perfekt. Yongden fand zwar, sie solle das Ding liegen lassen – es bringe Unglück, wenn man fremde Kopfbedeckungen auflese –, aber Alexandra war überzeugt, dass die Haube ihr von den Göttern »gesandt« war.

Manchmal ging ihre Tarnung aber auch daneben. Kurz nachdem sie ihre Haartönung mit schwarzer Tinte aufgefrischt hatte, musste sie mit den Fingern Tsampa kneten, dabei wurde der Brei im Napf ganz schwarz. Ein anderes Mal aß sie Eintopf, und die Schminke an den Händen verlief, aber zum Glück merkte niemand etwas. Und als sie einen Teetopf auswusch, wurden ihre Hände hell; doch bevor jemand misstrauisch werden konnte, schwärzte sie sie schnell wieder am Ruß des Topfes.

Ihr Make-up war zwar nicht so haltbar, aber das zweite Element ihrer Verkleidung war schon sehr viel zuverlässiger und wirkungsvoller: ihr Reisegefährte und Adoptivsohn Yongden. Die beiden hatten sich in einem Kloster in Sikkim kennengelernt, wo Alexandra sich hatte unterweisen lassen und Yongden Novize gewesen war. Sie verstanden sich sofort und wurden Freunde fürs Leben. Auf dem Weg nach Lhasa spielte Yongden eine wichtige Rolle; er war Alexandras »Schutzschild«, und sie spielte seine »alte Mutter«, die sich im Hintergrund hielt und ihm immer den Vortritt ließ. Yongden sprach und aß als Erster, und wenn er fastete, fastete sie auch. Als Lama wurde er von anderen Pilgern verehrt, er musste Kranke heilen und wahrsagen; auch bei solchen Gelegenheiten war von seiner »Mutter« kaum etwas zu sehen.

Doch das Arjopa-Leben war nicht immer leicht. Sie hatten zwar Geld dabei, um Proviant zu kaufen, gaben aber kaum etwas aus, um sich nicht zu verraten, denn Arjopas sind Bettelpilger. Also bettelten sie um Geld oder Essen und mussten sich mit dem zufriedengeben, was sie bekamen, selbst wenn es nur ein schmutziges Stück Brotrinde war oder ein Eintopf aus Innereien, die man, wie es Brauch war, wochen-, ja monatelang hatte verwesen lassen. Alexandra musste vor anderen Leuten ihre Notdurft verrichten und schnäuzte sich die Nase mit den Fingern.

Dass sie durchkamen, lag zum Teil auch an der Gutgläubigkeit der Tibeter, die sie auf dem Weg trafen. Die Menschen kannten vielleicht ihr Land, über die Welt jenseits der Grenzen aber wussten nur wenige Bescheid. Alexandra sprach fließend Tibetisch und kannte die Sitten und Gebräuche des Landes.

Doch einmal flog sie fast auf. Sie saß abends mit Yongden an ihrem Nachtlager beim Tee, da tauchte wie ein Geist plötzlich ein Lama auf und setzte sich zu ihnen ans Feuer. Er verlangte zu essen, dann sah er Alexandra an und fragte: »Was hast du mit deinen ›Ringen der Eingeweihten‹ gemacht?« Ihr stand das Herz still. Sie erinnerte sich nicht an den Mann, aber er hatte sie viele Jahre zuvor in einem Kloster als Lamina kennengelernt und entsann sich der Europäerin, die sich für den Buddhismus interessierte. Sie unterhielten sich lange über Philosophie und Mystik, dann nahm er seinen Eremitenstab und verschwand so geisterhaft, wie er gekommen war, wieder im Wald. Alexandra war auf der Hut, aber sie war sich sicher, dass er sie nicht verraten würde.

In Lhasa selbst wurde sie dann wieder auf die Probe gestellt. In einem Tempel musste sie ihre Kopfbedeckung abnehmen, darunter kam ihr ungewaschener, ungetönter Haarschopf mit den deutlich sichtbaren schwarzen Verlängerungen zum Vorschein. Zum Glück achtete der Türhüter nicht besonders darauf; die anderen Männer hingegen dachten, sie käme aus Ladakh und Haarverlängerungen wären dort ganz normal.

Ein weiterer Faktor für das Gelingen von Alexandras Reise war ihr Humor. Es gefiel ihr, die Rolle von Yongdens Mutter zu spielen, am meisten Spaß hatte sie, wenn die Leute ihn um Zauberhilfe anriefen. Als sie merkte, dass ein Polizist auf dem Markt in Lhasa sie scharf ansah, feilschte sie laut mit einem Händler und bot ihm einen geradezu unannehmbar niedrigen Preis, um wie ein einfältiges Hirtenweib aus dem Norden zu wirken. Kurz darauf schlug sie ein anderer Polizist mit dem Knüppel, weil sie sich an einen Platz für vornehme Leute gedrängt hatte, doch anstatt wütend zu werden, triumphierte sie stolz: »Nun habe ich sogar Prügel bekommen wie ein gestandenes Tibeterweib!«

Nach zwei Monaten verließen Yongden und Alexandra Lhasa, weil zu fürchten stand, dass sie als Zeugin eines Streits in der Karawanserei, wo sie abgestiegen waren, vor Gericht erscheinen müsse und es mit ihrem Inkognito vorbei sei. Doch für die Rückreise legte sie ihre Lumpen ohnehin ab und beförderte sich auf der gesellschaftlichen Leiter ein paar Sprossen nach oben. Als wohlhabende Frau kaufte sie nun Bücher, Bilder und Schriftrollen. Als sie nach Gyantse kam, dem britischen Vorposten vor der indischen Grenze, beschloss sie ihr Abenteuer mit dem tibetischen Gruß *Lha gyalo!* – die Götter haben gesiegt!

Wie man in einer Fremdsprache grüßt und wie man sich gegen sexuelle Belästigung wehrt, sind zwei ganz unterschiedliche Aspekte der auf die Menschen bezogenen Seite einer Entdeckungsreise. Ein herkömmliches Argument gegen reisende Frauen war immer, dass es so gefährlich sei, aber man findet durchaus Geschichten über die Tapferkeit und Belastbarkeit der Frauen.

Im nächsten – und abschließenden – Kapitel möchte ich nun vergleichen, wie Männer und Frauen damit umgehen, wenn es hart auf hart kommt. Dabei zeigt sich auch, wie Frauen trotz verschwindend geringer Chancen überlebt haben.

Aber zunächst noch einmal zurück zu einem zentralen Thema für jeden Reisenden:

Pinkelpause!

If it's yellow keep it mellow,
If it's brown flush it down.

Die Notdurft ist für Mädels immer ein Problem. Die Kerle können einfach ihre Hose aufknöpfen und in die Landschaft pinkeln. So einfach ist das bei Frauen nicht, es ist sogar recht kom-

pliziert – so kompliziert, dass einige krank wurden, weil sie es zurückhalten wollten.

Die viktorianischen Ladys erwähnen in ihren Berichten keine Toilettenpausen, heute muss man dieses Thema nicht mehr aussparen. Julie Tullis schildert in ihren Klettermemoiren sehr bildlich einen Fall von schlimmer Diarrhö am K2, und Caroline Hamilton erzählt in ihrem Buch über den Marsch zum Südpol, wie begeistert sich all ihre Gefährtinnen über ihre jeweiligen Ausscheidungen auslassen konnten.

Doch zwischen dem Schweigen der alten Damen und der Detailfreude der jungen gibt es auch die Mitte dezenter Hinweise. Sie erinnern sich, dass Beryl Smeeton sich in China »ein Zelt mit einem Dach oben« hatte nähen lassen, unter dem sie sich umziehen konnte? Doch nicht nur das, es war ihr darin auch möglich, »die Grundfunktionen des weiblichen Körpers« zu verstecken. Dabei war Beryl nicht prüde. Sie berichtet, dass pfiffige chinesische Bauern *happy houses* am Wegesrand errichtet hätten, um die Exkremente der Durchreisenden zu recyceln.

Eine Frage taucht dabei immer wieder auf: Was macht man, wenn einem das Klopapier ausgeht und es keines zu kaufen gibt?

Schneebälle?

In Baltistan war Toilettenpapier für Dervla und Rachel Murphy bald nur noch eine ferne, vage Erinnerung. Schnee war in der Höhe eine gute Alternative, in tiefer gelegenen Gebieten wurde es aber etwas schwieriger, denn dort war der weiche Schnee mit Steinen vermischt.

Die Klassiker?

Die Möglichkeit, einem menschlichen Bedürfnis auf komfortable Weise nachgehen zu können, war auf Ella Maillarts Reise in den Osten der Sowjetunion kaum vorhanden. Eine Balzac-Ausgabe erwies sich als hervorragend geeignet, einerseits zum Lesen, andererseits zur Zweitverwertung.

Klebeband?

Denken wir noch einmal kurz an Marie Herbert und ihren ersten Tag bei den Inuit in der Arktis. Als sie dem Ruf der Natur in einen Schuppen folgte, fand sie dort eine Rolle mit etwas, das sie für Klopapier hielt. Bis sie merkte, dass es Klebeband war. Autsch!

Wie man Reisen ins Ausland überlebt

In Jennie Darlingtons Buch *My Antarctic Honeymoon* über ihr eisiges Jahr als frischgebackene Ehefrau gibt es eine spannende Episode: Etwa dreißig Kilometer vom Basislager entfernt errichtet das Wissenschaftsteam, dem auch Jennies Mann Harry angehört, eine Wetterstation. Zwei Meteorologen bleiben dort, um die Station zu betreuen. Das Wetter wird schlechter, der Funkkontakt reißt ab. Eine Ablösung soll ausgeschickt werden, aber das unverändert schlechte Wetter hält die Männer im Lager fest. Plötzlich platzt unerwartet einer der Meteorologen ins Haus, er ist in einem miserablen Zustand und verkündet, sein Partner sei in eine Gletscherspalte gefallen und habe als Letztes ein Messer verlangt.

Sofort stürmen alle Männer hinaus, um den Kollegen zu retten, trotz der geringen Wahrscheinlichkeit, dass er überhaupt noch am Leben ist. Jennie sorgt sich um ihren Harry, aber sie betrachtet die Sache auch schonungslos ehrlich: In einem solchen Moment handeln Frauen und Männer geschlechtsspezifisch, urteilt sie. Männer wollen immer gleich die Helden spielen, Frauen sehen die Sache sehr viel erbarmungsloser und rationaler. Eine Frau würde in einer solchen Situation, mit wenig Aussicht auf Erfolg, weder ihr eigenes Leben noch das der anderen aufs Spiel setzen.

Dass Frauen in Notlagen automatisch Maßnahmen ergreifen, um ihr Überleben zu sichern, wird auch in Reiseberichten anderer Frauen erwähnt.

Nina Mazuchelli, die Gattin eines britischen Militärgeistlichen, unternahm um 1870 mit ihrem Mann und einem einheimischen Prinzen eine der ersten europäischen Expeditionen zum Himalaja. Sie wanderten einige Wochen durch die Ausläufer des Gebirges, fanden aber kein Dorf, wo sie Proviant hätten kaufen können, und so wurde die große Mannschaft aus Führern und Träger mürrisch und rebellisch. Sie hatten kaum etwas zu essen, kaum Feuerholz und kaum Hoffnung.

Doch dann trat Nina vor: »Mit weiblichem Gespür kam ich, glaube ich, auf den einzig sicheren Weg, den wir nun einschlagen mussten. ›Lasst uns sofort umkehren‹, schrie ich und stampfte ungestüm mit dem Fuß auf dem Schnee auf. ›Nur das kann uns noch retten.‹«

Und so gingen sie zurück. Ein paar Tage später fanden sie einen Ort, wo sie Lebensmittel kaufen konnten. Nina und alle anderen überlebten. (Übrigens kam auch der Mann durch, der von Harry Darlingtons Team gerettet wurde.)

Warum haben Frauen diesen starken Überlebensinstinkt? Die Seglerin und Therapeutin Nicolette Milnes-Walker behauptet, Frauen würden in Extremsituationen nicht so schnell durchdrehen wie Männer, weil sie sehr wahrscheinlich weniger egoistisch seien. Ob Frauen nun verheiratet sind oder nicht, sie sind psychisch so programmiert, dass sie sich um ihre Familien kümmern müssen. Um diese Argumentation fortzuführen, kann man sagen: Eine Frau gestattet sich nicht zu sterben, weil sie für andere lebt.

Das ist ein spannender Gedanke. In der Geschichte der Expeditionen hatten Frauen immer mit dem Vorurteil zu kämpfen, sie seien das schwächere Geschlecht, aber mit Blick auf lebensgefährliche Situationen kann man das Gegenargument anführen, dass Frauen in Wirklichkeit stärker sind als Männer.

Und so beginnt dieses Kapitel auch mit zwei Geschichten des Überlebens, des Überlebens auf See, als Frauen sich auf ihre innere Stärke verlassen mussten und gegen alle Wahrscheinlichkeit durchzukommen versuchten.

Havarie vor der Berberküste

»Die Liebe zum Leben ist die stärkste Leidenschaft in der Brust der Menschen, sie begleitet uns bis zum letzten Atemzug. Die Not, die wir erleben, mag sie schwächen, selten aber auslöschen.«

Im Jahr 1818 ging die 35-jährige Eliza Bradley mit ihrem Mann Kapitän James Bradley an Bord eines Schiffes nach Teneriffa. Am

Anfang ihrer Ehe hatte Eliza ihren Mann überreden wollen, den Beruf zu wechseln, denn die Seefahrt war überaus gefährlich, doch sie hatte ihn mit nichts dazu bewegen können. Nun begleitete sie ihn zum ersten Mal auf eine Reise und war die einzige Frau unter 32 Mann Besatzung und Passagieren.

Die ersten Wochen ging alles gut, doch vor Nordafrika gerieten sie fünf Tage lang in einen fürchterlichen Sturm. Ihr Schiff war danach so beschädigt, dass es nicht mehr seetüchtig war. Kapitän Bradley beschloss, das Schiff zu verlassen. Zum Glück hatten sie ein Rettungsboot, zu ihrem Pech aber landeten sie an der berüchtigten Berberküste. Wenn einen dort nicht die Hitze umbrachte, taten das oft die dort lebenden Stämme.

Die Havaristen hatten keine Waffen und nur wenig Proviant. Die Einheimischen waren ihre einzige Hoffnung. Sie wussten aber, dass sie Gefahr liefen, gefangen genommen zu werden, und wenn sie überlebten, nur gegen Lösegeld wieder freikämen. Sie fanden eine flache Stelle voller Muscheln und labten sich daran, aber sie hatten kein Wasser und wurden von Stunde zu Stunde verzweifelter.

Schließlich tauchte eine Gruppe Berber auf und griff an. Eliza wurde von James getrennt und auf ein Kamel gesetzt, die Männer mussten durch die Wüste marschieren. Als Wegzehrung bekamen sie geröstete Heuschrecken, Wasser gab es nur aus einem ranzigen Ziegenschlauch.

James sorgte sich um ihr Überleben, Eliza aber fand Trost in der Bibel, die sie aus dem Wrack hatte retten können. »Ich werde nicht sterben, sondern leben, um die Taten des Herrn zu verkünden«, steht in den Psalmen. Eliza versuchte von ganzem Herzen daran zu glauben.

Ob aus Ritterlichkeit oder weil die Berber mit ihr gute Beute gemacht hatten – jedenfalls wurde Eliza besser behandelt als die Männer. Sie durfte in einem Zelt schlafen und bekam auch ein wenig besseres Essen. Irgendwann schlachteten die Einheimischen ein Kamel und gaben es ihren Gefangenen zu essen. Trotz aller innerer Nöte war Eliza doch von den Leuten fasziniert und stellte fest, dass von den Tieren alles, angefangen vom Dung bis hin zu den Knochen, weiterverwendet wurde.

Nach einem Monat kam dann der fürchterliche Moment, und Eliza wurde von James getrennt. Die Männer marschierten weiter, Eliza wurde von einem Berber weggebracht, den sie »Herr« nennen musste. Sie wurde in ein kleines Zeltdorf geführt, wo sie von Frauen und Kindern angespuckt und mit Steinen beworfen wurde.

»Was du machen, Christiano?«, fragte ein alter Mann, der mit seinen spärlichen Englischkenntnissen erklärte, er habe auch schon früher Geiseln getroffen. Eliza erfuhr, dass sie im Dorf festgehalten werden würde, bis der britische Konsul die Lösegeldforderung erfüllt hätte.

Sie bekam ein eigenes Zelt, durfte sich im Dorf frei bewegen und das Leben des Stammes beobachten. Ein paar Stunden täglich sammelte sie Schnecken und Erdnüsse für ihr Essen. Manche Frauen hatten Mitleid mit ihr, andere beschimpften sie weiter. Eliza fiel auf, dass wiederum die Frauen selbst von ihren Männern schlecht behandelt wurden.

Während der ganzen Zeit tröstete sich Eliza vor allem mit ihrer Bibel; sie durfte sie behalten, lesen aber durfte sie im Beisein ihres »Herrn« und dessen Familie nicht darin. Für den Fall, dass die Einheimischen ihre Meinung ändern sollten, vergrub sie sie immer im Sand, sobald sie ihr Zelt verließ.

Dann wurde sie mit einem Brief ihres Mannes überrascht, der ihr schrieb, dass alle anderen in Sicherheit seien und dass für sie ein Lösegeld von 700 Pfund bezahlt werden solle. Eliza musste sich auf einen schier endlosen Marsch in die Hafenstadt Mogador machen. Die Geiselnehmer behandelten sie nun freundlicher, und ihr fiel auf, dass sie sehr gut kochen konnten, namentlich Fisch. Ihr Martyrium war jedoch noch nicht vorüber. Auf ihrem Marsch von Ort zu Ort gafften die Leute sie an und beschimpften sie. Sie stellte auch fest, dass die Mauren an der Küste ihre Entführer, die Berber aus dem Landesinneren, zu verabscheuen schienen.

Schließlich wurde sie vom britischen Konsul ausgelöst und wieder mit ihrem Mann zusammengeführt. Mannschaft und Passagiere hatten alle überlebt, einigen von ihnen ging es gesundheitlich allerdings sehr schlecht. Nach ein paar Wochen mit täglichen Bädern und vielen Litern Ziegenmilch spürte Eliza, dass sie wieder zu Kräften kam und an Bord eines Schiffes gehen konnte, das sie zurück nach England brachte. Vierzig Tage später wurde sie von ihren Freunden am Kai von Liverpool empfangen. Eliza war zwar oft verzweifelt gewesen, aber sie hatte mit einer Mischung aus Widerstandskraft und Glaube überleben können. Sie war überzeugt, dass Gott sie gerettet hatte und sie ihm Dank schuldete.

Geröstete Heuschrecken

Fangen Sie Heuschrecken in einem Netz. Spie-
ßen Sie sie auf, halten Sie sie übers Feuer oder
braten Sie sie in der Pfanne, bis die Insekten
erst rot, dann braun werden und Beine sowie
Flügel abfallen. Guten Appetit!

Bei einigen Stämmen gelten die Köpfe als Delikatesse, andere werfen sie weg.

Heuschrecken haben einen hohen Proteingehalt und sind sowohl in Nordafrika als auch im Nahen Osten ein althergebrachtes Nahrungsmittel.

Die zweite Überlebensgeschichte spielt ein Jahrhundert später im Pazifik. Dieses Mal werden Mann und Frau nicht getrennt, und die regionale Delikatesse stammt aus dem Meer.

Die aufgegebene Jacht

Im Frühjahr 1973 nahmen Maurice und Maralyn Bailey mit ihrem Segelboot *Auralyn* von Panama aus Kurs auf die Galapagos-Inseln – es hätte ein kurzer Törn als Teil ihrer Pazifiküberquerung werden sollen; Ziel war Neuseeland. Um ein paar Jahre auf See zu verbringen, hatten sie im Jahr zuvor ihr Haus verkauft und ihre Jobs gekündigt. Alles lief glatt, und sie genossen ihre Freiheit und ihr Glück. Auf den Galapagos-Inseln hatten sie sich unverbindlich mit ein paar Freunden verabredet, aber das Treffen war nicht durchorganisiert. Damals lebte man sehr locker und frei.

Eines Morgens sahen sie in der Früh ein großes Walfangschiff am Horizont, maßen dem aber keine Bedeutung bei. Wenige Stunden später geschah das Unerwartete: Ein verletzter Wal tauchte direkt neben ihnen auf und schlug ein Loch in die Bootswand. Sie versuchten das Leck mit Decken zu stopfen, aber der Schaden war zu groß. Sie mussten das Boot aufgeben. Ohne jede Panik pumpten sie die Rettungsinsel und das Schlauchboot auf.

Da sie sich auf einer sehr stark genutzten Schifffahrtsroute befanden, würden sie bald gerettet werden. Das dachten sie jedenfalls.

Sie füllten die Rettungsinsel und das Schlauchboot mit Proviant und Wasser für zwanzig Tage und mit allem, was sie sonst noch bergen konnten. Dann sank die *Auralyn*.

Im Verlauf der nächsten Woche teilten sich die Baileys das Essen ein: Zum Frühstück gab es ein paar Kekse mit Margarine und Marmelade, eine Handvoll Erdnüsse zum Mittagessen und abends den Inhalt einer Konservendose, ihre einzige warme Mahlzeit am Tag. Morgens kochten sie eine Kanne Instantkaffee und tranken ihn den Tag über. Da sie nur zwei Lexika und zwei andere Bücher hatten retten können, erzählten sie einander die Handlung von Romanen, die sie früher gelesen hatten. Maralyn erinnerte sich an die Geschichte eines im Koreakrieg gefangen genommenen Amerikaners in Einzelhaft, den nur die Hoffnung am Leben gehalten hatte. Also gaben sie sich gegenseitig Mut, indem sie an die Zukunft dachten und in allen Einzelheiten einen Ersatz für die *Auralyn* entwarfen.

Sie glaubten zwar immer noch, dass man sie retten würde, aber es war eine bedrückende Existenz. Die Rettungsinsel war so klein, dass sich nur eine Person darin ausstrecken konnte, also schliefen sie abwechselnd in Dreistundenschichten. Je mehr Tage vergingen, desto deprimierter wurde Maurice, und Maralyn übernahm allmählich die Führung. Auch sie war teilweise niedergeschlagen und weinte anfangs viel, aber sie verlor nie den Glauben daran, dass sie irgendwie überleben würden.

Am achten Tag sichteten sie schließlich ein Schiff und machten sich umgehend bemerkbar. Maurice schoss Leuchtkugeln ab, und Maralyn wedelte wild mit ihrer gelben Öljacke. Doch das Schiff zog vorüber. Innerhalb der kommenden knapp vier Monate sahen sie weitere sechs Schiffe, aber keines drehte bei und half ihnen.

Als ihnen die Konservendosen ausgingen, mussten sie improvisieren und sich ihr Essen aus dem Meer holen. Sie knipsten Sicherheitsnadeln durch und bogen sie zu Angelhaken. Es gab ausreichend Fisch, dennoch wurde Maurice immer dünner. Also mussten sie sich an einer weitaus größeren und zutraulicheren Spezies gütlich tun: Meeresschildkröten.

Anfangs waren die Schildkröten für sie wie Haustiere gewesen, an denen sie sich erfreut hatten, wenn sie ihr Schlauchboot

umkreisten. Sie gaben den Tieren Spitznamen und spielten mit ihnen. Doch nun waren Gefühle nicht mehr angebracht, die Baileys wussten, dass Schildkröten auch eine hervorragende Nahrungsquelle mit viel Eiweiß und wenig Fett waren. Im Lauf der Wochen entwickelte sich Maurice mit Schere und Messer zu einem geschickten Schildkrötenschlächter. Erst beschränkten sie sich auf Steaks, doch nach und nach aßen sie immer mehr von dem Tier: Herz, Leber, Nieren, Schäufelchen und Keulchen – und die größte Delikatesse überhaupt: das sämige grünlichgelbe Fett von der Innenseite des Panzers. Einmal fingen sie auch ein Weibchen, das zu ihrer Freude Hunderte Eier trug. Zudem band Maurice eine Schildkröte an die Rettungsinsel und hoffte, sie würde Kurs auf die Galapagos-Inseln nehmen; das schien auch zu funktionieren, doch als er das Gespann um ein weiteres Tier erweiterte, zog dieses in die andere Richtung.

Zur Katastrophe kam es, als sich ein Angelhaken in eine Luftkammer des Schlauchboots bohrte; sie konnten das Boot nur retten, indem sie die Wasserkanister ausluden und an die Rettungsinsel banden. Aber ein Kanister ging verloren, und die geflickte Stelle hielt auch nicht sehr lange; jede Nacht verbrachten die Baileys eine halbe Stunde damit, das eingedrungene Wasser wieder aus dem Schlauchboot zu pumpen. Stachelfische hatte außerdem winzige Löcher in den Boden der Rettungsinsel gestochen. Dann umschwammen auch noch Haie die Insel, sie stießen von unten gewaltig mit den Köpfen dagegen und brachten Maurice und Maralyn böse Prellungen bei.

Auch als alles immer schlimmer wurde, blieb Maralyns Glaube an ihr Überleben unerschütterlich, aber im Stillen begann Maurice daran zu zweifeln, dass ein Schiff sie jemals sichten würde, nachdem bislang alle vorbeigefahren waren. Außerdem bekam er einen trockenen Husten, und an seinem Körper bildeten sich schmerzhafte wunde Stellen. Maralyn wollte ihm nicht sagen, wie schlimm sie aussahen.

Dann, nach 117 Tagen, entdeckte Maralyn ein Schiff am Horizont, das erste seit 43 Tagen, und erstaunlicherweise schien es beizudrehen, als sie mit der Öljacke winkte. Sie zogen schnell ihre alten, zerrissenen Kleider über, und ehe sie sich versahen, wurden sie an Bord eines koreanischen Fischkutters gezogen. Zuerst war der Kapitän misstrauisch und wollte wissen, ob sie auch bestimmt keine russischen Spione seien. Selbst die britischen Pässe, die sie von der *Auralyn* hatten retten können, überzeugten ihn zunächst nicht restlos. Doch irgendwann glaubte er ihnen, und die ganze Crew behandelte die beiden sehr herzlich. Es gab keinen Arzt an Bord, aber der Ingenieur hatte früher bei einer Sanitätskompanie gedient.

Nachdem der Kapitän seiner Reederei in Seoul den Vorfall über Funk gemeldet hatte, ging die Nachricht von der Rettung der Baileys rund um die Welt. Sie bekamen Glückwunschtelegramme von überallher. In Honolulu gingen sie schließlich von Bord. Endlich waren sie wieder an Land, doch sie hatten weiterhin ihren neuen Plan im Kopf, mit dem sie sich auf der Rettungsinsel Mut gemacht hatten: Sie wollten mit der *Auralyn II* bald wieder in See stechen.

Bei einer Nachbetrachtung der medizinischen Aspekte des Falles stellte Stabsarzt Captain John Waters vom *Institute of Naval Studies* der Royal Navy einige Monate später anhand der Unterlagen der ärztlichen Untersuchung in Honolulu fest, dass die Baileys zwar sehr geschwächt gewesen waren, Maralyn sich aber dennoch in einem besseren Zustand befunden hatte. Gewisse physiologische Faktoren helfen Frauen in lebensgefährlichen Situationen: Sie verbrauchen weniger Energie und haben größere Fettreserven als Männer, daher verlieren sie nicht so schnell an Gewicht. Andererseits haben sie weniger Hämoglobin und werden schneller anämisch – was bei Maralyn aber nicht der Fall war. Ihre Menstruation setzte drei Monate aus, doch noch vor der Rettung setzte sie wieder ein, als hätte sich ihr Körper an die neuen Umstände angepasst.

Vor allem Maralyn versuchte unentwegt die Moral aufrechtzuerhalten, sie erzählte Maurice Geschichten, erfand Spiele, fand Anlässe für kleine Feiern, wenn es auch wenig zu feiern gab. Maurice erkannte an, dass seine Frau sich psychisch besser hielt und einen stärkeren Überlebenswillen hatte als er. Am Anfang verging Maralyn in Tränen über den Verlust der *Auralyn,* am Ende aber ging sie als gutes Beispiel voran.

Auch wenn Frauen wie Maralyn Bailey und Eliza Bradley eine enorme Widerstandskraft und Belastbarkeit an den Tag legten, sind Reisen und Forschungsfahrten unstrittig gefährlich. Nur wenige Entdecker kehren ungeschoren zurück. Man könnte sogar sagen, dass für sie Krankheiten und Verletzungen Berufsrisiken sind, denen man nur mit ausgesprochenem Glück entgeht.

Die Risiken bei Entdeckungsreisen

Mary Kingsley bekam aus einem Vorderlader eine Ladung Metallschrott in den Knöchel. Es dauerte Monate, bis man die Reste alter Kochtöpfe aus der Wunde entfernt hatte und der Heilungsprozess einsetzte.

In ihrer fünfzig Jahre währenden Fliegerkarriere stürzte Jackie Cochran ein paarmal ab. Einmal erstickte sie fast, als Kohlenmonoxid ins Cockpit drang. Der gefährlichste Moment kam, als sie bei einem durch jahrelange schlechte Ernährung verursachten Magenkrampf die Kontrolle über das Steuer verlor. Zum Glück war ein Kopilot an Bord.

Freya Stark wurde auf ihren Reisen wiederholt krank. Sie hatte Malaria, Denguefieber, Sandfliegenfieber, Ruhr und Verbrennungen. Am schlimmsten verletzte sie sich jedoch mit zwölf Jahren, lange vor ihren Reisen: Ihr Haar verklemmte sich in einer Maschine der Seidenweberei ihrer Mutter in Asolo. Sie trug schwere Verletzungen an der Kopfhaut und der rechten Gesichtshälfte davon, was sie für immer entstellte.

Viele Frauen haben auf ihren Reisen gelitten, doch die Überlebenskönigin ist wahrscheinlich Dervla Murphy. Ihrem Reisebericht einer Fahrt nach Sibirien 2002 fügte sie die lange Liste der Erkrankungen und Verletzungen hinzu, die sie auf Reisen erleiden musste. Zu den harmloseren gehören:

gebrochene Rippen und ein Skorpionbiss in Afghanistan
Bruzellose in Indien
ein verrenktes Knie in Äthiopien
Gicht in Madagaskar
Gehirnerschütterung in Rumänien

Malaria in Zimbabwe
Borreliose in Südafrika
und zur Abrundung des Ganzen:
verschiedene Verletzungen in Sibirien.

Dervla ist die lebende Bestätigung der Weisheit: »Was uns nicht umbringt, macht uns stärker.« Denn nach über vierzig Jahren auf Achse reist sie unverzagt weiter.

Erste Hilfe

Um sich gegen alle möglichen drohenden Gefahren zu wappnen, kann man sich natürlich mit dem größten Erste-Hilfe-Koffer ausstatten, den man nur finden kann. Jedenfalls dachte sich das May French Sheldon, die Medizin studiert hatte. Ende des 19. Jahrhunderts boten Firmen wie *Borroughs Wellcome & Company* dem Reisenden eine breite Palette komprimierter Medizin in Tablettenform an. May trug 1891 in Afrika auf ihrer Expedition einen Arzneigürtel um die Hüften, bestückt mit Teilen ihrer Reiseapotheke, die fünfzig verschiedene Pillen und Pulver umfasste, darunter:

Sulfonaltabletten bei Schlaflosigkeit und Schlafstörungen
Bleiopiumtabletten, schmerzstillend und adstringierend auch bei hartnäckiger Diarrhö mit Blutstuhl
Arsentabletten zur Malariaprophylaxe
Zitronensäuretabletten als Durstlöscher bei langen Märschen
Tabletten für extreme physische Anstrengungen, alle zwei Stunden eingenommen als Stimulans bei langen Tagesetappen und anstrengenden Reisen, dämpfen das Hungergefühl
(Sehr wirksam!, schrieb sie.)

Livingstone's Rousers, tonisch, abführend, beugen Malaria vor
(erfunden von David Livingstone)
Sacharintabletten als Zuckerersatz
Silbernitrat zum Kauterisieren von Wunden und Giftbissen
Chloroform bei Wespen-, Bienen- oder sonstigen Giftstichen
und -bissen
Rindenpulver gegen wunde Füße oder zum Gurgeln bei Hals-
schmerzen

In Anbetracht des Umfangs ihrer Arzneikoffer und ihrer Vor-
liebe für *Tabletten für extreme physische Anstrengungen* ist
nicht weiter verwunderlich, dass May bei ihrer Expedition meist
nur zwei Stunden nachts schlief. Abgesehen von einer schmerzhaften Augenverletzung durch einen Dorn, kam sie relativ unbeschadet durch Ostafrika zum Kilimandscharo. Doch auf dem

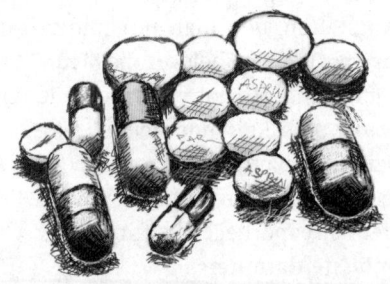

Rückweg zur Küste rutschten ihre Träger auf einer Brücke aus,
während sie May in ihrem Palankin über einen Wildbach trugen,
und sie stürzte ins Wasser. Als die Träger sie unter Einsatz ihres
Lebens aus den reißenden Fluten zogen, schlug sie gegen einen
Felsen und zog sich eine schwere Wirbelsäulenverletzung zu.
Außerdem erkältete sie sich und legte den Rest des Weges, mit
Fieber in ihrer Sänfte darniederliegend, zurück. Sie konnte von
Glück sagen, dass sie überhaupt lebend nach England zurück-
kehrte.

Selbstbehandlung

Tabletten aus einem Arzneikoffer kann jeder einnehmen, was aber, wenn man so schwer erkrankt ist, dass man operiert werden muss? 1961 schnitt sich Leonid Rogozov auf der sowjetischen Antarktisstation unter örtlicher Betäubung selbst seinen entzündeten Blinddarm heraus. Ein Fahrer stand mit dem Spiegel vor ihm, andere Kollegen reichten ihm die Instrumente. Er wurde kurz ohnmächtig, konnte die Operation aber dennoch erfolgreich durchführen und zwei Wochen später wieder seinen Dienst antreten.

Ein paar Jahrzehnte später gelang ebenfalls in der Antarktis einer schwer erkrankten Ärztin eine außergewöhnliche Selbstoperation.

Mit kühlem Kopf

Die 46-jährige Jerri Nielsen (1952–2009) war 1998 an einem Tiefpunkt in ihrem Leben angelangt. Ihre Ehe war gescheitert, und nach einem erbitterten Scheidungskrieg hatten sich ihre Kinder immer mehr von ihr entfremdet. Dann wurde sie auf eine Stellenausschreibung für die Antarktis aufmerksam und wusste, dass das ihre Chance wäre. Sie kündigte als Notfallärztin in einer großen Universitätsklinik in Cleveland und begab sich für ein Jahr auf die amerikanische *Amundsen-Scott South Pole Station,* denn sie glaubte »an die heilsame Wirkung eines Ortswechsels« gegen ihre Probleme und den Stress in den Staaten.

Im November 1998 kam sie in die Antarktis; zuerst lief alles gut, schnell wurde sie Teil der kleinen Gemeinschaft, die in der Forschungsstation lebte und arbeitete. Wie viele andere vor ihr verliebte auch sie sich in die Landschaft und fand das Leben dort spirituell tief erfüllend. Im Februar 1999 begannen die Vorbereitungen auf den langen, dunklen Polarwinter. Das Personal wurde auf 41 »Überwinterer« reduziert, Jerri war eine von ihnen. Sie freute sich nachgerade auf die Behandlung von durch die Kälte ausgelösten Krankheiten, von Winterdepressionen und Unfallverletzungen.

Im März – einen Monat nachdem das letzte Flugzeug in der Antarktis gestartet war – ertastete sie eine kleine Geschwulst in der rechten Brust. Panik bekam sie nicht, sie hatte schon zuvor Bindegewebsknoten gehabt, die immer wieder von selbst verschwunden waren. Vor ihrem Aufbruch an den Südpol hatte sie sich in den USA einer Mammografie unterzogen, bei der nichts Widriges festgestellt worden war. Dieser Knoten aber war anders – nach einem Monat war er immer noch da, und er wuchs weiter.

Jerri war sich darüber im Klaren, dass es am Südpol so gut wie unmöglich war, einen Tumor zu entfernen, denn nach einem derart schwerwiegenden Eingriff bestand die Gefahr einer Infektion. Zudem schien der Knoten so groß zu sein, dass sie wohl nicht selbst an sich herumschneiden konnte, und außer ihr selbst hatte niemand auf der Station ausreichende medizinische Kenntnisse. Es gab einen begrenzten Vorrat an Medikamenten, die für eine Chemotherapie jedoch ungeeignet waren.

Gegenüber Leonid Rogozov hatte Jerri einen entscheidenden Vorteil: das Internet. Sie nahm mit einem ehemaligen Kollegen, einem Radiologen, in den USA E-Mail-Kontakt auf; er meinte zunächst, die Symptome deuteten eher auf eine Fettnekrose oder eine multiple fibrozystische Mastopathie – eine gutartige Veränderung des Brustdrüsengewebes – hin als auf einen Tumor. Doch die Geschwulst wuchs weiter, und Jerri machte sich Sorgen, dass sie ihren Pflichten als einziger Ärztin auf der Station nicht mehr nachkommen könnte, wenn sie zu krank werden sollte.

Im Juni schrieb sie an verschiedene Kollegen, unter anderem an ihren Vorgänger, und fragte um Rat. Sie rieten ihr, eine Gewebeprobe zu entnehmen, um zu sehen, ob es eine Zyste oder ein Tumor sei. Jerri hatte nun keine Wahl mehr, sie musste ein tapferes Gesicht aufsetzen und die Leute auf der Station informieren; wie groß ihre Befürchtungen wirklich waren, offenbarte sie aber nur ihren engsten Freunden. Mithilfe des Elektrikers Pakman versuchte sie, die Geschwulst zu punktieren, doch die Nadel stieß auf eine feste Masse.

Mit ihren begrenzten Mitteln konnte Jerri nicht bestimmen, ob die Wucherung bösartig oder gutartig war. Alle auf der Station unterstützten sie, so gut sie konnten. Für die Biopsie, bei der ihr der Schweißer Walt assistierte, wurde eine Video-Live-Schaltung nach Denver hergestellt, um die Zellbilder nach Amerika zu übertragen. Allerdings waren sie für eine Diagnose nicht scharf genug. Jerri konnte bei dieser Kälte nicht ausgeflogen werden, aber es gab eine minimale Chance, Medikamente und Instrumente über der Antarktis abzuwerfen.

Doch es lief nicht wie geplant. Zweiundzwanzig Stunden bevor das Flugzeug erwartet wurde, brannte die Schaltanlage des Generators – die gesamte Station war acht nervenaufreibende Minuten lang komplett ohne Strom. Die Temperaturen waren auf minus 60 Grad gefallen, und jeder wusste, dass Jerris Leben in ernster Gefahr war, wenn sie die Stromversorgung nicht bald wieder zum Laufen brachten. Doch das Feuer konnte gelöscht und der Notgenerator angeworfen werden.

Dann aber stellten sie fest, dass sich ein Hacker ins Netzwerk der Station einzulocken versuchte und somit Jerris wichtigstes Kommunikationsmittel, die Internetverbindung, gefährdete.

Bei minus 68,9 Grad kam schließlich das Flugzeug und warf sechs Paletten ab. Fünf überstanden den Aufprall, doch die sechste mit dem teuersten Instrument, einem Ultraschallgerät, mit dem der Tumor ausgemessen werden sollte, wurde zerschmettert. Jerri wusste immer noch nicht, um welchen Tumortyp es sich genau handelte, und begann eine kombinierte Hormontherapie, um ein weiteres Wachstum zu verlangsamen. Der unangenehme Nebeneffekt war, dass damit ihre Menopause einsetzte.

Ende Juli bestätigten sich Jerris schlimmste Ängste. Nach einer zweiten Biopsie bekam sie aus den USA die Nachricht, dass der Tumor bösartig war. Mit den primitiven Mitteln, die sie auf der Station zur Verfügung hatten, konnten sie eine Videokonferenz einrichten, sodass Jerri unter Beobachtung der Krebsspezialistin Kathy Miller via Internet eine Chemotherapie begann. Über Tausende Kilometer hinweg beantwortete Kathy Jerris Fragen und gab ihr seelischen Beistand.

Zunächst schlug die Therapie an, der Tumor bildete sich zurück, und Jerri schien die Chemo auch einigermaßen zu vertragen. Doch nach ein paar Wochen wuchs der Tumor wieder. Und um das Ganze noch schlimmer zu machen, hatte die Presse Wind von der Sache bekommen und belästigte Jerris Eltern.

Nachdem ihr die Haare ausfielen, beschloss sie, »nach schönster Tradition am Pol« aus dem letzten Haarschnitt ein Fest zu machen und sich in Anwesenheit ihrer Freunde den Schädel kahl zu rasieren. Wegen der Chemo klappte ihr Kreislauf zusammen. Sie wollte die Medikamente wechseln, doch ihr Körper reagierte darauf noch schlechter, und sie wurde immer schwächer.

Anfang Oktober stahlen sich wieder die ersten Sonnenstrahlen über den Horizont. Für die mittlerweile vollkommen geschwächte Jerri wurde für den frühestmöglichen Termin ein Rettungsflug angesetzt. Am 16. Oktober landete ein Flugzeug, das sie über Neuseeland nach Amerika zurückbrachte. Wenige Tage später unterzog sie sich einer Lumpektomie, der Tumor wurde erfolgreich entfernt, aber sie bekam eine so schlimme Infektion, dass sie fast daran starb.

Jerri genas zeitweilig und arbeitete als Motivationstrainerin, selbst dann noch, als der Krebs 2005 zurückkehrte und Metastasen bildete. Jerri Nielsen starb im Juni 2009.

In der Antarktis war sie in ihrer Not nicht allein gewesen, ihre Freunde und Kollegen hatten ihr unschätzbare Hilfe geleistet, und sie hatte ständig E-Mail-Kontakt mit ihrer Familie zu Hause halten können. Dennoch hatte sie ein schreckliches Martyrium durchgestanden, erschwert durch die Tatsache, dass sie als Medizinerin die Augen nicht vor der Wahrheit verschließen konnte. Nur ein Mensch mit einem starken Charakter und einer ungemein großen Belastbarkeit konnte diesen Druck aushalten. Die simple Lektion, die sie gelernt habe, so schrieb Jerri später einmal, sei: Wenn es hart auf hart komme, könne jeder enorme Kräfte mobilisieren.

R. I. P.

Es bereitet ein schauriges Vergnügen, zu Hause im Sessel Expeditionsberichte von Menschen zu lesen, die dem Tode knapp entronnen sind, doch die tödlichen Gefahren auf Forschungsreisen waren auch immer Gegenstand eines morbiden Voyeurismus. Zwei große Bucherfolge waren in jüngerer Zeit Joe Simpsons *Sturz ins Leere,* eine faszinierende Überlebensgeschichte, und Jon Krakauers *In eisige Höhen,* eine Chronik der Tragödie im Mai 1996 am Mount Everest.

Viele Frauen haben auf und für Entdeckungsreisen ihr Leben gelassen, und es ist nicht überraschend, dass die meisten in der Höhe umkamen, beim Fliegen oder am Berg.

Luftpionierinnen leben gefährlich

Eine Frau, die sich in den Anfängen der Fliegerei in ein Flugzeug setzte, musste ganz einfach kühn sein; die Frage war nur, wie lange sie kühn sein könnte. Wie lange sie überleben würde.

1912

Harriet Quimby war die erste amerikanische Pilotin mit Flugschein und die erste, die den Ärmelkanal überquerte. Knapp drei Monate später, am 1. Juli 1912, stürzte sie bei einer Flugschau in Boston zusammen mit ihrem Passagier ab. Laut einem damaligen Bericht der *New York Times* neigte sich der *Blériot*-Eindecker aus ungeklärten Gründen »plötzlich nach vorn und schleuderte die Insassen heraus. Sie wirbelten durch die Luft, während sie nach unten rasten.« Sie stürzten zu Tode. Das Flugzeug landete jedoch ganz normal auf einer sumpfigen Stelle, dann überschlug es sich.

1922

Elsa Anderson war die erste schwedische Pilotin und Fallschirmspringerin. Im Januar 1922 verhedderten sich bei ihrem dritten Sprung die Leinen, und ihr Fallschirm ging erst kurz über den Baumwipfeln auf. Sie schlug ungebremst mit einem hörbaren Knall auf und war sofort tot.

1937

Noch heute gilt Amelia Earhart als eine der berühmtesten Flugpionierinnen. Dass sie zur Legende wurde, liegt zum Teil auch an ihrem mysteriösen Verschwinden bei ihrem zweiten Versuch, entlang dem Äquator um die Welt zu fliegen. Der Umstand, dass ihre Leiche und die ihres Navigators nie gefunden wurden, gab Anlass zu einer Unmenge abstruser Spekulationen. Einem Gerücht zufolge soll sie eine Spionin gewesen sein, die geplant verschwunden war, um japanische Stützpunkte im Südpazifik auszukundschaften, nach einer anderen Version wurde sie von den Japanern festgenommen und hingerichtet. Am kuriosesten jedoch ist ein Buch, das 1970 über eine Bankerin aus New Jersey geschrieben wurde und in dem die völlig gegenstandslose Behauptung aufgestellt wurde, dass es sich bei dieser Frau um Amelia Earhart handele, die heimlich nach Amerika zurückgekehrt sei und eine andere Identität angenommen habe.

1941

Amy Johnson, die britische Antwort auf Amelia Earhart, war eine äußerst wagemutige Langstreckenpionierin. Das »nette Mädchen von nebenan« aus Hull mit den strahlenden Augen meldete sich bei Ausbruch des Zweiten Weltkriegs zur Royal Air Force, für die sie Versorgungsflüge übernahm. Im Januar 1941 sollte sie ein Flugzeug von Blackpool nach Oxford überführen, wegen schlechten Wetters verlor sie jedoch die Orientierung und musste mit dem Fallschirm abspringen. Sie überlebte und wurde im eiskalten Wasser der Themsemündung gesichtet, ein Rettungsversuch schlug jedoch fehl, und sie wurde nie geborgen.

Ein »Killerberg«?

Bergsteigen, vor allem Höhenklettern, ist zweifellos eine der gefährlichsten Formen der Welterkundung. Die an sich schon extremen Risiken in Verbindung mit schwierigen Wetterverhältnissen und der körperlichen Anstrengung in sauerstoffarmen Höhen führen zu einer hohen Unfallgefahr.

Der »Fluch des K2«

Juni 1986
Die Polin Wanda Rutkiewicz ist die erste Frau auf dem K2, sie überlebt. Am selben Tag schafft es auch das französische Bergsteigerehepaar Lilliane und Maurice Barrard auf den Gipfel, beim Abstieg verunglücken sie tödlich.

August 1986
Die Britin Julie Tullis erreicht nach mehreren Versuchen den Gipfel des K2. Beim Abstieg geraten sie und ihr Partner Kurt Diemberger in einen Sturm. Julie stirbt.

Mai 1992
Sechs Jahre nach ihrer Begehung des K2 kommt Wanda Rutkiewicz am Kangchendzönga ums Leben.

August 1992
Die Französin Chantal Maudit bezwingt den K2.

August 1995
Alison Hargreaves ist die erste Britin, die ohne Sauerstoffgerät auf den Gipfel des K2 gelangt. Sie stirbt beim Abstieg.

Mai 1998
Chantal Maudit wird am Dhaulagiri von einer Lawine verschüttet. Sie stirbt sechs Jahre nach ihrer K2-Begehung.

Der K2 gilt bei Bergsteigern als einer der schwierigsten Achttausender, wenn nicht als der schwierigste überhaupt. Er ist nicht ganz so hoch wie der Mount Everest, aber fraglos anspruchsvoller zu klettern. Am K2 gibt es keine »Yak-Route« – wer hier hinaufwill, muss es aus eigener Kraft schaffen. Die Statistik ist erschreckend: Zwischen der Erstbegehung durch eine italienische Seilschaft 1954 und 2008 bezwangen 298 Menschen den Gipfel, 77 starben bei dem Versuch, also einer von vier. Die Todesrate ist bei Bergsteigerinnen zwar nicht höher als bei Männern, aber in den Achtziger- und Neunzigerjahren hatte es den Anschein, als würden die meisten weltbesten Kletterinnen entweder direkt am K2 oder kurz nach seiner Besteigung ums Leben kommen. Stets schmückten den K2 melodramatische Beinamen wie »Berg der Berge«, »Wilder Berg« oder »Killerberg«, um die bekanntesten zu nennen. Und so konnte man in der Presse auch immer wieder vom »Fluch des K2« lesen – ein Fluch für jede Frau, die ihn bezwingen wollte oder bezwungen hatte.

Natürlich lastet kein Fluch auf dem K2, er ist schlicht und ergreifend ein sehr hoher und sehr gefährlicher Berg, wie es auch andere sehr hohe und sehr gefährliche Berge gibt.

Aber so leicht es ist, die Risiken hervorzuheben …

… so wichtig ist es auch, daran zu erinnern, dass viele Entdeckerinnen und Pionierinnen ihre Reisen und Touren trotz aller Gefahren überlebt und ein stolzes Alter erreicht haben!

Die »Segnungen« der Welterkundung

Alexandra David-Néel starb in ihrem 101. Lebensjahr. Sie reiste bis weit über achtzig, sie schrieb Bücher und studierte bis zu ihrem Tod buddhistische Texte.

Ella Maillart wurde 94 Jahre alt, auch sie reiste bis weit über achtzig noch nach Asien.

Freya Stark starb mit hundert Jahren und reiste ebenfalls bis ins hohe Alter.

Mildred Bruce, die rasante Rennfahrerin und Pilotin, testete noch mit 78 Jahren Sportwagen, sie starb im 95. Lebensjahr.

Die Bergsteigerin Annie Smith Peck wurde 85 Jahre alt, sie bereiste noch bis wenige Jahre vor ihrem Tod die Welt.

Sie sehen also: Entdeckungsreisen sind gut für Frauen, sie halten sie am Leben!

Die Füße hochlegen?

Wie ich gerade dargestellt habe, erreichten viele bekannte Entdeckerinnen ein hohes Alter und waren auch noch sehr lange aktiv. Was aber, wenn man sich früher zurückziehen will? Oder, in anderen Worten, gibt es ein Leben nach der Reise?

Entdeckungsreisenden fällt es erstaunlich schwer, sich ein Leben danach vorzustellen. Viele namhafte Forscher starben enttäuscht und verbittert. Nach all den harten Jahren in der Feldforschung, immer wieder begleitet von der Bewunderung durch die Öffentlichkeit und die Medien, ist es gar nicht so einfach, sich auf seinen Lorbeeren auszuruhen. Man kann vielleicht einen Sponsor für seine Expedition finden, aber niemand wird einem den Ruhestand finanzieren.

Einige berühmte Entdecker wie Fridtjof Nansen oder Hiram Bingham gingen in die Politik, Frauen engagierten sich auf diesem Gebiet nur selten. Jackie Cochran kandidierte für die Republikaner für den US-Kongress, wurde aber nicht gewählt. May French Sheldon und Mary Kingsley setzten sich erfolgreich für die Rechte der Afrikaner ein, doch May scheiterte kläglich, als sie 1904 in Liberia eine große Plantage gründen wollte. Gertrude Bell hatte als Forschungsreisende wohl den größten politischen Einfluss, sie spielte nach dem Ersten Weltkrieg eine wesentliche Rolle bei der Grenzziehung im Nahen Osten. Doch sie fand auch privat keine Ruhe, 1926 starb sie an einer Überdosis Schlaftabletten.

Einige Pionierinnen begannen erfolgreich eine neue Karriere: Arlene Blum arbeitete nach dem Klettern wieder als Biochemikerin; Sarah Hobson, die als »John« den Iran bereist hatte, wurde Filmemacherin; Clare Francis gab das Segeln auf und wurde Bestsellerautorin.

Schreiben ist eine sehr opportune Möglichkeit, sowohl die Reisen selbst zu finanzieren als auch danach noch davon zu leben. Es gibt viele tolle Bücher von reisenden Frauen, leider verkauften sich jedoch die wenigsten so gut wie die Klassiker der männlichen Kollegen. So groß die Vorurteile gegenüber Forschungsreisen von Frauen seit jeher waren, so gering war anschließend auch das Interesse an ihren Reiseberichten, egal, wie gut sie sind.

Die meisten Expeditionstagebücher und -berichte, ob nun von Männern oder Frauen, sind sehr positive Darstellungen ihrer Reisen, gewürzt mit gelegentlichen Problemen, Hoch- und Tiefpunkten, auch ein wenig Bedauern darf nicht fehlen. Normalerweise bekommt man Lust, ebenfalls dorthin zu fahren. Eine deutliche Ausnahme bilden dabei Susanna Moodies 1852 veröffentlichte Memoiren *Roughing It in the Bush [Ohne Annehmlichkeiten in der Wildnis]*, die mit dem Appell an die Frauen ihres Standes schließen, ihr niemals in die Wälder Kanadas zu folgen. Es sei ja eine nette Herausforderung für die unteren Schichten, aber ganz bestimmt nicht für Frauen aus dem kultivierten Mittelstand, schrieb sie.

Ein gutes Buch kann einen vor dem Verhungern retten, einem aber auch im Nachhinein oder gar postum Ruhm bescheren. Beryl Markham führte in Afrika ein eher bescheidenes Leben, als ihr Buch *Westwärts mit der Nacht* Anfang der Achtzigerjahre wiederaufgelegt wurde und ihr zusammen mit einer neuen Leserschaft auch die bitternötigen Tantiemen einbrachte. Margaret Fountaine war eine längst vergessene Schmetterlingsforscherin aus viktorianischer Zeit, bis 1978 ihre Tagebücher, ihrem Testament entsprechend, hundert Jahre nach dem ersten Eintrag erstmals geöffnet wurden. Zwei Jahre später wurden sie auch veröffentlicht, und die Einblicke in das Leben dieser außergewöhnlichen Frau wurden ein sensationeller Erfolg.

Es ist wirklich schwierig, eine Auswahl aus den Reisebeschreibungen und »Expeditionsbiografien« von Frauen zu treffen, aber hier sind die zehn interessantesten, wenn sie auch nicht immer Kassenschlager waren:

Beryl Markham, *Westwärts mit der Nacht*
Hemingway meinte, das Buch sei so gut, dass er sich schäme, sich selbst einen Schriftsteller zu nennen. Er hatte recht – es ist ein phantastisches Buch, das sowohl Beryls Transatlantikflug als auch ihr Leben als Tochter eines Pferdezüchters im wilden Kenia der Zwanzigerjahre eindrücklich beschreibt. Das Gerücht, nicht Beryl allein habe es verfasst, sondern ihr dritter Mann, ein Journalist und Drehbuchautor, habe intensiv daran mitgearbeitet, war lange nicht totzukriegen. Doch der Duktus ist so durchgängig und konzis, dass man sich eine Koautorenschaft nur schwer vorstellen kann.

Marie Herbert, *The Snow People*
Noch heute liest sich ihr Bericht über ihr Leben mit den Grönland-Inuit flüssig und spannend, wirkt frisch und lebendig. Maries Tochter Kari kehrte 2002, dreißig Jahre später, nach Grönland zurück, um für ihr eigenes Buch *The Explorer's Daughter*

[Die Tochter des Entdeckers] über die Menschen auf Herbert Island zu recherchieren. Es schildert, wie sich deren Leben seit damals verändert hat.

Freya Stark, *Das Tal der Mörder. Persische Reisen*

Freya schrieb 24 Reiseberichte und Autobiografien und gab eine achtbändige Sammlung ihrer Briefe heraus, doch ihr zweites Buch über ihre faszinierende Reisen durch Persien 1930 und 1931 ist und bleibt eine ihrer fesselndsten Arbeiten. Ihr flüssiger Stil, ihr Humor, ihre ansteckende Begeisterung machen daraus eine tolle Lektüre.

Alexandra David-Néel, *Mein Weg durch Himmel und Höllen*

Es gibt stilistisch großartige Bücher, es gibt aber auch ganz einfach Bücher, die durch ihr Thema bestechen. Alexandras Bericht hat Stil, vor allem aber ist er spannend. Die vielen Wirrnisse und Abenteuer, die sie mit ihrem Gefährten Yongden auf dem Weg in die Verbotene Stadt Lhasa bestehen muss, lesen sich fast wie ein Krimi. Es kommt zu den bizarrsten Zwischenfällen, man lernt die merkwürdigsten Gestalten kennen: Geister, Räuber und die unterschiedlichsten Menschen der tibetischen Landbevölkerung. Doch am außergewöhnlichsten ist sicherlich Alexandra selbst, ein wahres Unikum.

Dervla Murphy, *Aus eigener Kraft*

Dervlas Buchdebut erzählt die abenteuerliche Geschichte ihrer ersten Reise, einer Radtour von Irland nach Indien. Sie legte damit ein Muster fest, dem sie in vielen späteren Reiseberichten folgte. Ihr Stil – sowohl beim Schreiben wie auch beim Reisen – ist kraftvoll und voller Humor, und wie im wirklichen Leben ist sie auch auf Papier direkt und bescheiden.

Beryl Smeeton, *Winter Shoes in Springtime [Winterschuhe im Frühling]*

Ein Klassiker der Reiseliteratur. Beryl schildert ihre Überland-reise von Indien zurück nach England, die sie nach dem Ende ihrer ersten Ehe unternahm, sowie die darauf folgende Fahrt nach Japan und China. Wunderschön geschrieben, mit herr-lichem Humor, großer Wissbegierde und tiefer Wärme.

Sarah Hobson, *Masquerade*

Die ungewöhnliche Geschichte der Iranreise einer als junger Mann verkleideten jungen Frau. Auch andere Entdeckerinnen reisten schon verkleidet, auch in Männerklamotten, aber keine hat je so eloquent darüber geschrieben. Sarah hatte damals nicht viel Erfahrung im Reisen; ohne zu prahlen, erzählt sie, wie viele Risiken sie auf sich nehmen musste.

Mary Kingsley, *Die grünen Mauern meiner Flüsse*

Die Reisende aus viktorianischer Zeit hat bis heute nichts von ihrer Berühmtheit eingebüßt, davon zeugt die anhaltende Be-liebtheit ihres Buches, in dem sie in ihrem sehr eigenen, persön-lichen Stil zwei lange Aufenthalte in Westafrika beschreibt. Nur wenige Forscher sind so selbstkritisch wie Mary, und hin und wieder kommt sie daher wie die typische, exzentrische Englän-derin im Ausland.

Sara Wheeler, *Terra Incognita*

Eine moderne Reiseschriftstellerin, die sich in jüngster Zeit auf die Biografien berühmter Entdecker spezialisiert hat. Das Buch ist eine faszinierende Mischung aus Saras eigenem Antarktis-Reisetagebuch und literarisch gehaltenen Lebensbeschreibun-gen, in denen sie versucht, in die Haut der Männer aus der hel-denhaften Hochzeit der Polarforschung zu schlüpfen.

Isabella Bird, *Leben einer Dame in den Felsengebirgen*

Neben Mary Kingsley war Isabella Bird die Grande Dame der vik-torianischen Reiseliteratur, allerdings starb Mary relativ jung, während Isabella über siebzig wurde. Ihre späteren Bücher sind manchmal ein wenig trocken, aber das oben genannte vierte und auch berühmteste Buch ist brillant. Isabella war zu Hause in England immer kränklich gewesen, doch in der Wildnis Nord-amerikas verwandelte sie sich in eine kühne, ausdauernde Reite-rin, die auch noch eine Affäre mit einem einäugigen Banditen hatte …

Die Zukunft (?)

Was liegt für die reisende Frau hinter dem Horizont? Mit wel-chen Inhalten werden sich die Expeditionsberichte der Zukunft füllen? Außer dass man ins Innere der Erde oder in die Tiefen der Ozeane vordringen kann, ist geografisch auf diesem Planeten nicht mehr viel zu holen, zumindest nicht dass wir wüssten. Das heißt natürlich nicht, dass die Erde bis in den letzten Winkel kar-tografiert, erkundet, erstiegen, fotografiert wäre. Weit entfernt! Es gibt Tausende unbegangener Berge und unbetretener Pfade sowie Regionen, die kaum bereist wurden. Auf der Erde gibt es also noch viel zu tun, ob künftige Forschungsreisende jedoch noch so viel öffentliche Aufmerksamkeit bekommen wie Li-vingstone, Scott oder Hillary, wie Freya Stark oder Gertrude Bell, muss sich erst erweisen.

Sollte es ein neues goldenes Zeitalter der Entdeckungen ge-ben, wird es sicherlich mit dem Weltall und der Raumfahrt zu tun haben. Walentina Tereschkowa war die erste Frau im All, an Bord der *Wostok 6* flog sie 1963 in den Weltraum. Sally Ride war 1983 die erste Amerikanerin im All. Bis heute sind ihnen Dut-zende Frauen gefolgt, leider mussten auch drei ihr Leben dabei

lassen. Die Geschwindigkeit neuer Entdeckungen hat sich jüngst durch die Beteiligung Chinas und Japans, der tatkräftigen Neulinge in der Raumforschung, beschleunigt. Die Kosten sind astronomisch, und die Technik ist auch noch nicht auf ihrem besten Stand. Aber wenn man den viktorianischen Klassiker, das Reisehandbuch *Hints to Lady Travellers at Home and Abroad* von Lillias Campbell Davidson, eines Tages updaten will, wird es darin zweifellos ein Kapitel über Benimmregeln im All geben müssen und wie man in der Schwerelosigkeit seine Würde wahrt.

Nachwort

Welche Unterschiede gibt es nun wirklich zwischen reisenden Frauen und Männern?

Frauen sind die besseren Überlebenskünstler. Aber sagen Sie das mal einem Joe Simpson oder Ernest Shackleton!

Frauen interessieren sich mehr für die Menschen an einem bestimmten Ort als für den Ort selbst. Tja, was würden Eric Newby und Patrick Leigh Fermor wohl dazu sagen?

Frauen sind weniger von Konkurrenzdenken geprägt als Männer. Und wie steht es mit Wanda Rutkiewicz oder Ellen MacArthur?

Frauen gehen ungern große Risiken ein. Aber was taten Jackie Cochran und Rosita Forbes?

Es gibt im Grunde also keine Regel ohne Ausnahme, man kann keine Verallgemeinerung treffen, die nicht sofort widerlegt werden könnte – bis auf eine: *Weibliche Entdeckungsreisende sind weitaus weniger bekannt als ihre männlichen Kollegen.* Ich hoffe, dieses Buch kann einen kleinen Teil dazu beitragen, an diesem Zustand etwas zu ändern.

Vielleicht gibt es ja in Wahrheit viel mehr Ähnlichkeiten als Unterschiede zwischen Abenteurern und Abenteurerinnen. Alle müssen Gefahren bestehen, alle müssen ums Überleben kämpfen, alle müssen sich sowohl für Menschen als auch für Orte interessieren. Und vor allem: Sie müssen eben ein bisschen anders sein als wir Normalsterblichen …

Und so heißt es in einem alten persischen Sprichwort auch: »Reisen ist eine Form von Wahnsinn.«

Dank

Ein paar Worte des Dankes an die Menschen, die mir geholfen haben, dieses Buch auf den Weg zu bringen: Christina Dodwell, Dominique Jean, Hugh Thompson, Amanda Faber, Carmel Conefrey, David Presswell, die Mitarbeiter der *Bodleian Library* und der *London Library*; Anthony Scheil, Sally Riley und Leah Middleton bei *Aitken Alexander Ltd.* sowie Bettina Feldweg beim *Malik Verlag*; Adam Burton, der auch dieses Buch wundervoll illustriert hat. Und wie immer schulde ich meinen Kindern Frank und Phyllis, die damit zurechtkommen mussten, dass ich so oft nicht bei ihnen war, und ganz besonders meiner geliebten Frau Stella für ihre Unterstützung tief empfundenen Dank.

Literatur

Primärliteratur

Amundsen, Roald, *Mein Leben als Entdecker,* Leipzig 1929.

Angeville, Henriette de, *Mon assaut du Mont Blanc,* o. A.

Arnesen, Liv, und Bancroft, Ann, *Nur den Horizont im Blick,* München 2005.

Bailey, Maurice und Maralyn, *118 Tage den Tod vor Augen,* Oldenburg 1975.

Baker, Anne (Hg.), *Morning Star. Florence Baker's Diary of the Expedition to Put down the Slave Trade on the Nile 1870–1873,* London 1972.

Bancroft, Ann, und Loewen, Nancy, *Four to the Pole!,* New Haven, Connecticut, 2001.

Batten, Jean, *Alone in the Sky,* Shrewsbury 1979.

– *My Life,* London 1939.

– *Solo Flight,* Sydney 1934.

Beinhorn, Elly, *Ein Mädchen fliegt um die Welt,* Berlin 1932.

Bell, Gertrude Lowthian, *Ich war eine Tochter Arabiens,* Bern, München, Wien 1993.

– *Persische Reisebilder,* Hamburg 1949.

– *Am Ende des Lavastromes. Durch die Wüsten und Kulturstätten Syriens* (1908), Wien 1991.

– *Amurath to Amurath,* London 1911.

– *The Letters of Gertrude Bell,* London 1927.

– *The Arabian Diaries 1913–1914* (hg. v. Rosemary O'Brien), Syracuse, New York, 2000.

Bird, Isabella Lucy, *The English Woman in America,* London 1856.

– »Pen and Pencil Sketches Among The Outer Hebrides«, in: *The Leisure Hour,* London 1866.

– *The Hawaiian Archipelago,* London 1875.

– »The Two Atlantics«, in: *The Leisure Hour,* London 1876.

– *Six Months in the Sandwich Islands,* London 1976.

– »Australia Felix: Impressions of Victoria and Melbourne«, in: *The Leisure Hour,* London 1877.

– *Leben einer Dame in den Felsengebirgen,* Berlin 1882.

– *Unbetretene Reisepfade in Japan,* Jena 1886.

– *Der goldene Chersones,* Leipzig 1884.

– *Journeys in Persia and Kurdistan* (1891), London 1988.

Blixen, Karen, *Afrika – dunkel lockende Welt,* Stuttgart, Berlin (um 1938).

– *Schatten wandern übers Gras,* Frankfurt a. M. 1961.

Blum, Arlene, *Annapurna. Die erste Frauenexpedition auf einen der höchsten Gipfel der Erde,* Stuttgart 1982.

- *Breaking Trail,* New York 2005.
Blunt, Anne Isabella, *A Pilgrimage to Nejd, the Cradle of the Arab Race,* Hildesheim 1983.
- *Bedouin Tribes of the Euphrates,* London 1879.
- *Lady Anne Blunt: Journals and Correspondence 1878–1917* (hg. v. Rosemary Archer und James Fleming), Cheltenham 1986.
Bower, Ursula Graham, *Naga Path,* London 1951.
- *The Hidden Land,* London 1953.
Boyd, Louise, Arner, *The Fiord Region of Greenland,* New York 1935.
- *The Coast of Northeast Greenland,* New York 1948.
Bradley, Eliza, *An Authentic Narrative of the Shipwreck and Sufferings of Mrs. Eliza Bradley, the Wife of Capt. James Bradley of Liverpool, Commander of the Ship Sally, which was Wrecked on the Coast of Barbary, in June 1818, Written by Herself,* London und Boston 1820.
Bruce, Mrs. Victor (Mildred), *Nine Lives Plus: Record-Breaking on Land, Sea, and in the Air. An Autobiographical Account,* London 1977.
Bulstrode, Beatrix M. (Mary Beatrix Nunns/Mrs. Edward Manico Gull), *A Tour in Mongolia,* London 1920.
Burton, Isabel, *The Romance of Lady Burton,* New York 1897.
- *Arabia, Egypt, India. A Narrative of Travel,* London 1879.
- *The Inner Life of Syria, Palestine, and the Holy Land. From My Private Journal,* London 1876.
Caddick, Helen, *A White Woman in Central Africa,* London 1900.
Caton-Thompson, Gertrude, *The Zimbabwe Culture,* Oxford 1931.
- *The Desert Fayum,* London 1935.
- *Kharga Oasis in Prehistory,* London 1952.
- *Mixed Memoirs,* Gateshead 1983.
Cochran, Jacqueline, *Mein Weg zu den Sternen,* Zürich 1957.
- und Brinley, Maryann Bucknum, *An Autobiography*, New York 1987.
Cole, Mrs. H. W. (Eliza), *A Lady's Tour round Monte Rosa,* London 1859.
Colville, Mrs. Arthur (Oliva Spencer-Churchill), *1000 Miles in a Machilla. Travel and Sports in Nyasaland, Angoniland, and Rhodesia,* London 1911.
Court-Treatt, Stella, *Cape to Cairo: The Record of a Historic Motor Journey,* Boston, London 1927.
- *Sudan Sand,* London 1930.
Craven, Elizabeth (Markgräfin von Ansbach), *Briefe der Lady Elisabeth Craven über eine Reise durch die Krim nach Konstantinopel.* Leipzig 1789.
- *Denkwürdigkeiten der Markgräfin von Anspach,* Stuttgart, Tübingen 1826.
Darlington, Jennie, *My Antarctic Honeymoon,* New York 1956.
David-Néel, Alexandra, *Arjopa. Die erste Pilgerfahrt einer weißen Frau nach der verbotenen Stadt des Dalai Lama,* Leipzig 1928; *Mein Weg durch Himmel und Höllen,* München 1989.
- *Heilige und Hexer,* Leipzig 1936.

- *Die geheimen Lehren des tibetischen Buddhismus*, Satteldorf 1998.
- *Mönche und Strauchritter*, München 2002.
- *Mein Indien*, München 1993.
- *Mein Weg zum heiligsten Berg Chinas*, Stuttgart 2006.
- *Mein Leben mit der Königin des Himalaja*, München 2003.
- *Wanderer mit dem Wind. Reisetagebücher in Briefen 1911–1917*, Stuttgart 2000.
- *Mein Leben auf dem Dach der Welt. Reisetagebücher 1918–1940*, München 2001.
- *Liebeszauber und Schwarze Magie*, München 1952.

Davidson, Lillias Campbell, *Hints to Lady Travellers at Home and Abroad*, London 1889.

Davison, Ann, *Last Voyage. An Autobiographical Account of All that Led Up to an Illicit Voyage and the Outcome Thereof*, London 1952.
- *Home was an Island*, London 1952.
- *My Ship is So Small*, London 1956.
- *In the Wake of the Gemini*, London 1962.

Deacock, Antonia, *No Purda in Padam*, London 1960.

Destivelles, Catherine, *Solo durch große Wände*, Zürich 2003.

Diemberger, Kurt, *K2. Traum und Schicksal*, München 1993.

Dixie, Florence, *Bei den Patagoniern. Ein Damenritt durch unerforschte Jagdgründe*, Leipzig 1882.

Dodwell, Christina, *Jenseits von Istanbul. Abenteuerliche Reisen einer Frau*, Stuttgart, Wien 1989.
- *Unter dem Himmel Afrikas. Abenteuerreise mit dem Motordrachen*, Stuttgart 1990.

Earhart, Amelia, *20 Stunden, 30 Minuten. Mein erster Flug über den Atlantik*, München 2004.
- *The Fun of It*, New York 1932.

Eberhardt, Isabelle, *Sandmeere*, Reinbek 1983.
- *Eine Biographie mit Briefen, Tagebuchblättern, Prosa* (hg. v. Eglal Errera), Basel 1989.

Edwards, Amelia B., *Untrodden Peaks and Unfrequented Valleys*, London, Leipzig 1873.
- *A Thousand Miles up the Nile*, London 1877.

Fleming, Peter, *Tataren-Nachrichten*, Berlin 1937.
- *Mit mir allein – eine Reise durch China*, Reinbek 1936.
- *Brasilianisches Abenteuer*, Reinbek 1949.

Flowers, Pam, *Alone Across the Arctic. One Woman's Epic Journey by Dog Team*, Yeon (OR) 2003.

Forbes, Rosita Torr, *Unconducted Wanderers*, London 1919.
- *The Secret of the Sahara: Kufara*, London 1921.
- *Raisuli, Sultan der Berge. Lebenserinnerungen des marokkanischen Araber-*

scheichs Mohammed Abdullah Ibn el Raisuli el Hasali el Alani, von ihm
    selbst erzählt, Leipzig 1924.
– Forbidden Road – Kabul to Samarkand, London 1937.
– Women Called Wild, New York 1937.
– From Red Sea to Blue Nile, New York 1925.
– India of the Princes, London 1939.
– Gypsy in the Sun, London 1944.
Fountaine, Margaret, Love Among the Butterflies, London 1980; Ich sammle
    nicht nur Schmetterlinge … Reisen und Abenteuer einer viktorianischen
    Lady, Wien, Hamburg 1983.
– Butterflies and Later Loves, London 1986.
Francis, Clare, The Commanding Sea. Six Voyages of Discovery, London 1981.
– Come Wind or Weather. ADC Accutrac Races Round the World, London 1978.
– Come Hell or High Water, London 1977.
Freshfield, Mrs. Henry (Jane), Alpine Byways or Light Leaves Gathered in 1859
    and 1860 by a Lady, London 1861.
– A Summer Tour in the Grisons, London 1862.
Gray, Mrs. J. H. (Julia), Fourteen Months in Canton, London 1880.
– und Gray, John Henry, China, London 1878.
Hall, Mary, A Woman's Trek From the Cape to Cairo, London 1907.
Hamilton, Caroline, To the Pole: Five Women in Search of Adventure, London
    2001.
Hargreaves, Alison, A Hard Day's Summer. Six Classic North Faces Solo,
    London 1994.
Harkness, Ruth, The Lady and the Panda, London 1938.
– Pangoan Diary, New York 1942.
Hassanein, Bey (Sir) Ahmed Mahammed, The Lost Oasis, London 1925.
– »Crossing the Untraversed Libyan Desert«, in: The National Geographic
    Magazin Vol. XLVI, No. 3/1924, Washington.
Herbert, Marie, The Snow People, London 1973.
– The Reindeer People, London 1976.
– Winter of the White Seal, London 1982.
Herbert, Kari, The Explorer's Daughter, New York 2004.
Herbert, Wally, Across the World, London 1969.
– Jäger des hohen Nordens. Die Eskimo, Amsterdam 1981.
– Polarwüsten. Die Erschließung von Arktis und Antarktis, Wien 1971.
– Eskimo. Im Land des Langen Tages, Würzburg 1984.
Hill, Lynn, und Child, Greg, Climbing Free. In den steilsten Wänden der Welt,
    München 2005.
Hillary, Edmund, Ich stand auf dem Everest, Wiesbaden 1959.
Hobson, Sarah, Familiy Web: A Story of India, London 1978.
– Masquerade: Through Persia in Disguise, London 1973.
Hore, Annie, To Lake Tanganyika in a Bath Chair, London 1886.

Hubbard, Mina Benson, *A Woman's Way Through Unknown Labrador*, New York 1908.

– *The Woman Who Mapped Labrador: The Life and Expedition Diary of Mina Hubbard* (hg. v. Roberta Buchanan u. a.), Montreal 2005.

Jackson, Monica, und Stark, Elizabeth, *Tents in the Clouds: The First Women's Himalayan Expedition*, London 1956.

James, Naomi, *Ich und der Ozean*, Bielefeld 1979.

Jebb, Louisa, *By Desert Ways to Baghdad*, London 1909.

Johnson, Amy, *Sky Roads of the World*, London 1939.

Johnson, Osa, *Ich heiratete Abenteuer. Leben und Erleben von Martin und Osa Johnson*, Zürich 1941.

– *Bride in the Solomons*, London 1944.

Kingsley, Mary, *Die grünen Mauern meiner Flüsse. Aufzeichnungen aus Westafrika* (1894), München 1989.

Knox-Johnston, Robin, *Allein mit dem Meer. Das Abenteuer der ersten Nonstop-Weltumseglung*, Bern, Stuttgart 1970.

– *Frische Brise – weite See*, Wien 1977.

– *In 74 Tagen um die Welt*, Hamburg 1996.

Kogan, Claude, und Lambert, Raymond, *Weiße Wut. Gaurisankar und Cho Oyu*, o. O. 1956.

Le Blond, Aubrey, *True Tales of Mountain Adventure, for Non-Climbers Young and Old*, New York 1903.

– *Day In, Day Out*, London 1929.

Maillart, Ella Kini, *Turkestan Solo*, Berlin 1941.

– *Ti-Puss. Drei Jahre Südindien mit einer Katze als Kamerad*, Zürich 1954.

– *Leben ohne Rast. Eine Frau fährt durch die Welt*, Wiesbaden 1952.

– *Verbotene Reise – von Peking nach Kaschmir*, Berlin 1938.

– *Auf abenteuerlicher Fahrt durch Iran und Afghanistan*, Zürich 1948; *Der bittere Weg. Mit Annemarie Schwarzenbach unterwegs nach Afghanistan*, Basel 2001.

– *Vagabundin des Meeres. Die Segelabenteuer einer Frau*, Stuttgart 1991.

– *Außer Kurs. Die Reise einer mutigen Frau in die unendlichen Weiten Russlands*, München 1993.

Mansfield, Charlotte, *Via Rhodesia. A Journey Through Southern Africa*, London 1911.

Markham, Beryl, *Westwärts mit der Nacht*, München 2002.

Marsden, Kate, *Reise zu den Aussätzigen in Sibirien*, Leipzig 1894.

Martineau, Harriet, *Leben in den Wüsteneien*, Leipzig 1834.

Mazuchelli, Nina, *The Indian Alps and How We Crossed Them*, London 1876.

– *»Magyarland«: Being the Narrative of Our Travels Through the Highlands and Lowlands of Hungary*, London 1881.

Milnes-Walker, Nicolette, *When I Put to Sea*, New York 1972.

Montagu, Mary Wortley, *Briefe aus dem Orient* (1763), Stuttgart 1962.

Moodie, Susanna, *Roughing It in the Bush* (1852), Toronto 1970.
- *Life in the Clearings Versus the Bush* (1853), Toronto 1999.
- *Letters of Love and Duty*, Toronto 1993.
- *The Journals of Susanna Moodie* (hg. v. Margaret Atwood), Toronto 1992.
Murphy, Dervla, *Unterwegs nach Katmandu*, München 1993.
- *Aus eigener Kraft. Mit dem Fahrrad nach Indien*, München 1993.
- *Im Land des Löwenkönigs. Mit dem Maultier durch Äthiopien*, München 1994.
- *Unter der Sonne von Coorg. Eine abenteuerliche Reise durch Südindien*, München 1994.
- *Zweimal Kaschmir und zurück*, München 1994.
- *Das wilde Herz Europas. Ein abenteuerlicher Trip durch Transsilvanien*, München 1995.
- *Cameroon with Egbert*, London 1989.
Newby, Eric, *Ein Spaziergang im Hindukusch* (1958), Frankfurt a. M. 2002.
Nielsen, Jerri, *Ich werde leben*, München 2001.
Peary, Josephine, *My Arctic Journal*, New York, London 1893.
Peck, Annie, *A Search for the Apex of America*, New York 1911.
Quimby, Harriet, *Her Mentor was an Albatros. The Autobiography of Pioneer Pilot Harriet Quimby* (hg. v. Henry M. Holden), San Francisco 1993.
Ride, Sally Kristen, und O'Shaughnessy, Tam, *The Third Planet: Exploring the Earth from Space*, New York 2004.
- und Okie, Susan, *To Space & Back*, New York 1986.
Rijnhart, Susie C., *Wanderungen in Tibet*, Stuttgart, Calw 1904.
- *With the Tibetans in Tent and Temple*, Chicago 1901.
Rogozov, Leonid, *Information Bulletin of the Soviet Antarctic Expedition*, o. A.
Ronne, »Jackie« Edith M., *Antarctica's First Lady. Memoirs of the First American Woman to Set Foot on the Antarctic Continent and Winter-Over*, Beaumont 2004.
Sackville-West, Vita, *Zwölf Tage in den Bakhtiari-Bergen. Eine Reiseerzählung*, Frankfurt a. M. 1990.
- *Eine Frau unterwegs nach Teheran: Eine Reiseerzählung*, Frankfurt a. M. 1993.
Seacole, Mary, *Wonderful Adventures of Mrs Seacole in Many Lands*, London 1857.
Sheldon, May French, *Bibi Bwana. Weiße Königin des Kilimandscharo* (1892), Basel 2006.
Simpson, Joe, *Sturz ins Leere*, München 1999.
Smeeton, Beryl, *Winter Shoes in Springtime*, London 1961.
- *The Stars My Blanket*, London 1954.
- und Smeeton, Miles, *The Misty Islands*, London 1989.
- *Because the Horn is There*, London 1985.
- *Once is Enough*, London 2003.
Stanhope, Hester Lucy, *Travels of Lady Hester Stanhope*, London 1846.

– *Memoirs of the Lady Hester Stanhope*, London 1845.
Stark, Freya, *Das Tal der Mörder. Persische Reisen*, Reinbek 1949.
– *A Winter in Arabia*, London 1948.
– *Die Südtore Arabiens*, Stuttgart 1992.
– *Pässe, Schluchten und Ruinen. Die abenteuerliche Reise einer Frau auf den
  Spuren Alexanders des Großen in Kleinasien*, Stuttgart, Wien 1993.
– *Traveller's Prelude*, London 1950.
Swale, Rosie, *Zu Pferd durch Chile. Ein Jahr unterwegs zum Kap Horn*,
  München 1987.
– *Rosie Darling*, London 1974.
Sykes, Ella C., *Persia and its People*, London 1910.
– *Through Persia on a Side Saddle*, London 1898.
– *The Story-Book of the Shah Or Legends of Old Persia*, London 1901.
– und Sykes, Percy, *Through Deserts and Oases of Central Asia*, London 1920.
Taylor, Annie R., *Adventures in Tibet Including a Diary of Miss Annie R.
  Taylor's Remarkable Journey from Tau-Chau to Ta-Chien-Lu Through the
  Heart of the Forbidden Land*, London 1902.
– *The Origin of the Tibet Pioneer Mission*, London 1894.
Thesiger, Wilfred, *Wüste, Sumpf und Berge*, Köln 2000.
– *Mein Leben in Afrika und Arabien*, München 2004.
– *Die Brunnen der Wüste*, München 1991.
Tullis, Julie, *Clouds from Both Sides*, London 1986.
Ullman, James R., *Der Tiger vom Everest. Die Autobiographie Sherpa
  Tenzings*, Wiesbaden (um 1964).
Underhill, Miriam (geb. O'Brien), *Manless Alpine Climbing*, London 1934.
– *Give Me the Hills*, London 1956.
Walker, Lucy, *Heaven is Here*, London 1957.
– *The Distant Hills*, London 1962.
– *Reaching for the Stars*, London 1964.
Wheeler, Sara, *Unterwegs in einem schmalen Land. Eine Frau bereist die
  extremen Landschaften Chiles*, München 2005.
– *Terra Incognita. Reisen in der Antarktis*, München 1999.
Workman, Fanny Bullock, *First Exploration of the Hoh Lumba and Sosbon
  Glaciers. Two Pioneer Ascents in the Himalaya*, London 1906.
– *The Ice World of Himalaya*, London 1900.
– *Exploring the Glaciers of the Himalayas*, New York 1909.
– *Eine Radtour durch das heutige Spanien* [Nordafrika], Backnang 1897.
– *Two Summers in the Ice-Wilds of Eastern Karakoram*, New York 1917.
– und Workman, William Hunter, *Ice-Bound Heights of the Mustagh: An
  Account of Two Seasons of Pioneer Exploration and High Climbing in the
  Baltistan Himalaya*, London 1905.
Young, Geoffrey Winthrop, *Mountain Craft*, London 1920.

Sekundärliteratur

Allen, Alexandra, *Travelling Ladies. Victorian Adventuresses* (May French Sheldon; Kate Marsden; Jane Digby Ei Mesrah; Alexandra David-Néel; Marianne North; Daisy Bates; Mildred Cable and Francesca French; Isabella Bird Bishop), London 1980.

Birkett, Bill, und Peascod, Bill, *Women Climbing. 200 Years of Achievement*, Seattle 1990.

Boisseau, Tracy, *White Queen: May French Sheldon and the Origins of American Feminist Identity*, Bloomington, Indiana, 2004.

Brown, Rebecca A., *Women on High: Pioneers of Mountaineering*, Boston 2002.

Buffet, Charlie, *Première de cordée: Claude Kogan, femme d'audace et de passion*, Paris 2003.

Burton, Jean, *Sir Richard Burton's Wife*, London 1942.

Clark, Miles, *High Endeavours. The Extraordinary Life and Adventures of Miles and Beryl Smeeton*, London 1991.

Clark, Ronald, *The Victorian Mountaineers*, London 1953.

Croke, Vicki, *The Lady and the Panda*, New York 2005.

De Silva, Rachel (Hg.), *Leading Out. Mountaineering Stories of Adventurous Women* (Blum, Arlene; Underhill, Miriam O'Brien; Pilley, Dorothy; Moffat, Gwen; Smith, Cyndi; Richard, Collette; Lawrenz, Jill; Roberts, Wendy; Roddan, Janet; Pal, Bachendri; Shepherd, Louise; Heinemann, Louise), New York 1998.

Dumas, Alexandre, *Impressions de voyage en Suisse*, Paris 1832 (über Maria Paradis).

Foster, Barbara, und Foster, Michael, *Alexandra David-Néel: die Frau, die das verbotene Tibet entdeckte*, Freiburg im Breisgau, Basel und Wien 1999.

Francia, Luisa, *Der untere Himmel. Frauen in eisigen Höhen*, München 2000.

Franke, Susanne, *Die Reisen der Lady Craven durch Europa und die Türkei 1785-1786*, Trier 1995.

Geniesse, Jane Fletcher, *Passionate Nomad: The Life of Freya Stark*, New York 1999.

Grzonka, Claudia, *Weibliche Blicke auf den Mittleren Osten im 19. Jahrhundert*, Trier 1997.

Hall, Ed Y., *Quimby, Harriet: America's First Lady of the Air*, Spartanburg, South Carolina, 1993.

Hall, Richard, *Lovers on the Nile: The Lives and Travels of Samuel and Florence Baker*, London 1980.

Harper, Stephen, *A Fatal Obsession: The Women of Cho Oyu*, Brighton 2006.

Hart-Davis, Duff, *Peter Fleming: A Biography*, Oxford 1987.

Haslip, Joan, *Lady Hester Stanhope. Die Königin des Libanon*, Berlin 1953.

Hince, Bernadette, *Antarctic Dictionary: A Complete Guide to Antarctic English,* Clayton South, Victoria, AU, 2000.

Hodgson, Barbara, *Die Krinoline bleibt in Kairo. Reisende Frauen 1650 bis 1900,* Hildesheim 2007.

– *Die Wüste atmet Freiheit. Reisende Frauen im Orient 1717 bis 1930,* Hildesheim 2007.

Howell, Georgina, *Daughter of the Desert,* London 2006 (über Gertrude Bell).

Jordan, Jennifer, *Savage Summit: True Stories of the First Five Women Who Climbed K2,* Sydney 2005.

Keuthen, Monika, *Amelia Earhart. »Fliegen heißt, ganz frei sein«,* Berlin 2001.

Kobak, Annette, *Wie treibender Sand. Das berauschende Leben der Isabelle Eberhardt,* Wien 1990.

Krakauer, Jon, *In eisige Höhen,* München 2006.

Kruck von Poturzyn, Maria Josepha, *Lady Hester Stanhope. Eine Frau ohne Furcht,* Stuttgart, Berlin 1936.

Lahusen, Caroline, »Gertrude Bell: die erste Irakerin«, in: *GEO* 3/2008.

Landgrebe, Christiane (Hg.), *Wilde Frauen reisen anders. Reisegeschichten. Gertrude Bell, Freya Stark, Alexandra David-Néel, Ella Maillart, Elisabeth von Arnim, Martha Gellhorn, Mary McCarthy, Djuna Barnes,* Berlin 1994.

Lapierre, Alexandra, und Mouchard, Christel, *Frauen erobern die Welt,* Paris 2008.

Lovell, Mary S., *A Rage to Live: A Biography of Richard and Isabel Burton,* New York 1998.

– *A Scandalous Life: The Biography of Jane Digby el Mezrab,* London 1995.

– *The Sound of Wings: The Life of Amelia Earhart,* New York 1989.

– *Beryl Markham – Leben für Afrika,* München 1989.

Luff, David, *Amy Johnson: Enigma in the Sky; an Official Biography,* Shrewsbury, UK, 2002.

Mackersey, Ian, *Jean Batten: The Garbo of the Skies,* London 1991.

Magnus, Marilyn, *Annie Smith Peck. Queen of the Climbers.* London 1997.

Mazel, David, *Mountaineering Women,* Austin, Texas, 1994.

McLoone, Margo, *Women Explorers in Africa,* Mankato, Minnesota, 1997.

– *Women Explorers of the Oceans,* Mankato 1999.

– *Women Explorers of the Mountains,* Mankato 1999.

– *Women Explorers in Asia,* Mankato 1997.

– *Women Explorers in Polar Regions,* Mankato 1997.

Middleton, Dorothy, *Victorian Lady Travellers,* London 1965.

Probst, Ernst, *Königinnen der Lüfte. Biographien berühmter Fliegerinnen,* München 2008.

Reinisch, Gertrude, *Wanda Rutkiewicz. Karawane der Träume.* München 1998.

Rich, Dorothy, *Jackie Cochran: Pilot in the Fastest Lane,* Gainesville 2007.

Robinson, Jane, *Wayward Women,* Oxford 1990.

– *Unsuitable for Ladies: An Anthology of Women Travellers*, Oxford 2001.

Rose, David, und Douglas, Ed (Hg.), *Regions of the Heart. The Triumph and Tragedy of Alison Hargreaves*, London 1999.

Russell, Mary, *The Blessings of a Good Thick Skirt: Women Travellers and Their World*, London 1986.

Schlieker, Kerstin, *Frauenreisen in den Orient zu Beginn des 20. Jahrhunderts*, Berlin 2003.

Seurat, Marie, *Mein Königreich des Windes. Das Leben der Lady Hester Stanhope*, Dortmund 1997.

Shipman, Pat, *Mit dem Herzen einer Löwin*, München 2004 (über Florence Baker).

Silvis, Randall, *Heart So Hungry: The Extraordinary Expedition of Mina Hubbard into the Labrador Wilderness*, Toronto 2005.

Skidmore, Colleen Marie, *This Wild Spirit: Women in the Rocky Mountains of Canada*, Edmonton, Alberta, 2006.

Wallach, Janet, *Königin der Wüste. Das außergewöhnliche Leben der Gertrude Bell*, München 1999.

Weems, John, *Peary. The Explorer and the Man*, London 1961.

Werup, Jacques, *Den ofullbordade himlen*, Stockholm 1996 *(Der unvollendete Himmel*, über Elsa Andersson).

Willis, Clint, *Überleben in Höhen*, München 2000.

– *Überleben im Eis*, München 2000.

– *Überleben auf dem Wasser*, München 2000.

– *Überleben am Gipfel*, München 2001.

– *Überleben in der Wildnis*, München 2000.

Wirz, Tanja, *Gipfelstürmerinnen. Eine Geschlechtergeschichte des Alpinismus in der Schweiz 1840-1940*, Baden, Schweiz, 2007.

Zimmermann, Christa Maria, *Hundert Tage bis Lhasa*, Würzburg 2004 (über Alexandra David-Néel).